Theodor Nöldeke

Geschichte des Qorâns

Teil 2

Die Sammlung des Qorâns

Elibron Classics
www.elibron.com

Elibron Classics series.

ISBN 0-543-96839-1 (paperback)
ISBN 0-543-96838-3 (hardcover)

This Elibron Classics Replica Edition is an unabridged facsimile
of the edition published in 1919 by Dieterich'sche Verlagsbuchhandlung,
Leipzig.

Geschichte des Qorāns

von

Theodor Nöldeke

Zweite Auflage
völlig umgearbeitet
von

Friedrich Schwally

Zweiter Teil

Die Sammlung des Qorāns

mit einem literarhistorischen Anhang über die muhammedanischen Quellen und die neuere christliche Forschung

Leipzig
Dieterich'sche Verlagsbuchhandlung
1919

Druck von C. Schulze & Co., G. m. b. H., Gräfenhainichen.

Vorbemerkung.

Am 5. Februar d. J. ist der Verfasser des vorliegenden Bandes, mein lieber Schwager Friedrich Schwally, als eines der vielen Opfer der anglo-amerikanischen Hungerblockade, der gegenüber seine bereits etwas angegriffene Konstitution sich auf die Dauer nicht widerstandskräftig genug erwies, vorzeitig in seinem 56. Lebensjahre dahingerafft worden. Er hatte noch bis in die letzten Wochen vor seinem Tode angestrengt an der Fertigstellung des Manuskripts für die Fortsetzung der „Geschichte des Qorāns“ gearbeitet. So lag denn auch bei seinem Tode das Manuskript für den zweiten Teil dieses Werkes bis auf ganz geringfügige Äußerlichkeiten vollständig druckfertig vor. Es konnte daher ohne große Schwierigkeit auch von einem Semitisten, der wie der Unterzeichnete nicht eigentlich Arabist ist, durch die Presse geführt werden. Dies um so mehr, als mein hiesiger Kollege August Fischer dankenswerterweise das Mitlesen der Korrekturen und Revisionen übernahm und dabei namentlich auch für die sachgemäße und konsequente Ansetzung und Umschrift der arabischen Verfassernamen, Büchertitel u. ä., wofür in dem hinterlassenen Manuskript noch die letzte Durchfeilung fehlte, auf Grund seiner bewährten fachmännischen Kenntnis nach Möglichkeit Sorge trug. Außerdem steuerte er freundlichst einige Nachträge bei zur sachlichen Richtigstellung einiger tatsächlicher Versehen und zur Erwähnung einiger übersehener oder erst neuerdings erschienener wichtigerer einschlägiger Arbeiten.

Dieser vorliegende zweite Teil der Geschichte des Qorāns mit seinem literaturgeschichtlichen Anhang ist nicht nur dem äußeren Umfange nach weit beträchtlicher als der entsprechende zweite Teil und die literarische Einleitung in der ersten Auflage des Nöldekeschen Werkes; Schwally hat vielmehr, der Fülle von neuem Quellenmaterial und den bedeutenden Fortschritten in der Forschung innerhalb der seitdem verflossenen fast 60 Jahre Rechnung tragend, diesen zweiten Teil, im Gegensatz zum ersten, auch inhaltlich derart eingreifend neu bearbeitet, daß infolge davon, wie er selbst wiederholt betonte, von dem ursprünglichen Texte Nöldekes kaum noch wesentliche Stücke im Wortlaut vorliegen, dieser zweite Band sich also größtenteils als seine eigene Leistung darstellt. Bei der Herausgabe konnte das hinterlassene Manuskript Schwallys, wie schon hervorgehoben, inhaltlich unverändert zum Abdruck gebracht werden. Auch den letzten Teil des literarhistorischen Anhangs, der die neuere christliche Forschung behandelt, habe ich ganz unverändert nach Schwallys Manuskript gegeben, obwohl für diese letzte Partie, im Gegensatz zum übrigen, keine endgültige Reinschrift mehr vorlag und Schwally selbst vermutlich bei einer solchen einzelnes noch ausgeglichen, geändert und wohl auch noch hinzugefügt haben würde. Letzteres gilt namentlich auch hinsichtlich der Erwähnung einiger weiterer Qorānübersetzungen auf S. 218 f., wofür das Manuskript noch einen Hinweis auf eine leider nicht mehr auffindbar gewesene Beilage bot.

Zu dem dritten Teile „Die Lesarten des Qorāns“ fanden sich dagegen in dem Nachlasse Schwallys nur mehr oder weniger eingehende Vorarbeiten vor, jedoch noch kein druckfertiges Manuskript. Auf meine Bitte hat sich aber Gotthelf Bergsträßer, Schwallys Nachfolger auf dem Königsberger Lehrstuhl, bereit erklärt, diesen letzten dritten Teil, für den er selbst überdies von seinem Konstantinopeler Aufenthalte her bereits allerlei Vorarbeiten besitzt, sobald es ihm seine anderweitigen literarischen Verpflichtungen ermöglichen, unter Benutzung des von Schwally hinterlassenen Materials zur Neubearbeitung zu übernehmen.

Somit ist begründete Hoffnung vorhanden, daß die Neubearbeitung des meisterhaften Jugendwerkes von Theodor Nöldeke kein Torso bleibt, sondern in absehbarer Zeit abgeschlossen vorliegen wird. Möge es unserm allverehrten hochbetagten Altmeister vergönnt sein, dies noch selbst zu erleben!

Leipzig, im September 1919. **Heinrich Zimmern.**

Inhalt.

Zweiter Teil.

Die Sammlung des Qorāns.

Anhang.

Die muhammedanischen Quellen und die neuere christliche Forschung über den Ursprung der Offenbarungen und die Entstehung des Qorānbuches.

Zweiter Teil.

Die Sammlung des Qorāns.

1. Das Aufbewahren der Niederschriften der Offenbarungen zu Lebzeiten Muhammeds

auf Grund qorānischer Andeutungen und des literarischen Zustandes der Suren.

Die zahlreichen Einzeloffenbarungen, aus denen die Heilige Schrift des Islam besteht, gehen nach vielfachen, in ihnen selbst enthaltenen Andeutungen auf ein im Himmel bewahrtes Buch zurück, und zwar in genauer Wiedergabe, während die Bibel der Christen und Juden zwar demselben Archetypus entstammt, aber starke Entstellungen erlitten hat. Auch verschiedene Namen der Offenbarung wie *qur'ān* [1]), *kitāb* und *waḥj* [2]) lassen einen schriftlichen Hintergrund durchschimmern. Bei diesem Sachverhalt wäre es unbegreiflich, wenn Muhammed nicht schon sehr früh die Schaffung einer neuen Offenbarungsurkunde sowie ihre schriftliche Fixierung ins Auge gefaßt hätte [3]). So ist bereits in dem mekkanischen Verse Sur. 29, 47 auf das

---

1) *qur'ān* ist einerseits Infinitiv von *qara'a* „rezitieren", anderseits Lehnwort aus aram. *qerjānā* „Lektionar".

2) I. Goldziher, Muhammedanische Studien Bd. II S. 7 Anm. 1.

3) A. Sprenger, Moḥammad Bd. III S. XXXIII; H. Hirschfeld, New Researches into the Composition and Exegesis of the Qoran S. 136. 141 und viele andere bestreiten das ohne Grund. Vgl. Sur. 25, 34 und oben I. Teil S. 261.

Niederschreiben der Offenbarungen angespielt. Die Tradition sagt es ganz ausdrücklich und verzeichnet auch die Namen der Personen, denen der Prophet Offenbarungen in die Feder zu diktieren pflegte[1]). Über die Einzelheiten des Verfahrens, über Aufbewahrung und Ordnung des Materiales haben wir keine zuverlässigen Nachrichten[2]). Nach Lammens[3]) ließ sich Muhammed in Sure 75, 16–17 von Allah den Rat geben, die Herausgabe des Qorāns als besondere Sammlung nicht zu übereilen, damit es ihm frei stände, in Gemütsruhe an dem Text zu ändern. Aber diese Auslegung ist verfehlt. Vielmehr kann sich nach dem Zusammenhang das Übereilen nur auf eigenmächtiges Urteilen des Propheten beziehen, mit dem er zurückhalten soll, bis ihm eine entsprechende Offenbarung vollständig vorgetragen worden sei. Ähnlich verbietet Sure 20, 113 einen Qorān zu rezitieren, bevor seine Offenbarung beendigt ist. Doch läßt die literarische Analyse der erhaltenen Suren erkennen, daß Muhammed selbst schon zuweilen Einzelqorāne zu größeren Ganzen vereinigt oder sehr kunstvolle literarische Kompositionen als Erträgnisse einmaliger und einheitlicher Offenbarungsakte betrachtet wissen wollte.

Auch erschwert es die homiletische Anlage der meisten Suren außerordentlich, in das Geheimnis der Komposition einzudringen und ein Urteil darüber abzugeben, bis zu welchem Grade die Vereinigung von Einzeloffenbarungen verschiedener Herkunft in einer Sure dem Propheten selbst oder nur späteren Redaktoren zuzutrauen ist. Mit annähernder Sicherheit läßt sich literarische Einheit bei größeren Suren nur da verfechten, wo Gleichheit oder Gleichartigkeit des Inhaltes vorliegt wie bei den Suren 12 und 18, oder wo sich ein Refrain wie ein roter Faden durch das Ganze hindurchzieht wie bei den Suren 26, 56, 70 und 77, oder wo Stil, Reim und Rhythmus eine so große Übereinstimmung zeigen wie bei Sure 37. Viel zweifelhafter ist die Sache schon bei den Suren 17, 41 und 7. Vollends

---

1) Vgl. oben I. Teil S. 45 ff. 2) Vgl. oben I. Teil S. 47 ff.

3) H. Lammens, Fāṭima et les filles de Mahomet, 1912, S. 113.

bei den Suren 2, 8, 63, 4 und 9 ist jede Entscheidung ein Ding der Unmöglichkeit. Jedenfalls kann keine der genannten Suren beanspruchen, ohne Zuhilfenahme von Aufzeichnungen zustande gekommen zu sein.

Dasselbe möchte ich auch da annehmen, wo Muhammed in Medina frühere Offenbarungen durch kleinere Hinzufügungen oder Einschaltungen erweitert[1]), oder gar durch einen neuen Text von abweichendem Inhalte ersetzt oder aufgehoben hat[2]). Das war ein Mittel, um die Kette, die er durch die schriftlich fixierten Offenbarungen seiner prophetischen Freiheit unvorsichtiger Weise um den Hals gelegt hatte, etwas zu lockern.

Dagegen erheischen die zahlreichen in der Luft schwebenden Verse und die fragmentarischen Versgruppen, die entweder in Suren eingebettet sind oder jetzt im letzten Teil der kanonischen Ausgabe zusammenstehen, eine besondere Erklärung. So großen Wert Muhammed auch auf das Niederschreiben legte, allzu große Vollständigkeit und archivalische Treue darf man doch nicht erwarten, am wenigsten in Mekka, wo er um seine Anerkennung als Gottgesandter noch auf Tod und Leben zu ringen hatte. Unter dem Zwange äußerer Umstände wird die Aufzeichnung, selbst wenn sie beabsichtigt war, mehr als einmal unterblieben sein. Aber in der frühsten Zeit blieb wohl alles dem Gedächtnis überlassen, das den Propheten jedoch zuweilen im Stiche ließ. So tröstet er die Gläubigen Sur. 2, 100 damit,

---

[1]) Z. B. Sure 74, 31—34; 80, 17—32. 48—60; 95, 6; 85, 8—11; 78, 37 ff. 19, 35—41.

[2]) Sure 2, 100. Der qorānische Ausdruck dafür ist das später auch in den Sprachgebrauch der Wissenschaft übergegangene *nasaḫa*. Dasselbe bedeutet ursprünglich entweder „eine neue Lesart einführen“, als denominiert von dem jüdisch-aramäischen Lehnwort *nusḫa* „Kodex“, „Exemplar“, oder es stammt vom aram. Verbum in der Bedeutung „entfernen“. Wie ich schon früher — oben I. Teil S. 52 f. — betont habe, ist die Theorie der aufgehobenen Qorānstellen schwerlich von Muhammed frei erfunden, sondern an eine ihm überkommene Vorstellung angelehnt, vielleicht an die neutestamentliche Vorstellung von der Abrogation des Gesetzes durch das Evangelium (*καταργεῖν τὸν νόμον*).

daß ihnen Allah für jeden in Vergessenheit geratenen Vers einen ähnlichen oder noch besseren schenke.

Außer den von Muhammed selbst veranlaßten Niederschriften gab es wahrscheinlich auch solche kleineren wie größeren Umfanges, die eifrige Anhänger seiner Lehre selbst angefertigt oder in Auftrag gegeben hatten. Danebenher geht die gedächtnismäßige Bewahrung, die für eine Zeit, in der Lesen und Schreiben noch eine seltene Kunst war, von größter Bedeutung sein mußte. Abgesehen von der gewiß nicht geringen Zahl von Genossen, die kleinere Qorānstücke auswendig wußten, soweit dies für die Gebetsliturgie notwendig[1]) war, gab es einzelne Personen, die ihrem Gedächtnis größere Abschnitte eingeprägt hatten, so daß sie dieselben mit der Treue eines Buches wiedergeben und dadurch manche Offenbarung, deren Text nicht aufgezeichnet oder verloren gegangen war, vor gänzlichem Untergange bewahren konnten.

So lange der Prophet auf Erden weilte, befand sich die Offenbarung in stetem Flusse. Nachdem aber durch seinen Tod dieser Strom plötzlich versiegt war[2]), mußte entsprechend der prinzipiellen Bedeutung, welche die himmlischen Offenbarungstexte für die neue Religion hatten, innerhalb der Gemeinde sich früher oder später das Bedürfnis regen, das ganze Material in zuverlässiger Form beisammen zu haben.

Das Verdienst an dieser Sammlung des Qorāns schreibt die Überlieferung mit bemerkenswerter Einhelligkeit den drei ersten Chalifen zu[3]). Hierüber gibt es eine beträchtliche Zahl älterer und jüngerer Traditionen. Wenn viele derselben auch in wesentlichen Zügen übereinstimmen, so gehen sie doch in wichtigen Einzelheiten wieder auseinander. Da bei Quellen, die so wichtige Angelegenheiten der Religion zum Gegenstande

---

[1]) Vgl. z. B. Buḫārī, aḏān § 94 ff. Tanbīh ed. Juynboll S. 21 ff.

[2]) *inqaṭaʿa 'l-waḥju* Miškāt, manāqib Abī Bekr am Ende.

[3]) ʿAlāaddīn im Tafsīr I 6 sagt „Allah unterstützte (*waffaqa*) bei seiner Sammlung die legitimen Chalifen", Sujūṭī, Itqān 133 gebraucht sogar en starken Ausdruck *alhama* „inspirierte". Vgl. auch das unten S. 8ff. über die angebliche Sammlertätigkeit des Ali bemerkte.

haben, von vornherein der Verdacht tendenziöser Färbung vorliegt, müssen wir an die übereinstimmenden Angaben mit derselben Vorsicht herantreten, wie an die widersprechenden. Durch eine in diesem Sinne vorgehende Untersuchung in Verbindung mit sorgfältiger Berücksichtigung der uns erhaltenen Gestalt des Qorāns, als des Endresultates der Entwickelung und eigentlich des einzigen unbedingt sicheren Anhaltspunktes, ist es aber vielleicht doch noch möglich, der Wahrheit näher zu kommen.

---

2. Die uneigentlichen Qorānsammler oder die gedächtnismäßigen Bewahrer der Offenbarung.

Daß der Qorān zu Lebzeiten des Propheten noch nicht vollständig gesammelt gewesen sein kann, versteht sich von selbst, da ja der Gottgesandte plötzlich und unerwartet vom irdischen Schauplatz abberufen wurde. Wenn eine auf Zaid b. T̲ābit zurückgeführte Tradition[1]) behauptet, daß der Qorān damals ganz und gar nicht gesammelt war, so liegt dem eine andere Vorstellung zugrunde, die an den Nachrichten über das Zustandekommen der Ausgabe Abu Bekrs[2]) orientiert ist. Danach hat dieser Chalife die Offenbarungen zerstreut und verzettelt oder, wie Sujūṭī erläuternd hinzufügt, weder an einem Orte vereinigt, noch nach Suren geordnet vorgefunden. Diese Auffassung stimmt jedoch nicht ganz zu den Ergebnissen des vorigen Kapitels, denen zufolge es schon damals nicht allein Suren gab, die von vornherein als literarische Einheiten verfaßt waren, sondern auch solche, die Muhammed selbst nachträglich aus Stücken verschiedener Herkunft zusammengeschweißt hatte.

Während die Entscheidung dieser Streitfrage zurückgestellt werden muß, bis die Untersuchung über die Qorānausgabe Abu Bekrs abgeschlossen ist, kann ein anderer merkwürdiger Widerspruch mit der herrschenden Ansicht schon jetzt aufgeklärt werden. Es gibt nämlich nicht wenig Traditionen, die ganz

---

[1]) Itq. 133, 6ff. [2]) Vgl. unten S. 11ff.

harmlos und ohne eine Spur von Polemik gegen abweichende Ansichten eine ganze Reihe von Personen namhaft machen, die den Qorān zu Lebzeiten des Propheten gesammelt haben sollen. Ibn Sa'd widmet diesem Gegenstand sogar ein besonderes Kapitel[1]), obschon er an anderen Stellen seines Werkes die ersten Chalifen als die ersten Veranstalter von Qorānausgaben bezeichnet. Unter diesen Umständen kann kaum ein Zweifel bestehen, daß es mit jenen Traditionen eine besondere Bewandtnis hat. In der Tat bezieht sich die dort gebrauchte Phrase *gama'a 'l-qurāna* nicht auf die Vereinigung der zerstreuten Offenbarungen in einem Buche, sondern, wie schon die mohammedanischen Autoritäten der Ḥadīṯ-Interpretation erkannt haben, um das Bewahren im Gedächtnisse[2]). Bei dieser Auffassung muß es natürlich dahingestellt bleiben, ob die einzelnen „Sammler" wirklich die ganze Offenbarung oder größere Teile derselben im Kopfe hatten. Wie wir später noch sehen werden, ist das Auswendigwissen der heiligen Texte zu allen Zeiten die Hauptsache gewesen, die schriftliche Fortpflanzung der Offenbarung wurde immer nur als Mittel zum Zwecke betrachtet.

Nicht nur über die Zahl, sondern auch über die Namen dieser sog. Sammler gehen die Meinungen der einzelnen Traditionen sehr auseinander. Am häufigsten findet man folgende

---

1) *Ḏikru man gama'a 'l-qurāna 'alā 'ahdi rasūli 'llāhi* Ibn Sa'd, Ṭabaqāt II, II ed. Schwally S. 112—115.

2) Nawawī, Tahḏīb ed. Wüstenfeld S. 516 4 umschreibt جمعوا القرآن durch حفظوا جميعه „sie wußten ihn ganz auswendig". Qasṭallānī VI 162 zu Buḫārī, manāqib Zaid b. Ṯābit erklärt جمع القرآن durch استظهره حفظا. Itqān 134 unten heißt es: فمراده بجمعه [scil. القرآن] حفظه فى صدره. Über andere synonyme Ausdrücke vgl. unten S. 12 Anm. 2. In der Tradition Ibn Sa'd, Ṭabaqāt II, II S. 112 16 ist das in allen anderen Rezensionen dieses Kapitels übliche جمع القرآن durch أخذ القرآن ersetzt, natürlich ebenfalls im Sinne von „auswendig wissen". An anderen Stellen, z. B. Ibn Sa'd III, I 53 15. 18 bedeutet die Phrase „den ganzen Qorān rezitieren".

vier zusammen genannt[1]): Ubai b. Ka'b, Mu'āḏ b. Gabal, Zaid b. Ṯābit und Abū Zaid al-Anṣārī. In den zahlreichen Varianten dieser Tradition tauchen noch viele neue Namen auf, wie Abū 'l-Dardā, 'Oṯmān, Tamīm al-Dārī, 'Abdallāh b. Mas'ūd, Sālim b. Ma'qil, 'Ubāda b. Ṣāmit, Abū Aijūb, Sa'd b. 'Ubaid, Mugammi' b. Gārija, 'Ubaid b. Mu'āwija und 'Alī b. abī Ṭālib.

Von diesen Personen werden wir Ali, Sālim, Zaid, Ubai und Ibn Mas'ūd als angeblichen oder wirklichen Bearbeitern schriftlicher Qorānsammlungen noch später begegnen.

Populäre Qorānkenntnis unter den ersten Chalifen.

Die Qorānkenntnis eines Durchschnittsmuslims aus der Frühzeit des Islam kann man sich nicht gering genug vorstellen. In der Literatur findet sich hierzu manch drastischer Beleg. Nach der Schlacht bei Qādisīja wies Omar den Oberfeldherrn Sa'd b. abī Waqqāṣ an, die großen Überreste der Beute unter die Qorānkenner (ḥamalat al-qurān) zu verteilen.

---

[1]) Buḫārī, bad' al-ḫalq § 149, manāqib Zaid; Muslim, faḍā'il cap. 58; Tirmiḏī, manāqib Mu'āḏ; Miškāt, gāmi' al-manāqib faṣl 1 § 9; Mabānī IV; Qurṭubī I 22 r; Itqān 166, 5 ff.; Šaušāwī III; Ibn Sa'd, Ṭabaqāt II, II ed. Schwally S. 113, Z. 14—17 u. a. m. Diese Namen verteilen sich auf die verschiedenen Traditionen folgendermaßen: Itqān 166 nennt Mu'āḏ, Zaid, Abū Zaid, Abū 'l-Dardā (vier). — Ibn Sa'd II, II 113, 5 f.: Ubai, Mu'āḏ, 'Oṯmān und Tamīm al-Dārī (desgl.). — Buḫārī, bad' al-ḫalq § 123. 147. 148, Muslim, faḍā'il al-qurān § 59, Itqān 165, Nawawī ed. Wüstenfeld S. 267: Ubai, Mu'āḏ, 'Abdallāh b. Mas'ūd und Sālim b. Ma'qil, Klienten des Abū Ḥuḏaifa (desgl.). — Ibn Sa'd 113, 11 f.: Ubai, Mu'āḏ, Zaid, Abū Zaid und Tamīm (fünf Personen). — Ibn Sa'd 113, 20 f., 114, 1 ff.: Ubai, Mu'āḏ, 'Ubāda b. Ṣāmit, Abū Aijūb, Abū 'l-Dardā (also ebenfalls fünf). — Ibn Sa'd 113, 1 ff.: Ubai, Mu'āḏ, Zaid, Abū Zaid, Abū 'l-Dardā, Sa'd b. 'Ubaid (sechs Personen). — Ibn Sa'd 112, 20 ff.: dieselben nebst Mugammi' b. Gārija. — Ibn Sa'd 113, 23 ff.: Ubai, Mu'āḏ, Zaid, Abū Zaid, 'Oṯmān, Tamīm al-Dārī. — Itqān 169, 13 ff.: Ubai, Mu'āḏ, Zaid, Abū Zaid, Abū 'l-Dardā, Mugammi'. — Fihrist ed. Flügel S. 27: Ubai, Mu'āḏ, Abū Zaid, 'Abū 'l-Dardā, Sa'd b. 'Ubaid, 'Alī b. abī Ṭālib, 'Ubaid b. Mu'āwija b. Zaid b. Ṯābit b. al-Ḍaḥḥāk (sieben Personen).

Als nun der berühmte Kriegsmann ʻAmr b. Maʻdīkarib vor ihn kam und über seine Kenntnis der Offenbarung befragt ward, entschuldigte er sich mit den Worten: „Ich bin in Jemen zum Islam übergetreten, war aber später immer im Kriege und hatte deshalb keine Zeit, den Qorān auswendig zu lernen". Bischr b. Rabīʻa aus Ṭā'if, an den hierauf von Saʻd die gleiche Frage gerichtet wurde, antwortete mit der bekannten Eingangsformel *bismi 'llāh al-raḥmān al-raḥīm*[1]. Als in der Schlacht von Jemāma die Anṣār von ihrem Anführer mit dem ehrenvollen Namen „Leute der Kuh-Sure" angeredet wurden, beteuerte ein ṭaijitischer Krieger, daß er von dieser Sure auch nicht einen einzigen Vers im Gedächtnis habe[2]. Aus b. Ḫālid, ein angesehener Beduine vom Stamme Ṭaij, ward einst, da er keine Qorānstelle hersagen konnte, vom Kommissar des Chalifen Omar so geschlagen, daß er starb[3]. Ja noch in der Omajjadenzeit soll in Kufa ein Prediger die Kanzel bestiegen haben, der ein Zitat aus dem Diwan des ʻAdī b. Zaid als Qorānvers vorbrachte[4]. Wenn auch diese Erzählungen nichts weiter als Anekdoten sind, so geben sie doch gewiß ein treues Bild von der Bibelfestigkeit der beduinischen Soldateska des jungen Islam. Und sonderbare Käuze wie diesen Prediger kann es noch in viel späterer Zeit gegeben haben.

3. Die schriftlichen Sammlungen und Ausgaben.

Ali als Qorānsammler.

ʻAlī b. abī Ṭālib, der Vetter und Schwiegersohn Muhammeds, wird von verschiedenen Überlieferungen als Urheber einer Qorānsammlung genannt. Nach einer Tradition tat er dies

[1] Ibn Ḥagar I Nr. 764. Aghānī XIV, 40.

[2] Ibn Ḥubaiš Cod. Berolin. fol. 13ᵃ nach L. Caetani, Annali dell' Islam Bd. II S. 714 oben.

[3] Ḥamāsa 389. Aghānī XVI, 58.

[4] Fihrist ed. Flügel S. 91.

noch zu Lebzeiten des Propheten und auf seinen ausdrücklichen Befehl. Wie es heißt, sammelte er den Qorān von Blättern, Seidenlappen und Zetteln, die er hinter dem Kopfkissen des Propheten vorfand, und legte dabei das Gelübde ab, nicht eher das Haus zu verlassen, bis er damit fertig wäre[1]). Andere verlegen den Vorgang in die Zeit unmittelbar nach dem Tode Muhammeds und lassen Ali jenes Gelübde als Vorwand benutzen, um die Huldigung für Abu Bekr hinauszuschieben[2]). Man sagt auch, Ali habe sich durch die Unbeständigkeit, welche er beim Tode Muhammeds an den Menschen wahrnahm, bestimmen lassen und die Niederschrift aus dem Gedächtnis in drei Tagen vollendet[3]). Der Verfasser des Fihrist will sogar noch ein Bruchstück des Originals gesehen haben. An alledem ist kein wahres Wort. Schon die Quellen dieser Nachrichten — schiitische Qorānkommentare und schiitisch beeinflußte sunnitische Geschichtswerke — sind verdächtig, da alles, was die Schiiten von dem obersten Heiligen ihrer Sekte erzählen, von vornherein als tendenziöse Erfindung zu gelten hat. Inhaltlich widersprechen diese Nachrichten allen sicheren Tatsachen der Geschichte. Weder die Traditionen über die Qorānsammlung Zaids noch die über die anderen vorothmanischen Sammlungen wissen etwas von einem ähnlichen Werke Alis. Dieser selbst beruft sich weder während seines Chalifates noch vorher jemals auf seine eigene Sammlung, und es ist sicher, daß die Schiiten niemals eine solche besessen haben[4]).

---

[1]) Vgl. die schiitischen Kommentare Cod. Sprenger 406 und Cod. Peterm. I 553. Journal Asiatique 1843 Déc. 386. Alle diese Traditionen werden auf Nachkommen Alis zurückgeführt, wodurch sie für uns nur um so verdächtiger werden.

[2]) Ibn Sa'd II, II ed. Schwally S. 101 Z. 16—20. Itqān S. 134 f. Doch wird an beiden Stellen die Glaubwürdigkeit der Nachricht angezweifelt. Bei Ibn Sa'd erklärt 'Ikrima auf Befragen, daß er von nichts wisse. Sujūṭī führt eine Äußerung Ibn Ḥagars an, daß *gama'a* in jener Tradition „im Gedächtnis bewahren" bedeute.

[3]) Fihrist ed. Flügel S. 28.

[4]) Näheres siehe unten in dem Abschnitte 6 G b über die schiitischen Vorwürfe gegen den othmanischen Qorān.

Die Reihenfolge der Suren in der Qorānsammlung, die Ali gleich nach dem Tode Muhammeds veranstaltete, soll nach Ja'qūbī[1]) folgende gewesen sein: 2. 12. 29. 30. 31. 41. 51. 76. 32. 79. 81. 82. 84. 87. 98 (I. Sektion). — 3. 11. 22. 15. 33. 44. 55. 69. 70. 80. 91. 97. 99. 104. 105. 106 (II. Sektion). — 4. 16. 23. 36. 42. 56. 67. 74. 107. 111. 112. 103. 101. 85. 95. 27 (III. Sektion). — 5. 10. 19. 26. 43. 49. 50. 54. 60. 86. 90. 94. 100. 108. 109 (IV. Sektion). — 6. 17. 21. 25. 28. 40. 58. 59. 62. 63. 68. 71. 72. 77. 93. 102 (V. Sektion). — 7. 14. 18. 24. 38. 39. 45. 98. 57. 73. 75. 78. 88. 89. 92. 110 (VI. Sektion). — 8. 9. 20. 35. 37. 46. 48. 52. 53. 61. 64. 65. 83. 113. 114 (VII. Sektion).

Wenn auch einige Suren durch Zufälligkeiten der handschriftlichen Überlieferung ausgefallen sind (Sur. 1. 13. 34. 47. 107), so ist doch das Prinzip der Anordnung vollkommen durchsichtig. Dasselbe beruht auf einer eigenartigen Kombination der Reihenfolge der kanonischen Ausgabe mit den Sektionen oder Leseabschnitten (*agzā*, sing. *guz'*). Während sonst diese Sektionen Einschnitte in dem Texte nach der überlieferten Anordnung darstellen, ist hier in jeder der sieben Sektionen eine bestimmte Anzahl (16—17) ausgewählter Suren vereinigt. Ganz willkürlich ist diese Auswahl nicht, da jede Sektion regelmäßig mit einer Sure niederer Nummer (2—7) nach der offiziellen Anordnung beginnt und dann durch die verschiedenen Dekaden hindurch — mit geringfügigen Ausnahmen, die wahrscheinlich selbst wieder Textverderbnissen zur Last fallen — bis zu den höheren Nummern fortschreitet, so daß jede Sektion gewissermaßen einen Querschnitt durch den ganzen Qorān gibt.

Wenn so schon die Reihenfolge der Suren eine Abhängigkeit von der othmanischen Rezension bezeugt, so weist in noch spätere Zeit die Einteilung in Leseabschnitte, die erst im omajjadischen Zeitalter aufgekommen ist.

---

[1]) Ed. M. Th. Houtsma Bd. II S. 152—154. In den bekannt gewordenen Handschriften des Fihrist ist das Surenverzeichnis des alidischen Qorān ausgefallen.

Nach einer anderen, übrigens ebenso haltlosen, Nachricht[1]) war die Reihenfolge der sechs ersten Suren im alidischen Qorān Sur. 96. 74. 68. 73. 111. 81.

Eine andere Sammlung, die, wie es scheint, ebenfalls unmittelbar nach dem Tode Muhammeds herausgekommen sein soll, wird dem Sālim b. Ma'qil, dem Klienten des Abū Ḥudaifa, zugeschrieben[2]). Als er sich an die Arbeit machte, schwur er, wie Ali, nicht eher das Haus zu verlassen, bis er damit fertig wäre. Nachher beriet man sich darüber, wie die Sammlung zu benennen wäre. Einige schlugen *Sifr* vor, aber Sālim lehnte diese Bezeichnung ab, da so die Basmala der Juden laute; vorzuziehen sei *Muṣḥaf*, das er in Abessinien in einer ähnlichen Bedeutung kennen gelernt habe. Demgemäß wurde beschlossen. Sujūṭī teilt an derselben Stelle noch eine andere Tradition mit, nach der Sālim zu denen gehörte, die auf Befehl Abu Bekrs die Qorānsammlung in Angriff nahmen. Diese Tradition widerspricht, wie sich noch zeigen wird, allen sicheren Tatsachen der Qorāngeschichte. Sujūṭī billigt ihr deshalb mit Recht nur den Wert einer Kuriosität (*gharīb*) zu.

4. Die (erste) Sammlung des Zaid b. Ṯābit.

A. Die herrschende Tradition.

Über diese Sammlung haben wir eine lange, auf Zaid selbst zurückgeführte Tradition[3]), die trotz ihrer weiten Verbreitung verhältnismäßig wenig Veränderungen erlitten hat[4]).

---

[1]) Siehe unten S. 47. Sprenger, Leben und Lehre des Moḥammad Bd. III S. XLIV.

[2]) Itqān 135. Sprenger, Leben und Lehre des Moḥammad Bd. III S. XLIV.

[3]) Muḥammad b. Muslim b. Šihāb al-Zuhrī († 124) von 'Ubaid b. Sabbāq (Fihrist falsch Salaf) von Zaid.

[4]) Ibn Aṯīr, Chronicon ed. Tornberg II 279. III 86. Fihrist ed. Flügel S. 24. Abulfidā ed. Reiske I 212. Ja'qūbī ed. Houtsma II 154. Buḫārī und Tirmiḏī im Tafsīr zu Sure 9, 129f. Ṭabarī, Tafsīr.

Ihr Inhalt ist folgender: Während des Krieges gegen den Propheten Maslama, besonders in der entscheidenden Schlacht von Jemāma ('Aqrabā) — im Jahre 11 oder 12[1]) — waren viele Qorānleser[2]) gefallen. Deshalb wurde 'Omar b. al-Ḫaṭṭāb von der Besorgnis erfüllt, sie möchten nach und nach alle im Kampfe umkommen, so daß der größte Teil des Qorāns verloren gehen würde, und gab dem Chalifen den Rat, die Offenbarungen zu sammeln. Anfangs trug Abu Bekr Bedenken, ein Werk zu unternehmen, zu dem der Prophet keine Vollmacht gegeben hätte. Aber zuletzt willigte er ein und beauftragte mit der Ausführung den Zaid b. Tābit, einen intelligenten jungen Mann, der schon die Offenbarungen für den Propheten niedergeschrieben

---

Buḫārī, faḍā'il al-qurān § 3, aḥkām § 37. Miškāt, faḍā'il al-qurān fasl 3. Mabānī II. Muqni' cod. Sprenger fol. 2r.f. Notices et Extraits 8, 343f. Kommentar der 'Aqīla in den Mémoires de l' Académie des inscriptions Bd. 50, 421. Qurṭubī fol. 19. Itqān 133f. 138.

[1]) Die Kämpfe fielen wahrscheinlich in die letzten Monate des Jahres 11 und die ersten Monate des Jahres 12. Vgl. L. Caetani, Annali dell' Islam Bd. II S. 724, Chronographia Islamica fasc. I S. 112. 121. Dagegen wird von der Mehrzahl der Quellen für die Sammlung überhaupt kein bestimmtes Jahr angegeben.

[2]) Die meisten der S. 11, Anm. 4 angeführten Stellen bezeichnen die Personen, welche größere Stücke des Qorān auswendig wissen, als *qurrā'* „Leser". Einige wie Ja'qūbī (sonst Aghānī XIV 40, 18. Ṭabarī I 1940, 2. 1945, 9) bedienen sich des Ausdrucks *ḥamalat al-qurāni*, das man gewöhnlich durch „Qorānträger" übersetzt. Der eigentliche Sinn ist dunkel, da von arabisch *ḥamala* „tragen" aus weder zu der Bedeutung „im Gedächtnis bewahren", noch zu der aus Phrasen, wie *ḥamalat al-ḥadīti* (Nawawī 63 nach M. J. de Goeje in Gloss. Ṭabarī) oder *ḥamala ḥadītan 'an* (Mizzī cod. Landberg 40 nach Ed. Sachau zu Ibn Sa'd III, 1 S. 304, 3) bzw. *'ilman 'an* (Ḏahabī, Ḥuffāẓ ed. Haiderābād Bd. I S. 37, 5f.) zu erschließenden Bedeutung „überliefern" eine Brücke hinüberführt. Deshalb liegt vielleicht mechanische Übertragung eines fremden Sprachgebrauches vor. Da aus dem jüdisch-aramäischen und dem südarabisch-abessinischen Lexikon nichts Entsprechendes zur Verfügung steht, bliebe nur übrig, an das Mittelpersische zu denken. Welcher Sinn der Wiedergabe von *harābidat*, d. h. dem arabischen Plural von pers. *hērbedh* „Priester" (awest. *aēthrupatai* „Schulhaupt") durch *ḥamalat al-dīni* vorschwebt, ist gleichfalls fraglich.

hatte[1]. Nach einigem Sträuben erklärte sich dieser bereit, obgleich er meinte, daß es leichter sei, einen Berg von der Stelle zu rücken, und sammelte den Qorān von Zetteln[2], Steinen[3], Palmstengeln[4], Schulterknochen[5], Rippen[6], Lederstücken[7] und Brettchen[8]. Als letzte Quelle nennt die Tra-

---

[1]) Seine Personalien werden später — im Kapitel über die Mitglieder der von 'Otmān eingesetzten Qorānkommission — zusammengestellt.

[2]) رقاع Ibn Atīr III 86. Fihrist 24. Ibn Ḫaldūn Bd. II Appendix (بقية) S. 136. Buḫ., aḥkām § 37. tafsīr zu Sur. 9, 129. Mabānī fol. 6a. Muqni' fol. 2b. Qurṭubī fol. 18b. Cod. Petermann II 17, S. 502. Naisābūrī bei Ṭabarī, Tafsīr I 23. 'Alāaddīn I 6. Diese Zettel bestanden nach Itq. 137 aus Papyrus oder Pergament. L. Caetani, Annali II 711 erörtert die Frage und glaubt, daß das letztere Material im damaligen Arabien gebräuchlicher gewesen sei. Abulfidā I 212 gebraucht geradezu den Ausdruck الجلود.

[3]) اللخاف Fihrist 24. Buḫ., aḥkām § 37, faḍā'il § 3. Tirm. zu Sur. 9 129. Miškāt, faḍā'il faṣl 3. Itq. 134. 137. Muqni' fol. 2b. 'Aṭīja fol. 25a. Naisābūrī. Bei 'Alāaddīn I 6 hat das seltsame Scholion قال بعض الرواة اللخاف يعنى الخزف, vgl. auch 'Aṭīja fol. 25a خزف.

[4]) عسب Vgl. die in Anm. 2 u. 3 genannten Quellen. Abulfidā I 212 liest جريد النخل, Cod. Petermann II 17, S. 502 سعف. Die Verwendung dieses Schreibmateriales im vorislamischen Arabien bezeugen Imruulqais Ahlw. Nr. 63 1, Labīd ed. Khalidi S. 61, Diwan Hudhail ed. Kosegarten Nr. 3, 7, Fihrist 21. Muhammed benutzt es zu einem Briefe an die 'Uḏra bei Wellhausen, Skizzen IV Nr. 60.

[5]) اكتاف Buḫ. im tafsīr. Itq. 137. Ṭabarī, Tafsīr I 20. Cod. Petermann II 17, S. 503. Vgl. Fihrist 21. Ṭabarī I 1806 15ff. = Ibn Sa'd II II, S. 37 6ff. Musnad Aḥmad b. Ḥanbal I 355. I. Goldziher in der Deutschen Literaturzeitung 1906. Schulterknochen vom Kamel wurden in Ostafrika von den Suaheli noch bis in die neuere Zeit verwandt, namentlich in den Elementarschulen, vgl. Emily Ruete, Memoiren einer arabischen Prinzessin, 4. A., Berlin 1886, I 90.

[6]) اضلاع Itqān 137. Muqni' fol. 2b. C. G. Büttner, Suaheli-Schriftstücke in arabischer Schrift, Berlin 1892, S. 189, nennt Schenkelknochen des Kamels als noch heute in Ostafrika gebräuchlich.

[7]) قطع أديم Itq. 137. Cod. Peterm. II 17. Muhammed bedient sich dieses Schreibmateriales bei seinen Sendschreiben, vgl. Wellhausen, Skizzen IV Nr. 48. 52. Wāqidī ed. Wellhausen, S. 388. Vgl. auch G. Jacob, Studien in arabischen Dichtern III, S. 162. [8]) Itqān 137.

dition die „Herzen der Menschen"[1]), d. h. mit anderen Worten, Zaid ergänzte seine archivalischen Nachforschungen durch Befragen von Personen, die Qorānstücke auswendig wußten. Schließlich, heißt es, fand er Sure 9, 129 f. bei Ḫuzaima[2]) oder Abū Ḫuzaima[3]) aus Medina. Die einzelnen Stücke schrieb er

---

1) صدور الناس (الرجال): die vorher zitierten Quellen. Abulfidā I 212 افواه الرجال.

2) Tirm. im tafsīr zu Sur. 9, 129, Mabānī fol. 6a. Cod. Petermann II 17, S. 302. Kanz el- ʿummāl I Nr. 4759. 4767. Tirmiḏī bezeichnet den Mann genauer als Ḫuzaima b. Ṯābit. Die biographischen Werke kennen zwar eine Persönlichkeit dieses Namens, bringen sie aber nicht mit der Qorānsammlung in Verbindung.

3) Fihrist 24. Itqān 134. 136. Buḫ., faḍā'il al-qurān § 3. Mišk., faḍā'il al-qurān faṣl 3. Der Mann wird gewöhnlich noch als Anṣarier bezeichnet und soll deshalb wohl mit dem unter ʿOṯmān gestorbenen Abū Ḫ. b. Aus b. Zaid (Ibn Saʿd III, ii 64. Usd al-Ghāba V 180) gleichgesetzt werden. Die Bezeichnung als ibn Ṯābit (Itqān 136 Ende) beruht auf einer Verwechslung mit dem vorher erwähnten Ḫuzaima.

Die Varianten Ḫuzaima und Abū Ḫuzaima erscheinen nebeneinander bei Buḫ., tafsīr zu Sur. 9, 129, aḥkām § 37. Muqniʿ fol. 6af. Qurṭubī fol. 18b. ʿAlāaddīn I 6. Man sucht dieselbe auf verschiedene Weise zu erklären, z. B. so, daß bei der ersten Sammlung Sure 9, 129 bei Abū Ḫuzaima, dagegen hernach unter ʿOṯmān Sure 33, 23 bei Ḫuzaima gefunden worden sei (Qurṭubī fol. 20v, Buḫārī, faḍā'il al-qurān usw.). Wieder andere Kombinationen finden sich bei Qurṭubī, Muqniʿ, Ibn ʿAṭīja. Ṭabarī im Tafsīr I 21 läßt jene beiden Qorānstellen bei zwei verschiedenen Leuten namens Ḫuzaima gefunden werden und verlegt das Ereignis in die Zeit ʿOṯmāns. Nach Ibn Ḥagar I Nr. 1395, Usd al-Ghāba I S. 326 und Ibn ʿAṭīja fol. 26v wird Sure 9 129 f. unter Abu Bekr bei Ḥāriṯ b. Ḥazma entdeckt. Usd V 180 sagt nur, daß die Namen verschiedene Persönlichkeiten seien, die nur die anṣarische Abstammung gemeinsam hätten.

Seltener findet sich die Angabe, daß der vermißte Vers Sur. 33, 23 gewesen sei, z. B. Muqniʿ fol. 2b, Qurṭubī fol. 18b. In den Mabānī fol. 7a, wo fast alles, was Ṭabarī, Tafsīr I 20 von der Sammlung ʿOṯmāns sagt, auf diejenige Abu Bekrs übertragen ist, wird Sur. 33 23 bei der ersten Prüfung vermißt, Sur. 9, 129 f. bei der zweiten Prüfung. Nach Itqān 143 findet Omar den Schluß von Sur. 9 (V. 129. 130) bei Ḥāriṯ b. Ḫuzaima. Die Ansicht, daß diese Verse die zuletzt geoffenbarten des Qorāns seien, hängt natürlich irgendwie mit der von ihnen oben erwähnten späten Auffindung zusammen. Doch läßt sich nicht sicher ausmachen, welches

auf gleichmäßige Blätter[1]) und übergab sie dem Chalifen. Nach dessen Tode kamen sie an seinen Nachfolger Omar, der sie selbst wieder durch testamentarische Verfügung seiner Tochter Hafṣa, der Witwe des Propheten, hinterließ.

B. Die abweichenden Traditionen.

Während Omar in der herrschenden Überlieferung nur als der intellektuelle Urheber der ersten Sammlung erscheint, ist es Abu Bekr, der in seiner Eigenschaft als regierender Chalif den Befehl zur Ausführung erteilt, den technischen Leiter ernennt und das vollendete Werk in seine Obhut nimmt. Es gibt aber noch eine andere Tradition, die, soweit der knappe Wortlaut ein Urteil zuläßt, den ersten Chalifen vollständig ausschaltet und alle eben genannten Funktionen auf die Schultern seines tatkräftigen Nachfolgers legt. Die Worte der Tradition[2]) „Omar ist der erste, welcher den Qorān auf Blättern sammelte" schließen vielleicht noch den weiteren Sinn ein, daß nicht nur das Ende, sondern auch der Anfang des Unternehmens in die Regierungszeit dieses Chalifen fällt. Dagegen bezieht sich die Bemerkung, daß Omar gestorben sei, noch ehe er den Qorān gesammelt hatte[3]), auf die endgültige, kanonische Rezension, die auch er schon ins Auge gefaßt haben soll[4]).

An anderen Orten erfahren wir noch verschiedene Einzelheiten über sein Verfahren bei der ersten Sammlung. Als Ver-

---

das ursächliche Verhältnis der beiden Ansichten ist. Unter allen Umständen hat jener chronologische Ansatz als unbegründet zu gelten, wie ich schon oben Teil I S. 226f. hervorhob. W. Muir (Life of Mahomet Bd. I S. XXVI) dagegen bestreitet von diesem Ansatze aus, daß die Verse so spät aufgefunden wurden, da sie als die zuletzt geoffenbarten allen bekannt sein mußten.

1) *Ṣuḥuf.* Vgl. hierüber unten S. 24.

2) Ibn Sa'd III, I ed. Sachau S. 202 Z. 8f. Wenn Sujūṭī im Itqān S. 135 das Verb *gama'a* „sammelte" durch *ašāra bi-gam'ihi* „er riet ihn zu sammeln" erklärt, so ist das doch wohl harmonistische Willkür.

3) A. a. O. S. 212, 4.

4) Itqān 430. Vgl. unten S. 53f.

anlassung gibt eine jüngere Quelle an, daß er einst auf die Frage nach einem Qorānvers die Antwort erhalten hätte, der, welcher den Vers auswendig wisse, sei in der Schlacht von Jemāma gefallen[1]). Weiter soll er z. B. nur solche Stellen aufgenommen haben, deren Zugehörigkeit zum Qorān durch zwei Zeugen beglaubigt war[2]). Auch die Traditionen über den Steinigungsvers[3]) scheinen von der Voraussetzung auszugehen, daß Omar bei der Sammlung des Qorāns eine Rolle gespielt hat. Wie einige Berichte ausführen[4]), befürchtete er, daß die Gläubigen den Vers dereinst schmerzlich vermissen würden, wenn sie ihn nicht im Buche Gottes fänden[5]). Nach anderen[6]) bekennt er frei heraus, daß der Vers von ihm nicht aufgenommen worden sei, weil er sich nicht den Vorwurf zuziehen wollte, zu der Offenbarung einen Zusatz gemacht zu haben. Nach Itqān 137 bestimmte ihn dazu der Umstand, daß nicht die üblichen zwei Zeugen aufzutreiben waren[7]). Allen diesen Traditionen liegt die Meinung zugrunde, daß der Steinigungsvers zur Offenbarung gehört. Ist dies jedoch irrig, wie ich früher[8]) nachzuweisen versucht habe, so ist es auch

---

[1]) Itqān 135.

[2]) Itqān 136 Anfang (nach Jaḥjā b. ʻAbdarraḥmān b. Hātib † 104). Der schiitische Kommentar Cod. Petermann I, 553 sucht hieraus die Unvollständigkeit von Omars Qorān zu beweisen, weil sich unter den Stellen, die nicht von zwei Zeugen bestätigt werden konnten, doch auch echte befunden haben mußten.

[3]) Vgl. oben Teil I S. 248ff.

[4]) Tabarī I 1821. Ibn Hišām 1015. Tirmidī, hudūd § 6. Miškāt, hudūd Anfang. Mabānī II, IV.

[5]) ʻAbdelqāhir al-Baghdādī, kitāb al-nāsiḫ wa ʼl-mansūḫ (Cod. Petermann I 555) läßt Omar sagen: „Fürchtete ich nicht, der Interpolation beschuldigt zu werden, so hätte ich den Steinigungsvers an den Rand (*ḥāšijat al-muṣḥaf*) des Kodex geschrieben".

[6]) Ibn Saʻd III, I ed. Sachau S. 242. Jaʻqūbī ed. Houtsma II, 184. Mabānī II. Muwatta' 349 (hudūd § 1 Ende).

[7]) Ganz vereinzelt ist die Nachricht Itqān 528, daß der Streit wegen der Aufnahme des Steinigungsverses bei der Herstellung der kanonischen Ausgabe stattfand.

[8]) Oben Teil I, S. 248—252.

schwer zu glauben, daß ein Mann wie Omar sich so hartnäckig für seine Echtheit eingesetzt hat.

Eine dritte Überlieferungsgruppe [1]) ist bestrebt, den Inhalt der ersten und zweiten zu harmonisieren. Danach schrieb Zaid auf das Geheiß Abu Bekrs die Offenbarungen auf Lederstücke, Schulterknochen und Palmstengel. Nach dem Tode des Chalifen, also unter Omar, kopierte er diese Texte auf ein einziges Blatt [2]), über dessen Größe leider nichts verraten wird.

Schließlich ist noch einer ganz abenteuerlichen Erzählung [3]) zu gedenken. Nach dieser weigert sich Abu Bekr, den Qorān zu sammeln, da der Prophet es auch nicht getan habe. Da macht sich Omar ans Werk und läßt ihn auf Blätter schreiben. Dann beauftragt er 25 Koraischiten und 50 Anṣarier, den Qorān abzuschreiben und dem Sa'īd b. al-'Āṣ vorzulegen. Es liegt auf der Hand, daß hier die Traditionen über die erste Qorānsammlung und die kanonische Ausgabe durcheinander geworfen sind. Eine so große Zahl von Mitarbeitern wird sonst bei der ersten Sammlung niemals erwähnt. Sa'īd war bei dem Regierungsantritt Omars erst ein Kind von 11 Jahren. Für diesen heillosen Wirrwarr ist jedoch wahrscheinlich weder Ja'qūbī noch eine seiner Quellen verantwortlich, sondern eine Lücke in der vom Herausgeber benutzten Handschrift [4]).

Hinsichtlich der Gründe, die gerade Zaid für die Sammlung der Offenbarungen besonders geeignet erscheinen ließen, herrscht Übereinstimmung, indem alle unsere Quellen [5]) seine Jugendlichkeit und Intelligenz sowie seine frühere Tätigkeit als Spezialsekretär Muhammeds für die Offenbarungen [6]) hervor-

---

1) Ṭabarī, Tafsīr Bd. I 20. Itqān 138. Cod. Petermann I 17, S. 503.

2) *fī ṣaḥīfa wāḥida.*

3) Ja'qūbī ed. Houtsma Bd. II, S. 152.

4) Diese Lücke müßte vor *wa-aglasa* S. 152,15 angenommen werden.

5) Vgl. oben S. 11 Anm. 4.

6) Das Kapitel über die Schreiben Muhammeds und die Gesandtschaften an ihn in der Sīra des Ibn Sa'd verzeichnet 14 Personen, die dem Propheten als Sekretäre dienten, unter denen sich aber Zaid nicht befindet.

heben. Die erste Angabe wird von den Forschern gewöhnlich dahin verstanden, daß von dem jungen Manne größere Willfährigkeit gegenüber den Befehlen des Chalifen zu erwarten war als von einem alten, eigensinnigen Beamten. Dagegen sagen die genannten Quellen über die Fähigkeit Zaids im Auswendigwissen der Qorāntexte nichts, sonst wird dieselbe öfters erwähnt[1]).

Die Angaben über das Verfahren Zaids setzen stillschweigend voraus, daß er den Originalen, die er benutzte, im allgemeinen folgte. Doch zeigt seine Behandlung der letzten Verse von Sure 7 (V. 129. 130), die er ohne weiteres an eine große Sure anhängte, daß er zuweilen auch vor Willkürlichkeiten nicht zurückschreckte. Zaid oder Omar soll bei dieser Gelegenheit gesagt haben, wenn dieser Teil aus drei statt aus zwei Versen bestanden hätte, so würde er daraus eine eigene Sure gemacht haben[2]).

C. Kritik der Traditionen.

Wie wir gesehen haben, stehen sich bei den Muslimen drei verschiedene Ansichten über die Entstehung der ersten Qorānsammlung gegenüber. Nach der ersten Ansicht — der sog. herrschenden Tradition — vollzog sich dieselbe unter der Regierung Abu Bekrs, nach der zweiten während der Herrschaft Omars, nach der dritten erfolgte die Inangriffnahme unter Abu Bekr, die Vollendung erst unter seinem Nachfolger. Da die Entscheidung der Frage, welcher Ansicht der Vorzug gebührt, nicht auf der Hand liegt, ist eine umständliche Untersuchung notwendig.

In der herrschenden Überlieferung sind verschiedene Züge enthalten, die teils einander, teils sonstigen geschichtlichen Nachrichten widersprechen:

1. Abu Bekr veranstaltete zwar die erste Sammlung, aber

---

[1]) Notices et Extraits Bd. VIII S. 305. Usd al-Ghāba. Nawawī (*a͟hada 'l-qurāna*). D̲ahabī, Tad̲kirat al-ḥuffāẓ Bd. I S. 26 (*ḥafiẓa 'l-qurāna*). Was sich Ibn Sa'd denkt, wenn er Zaids „Qirā'a" rühmt (II, II ed. Schwally, S. 116, 9), ist unklar.

[2]) Itqān 143, wo „'Omar" für „'Amr" zu lesen ist.

der intellektuelle Urheber und die eigentliche, treibende Kraft war Omar.

2. Die Veranlassung des Planes durch den Feldzug von Jemāma, der feierliche Beweggrund, das Wort Gottes vor dem Untergang zu bewahren, sowie die Beteiligung des regierenden Chalifen und des neben ihm damals mächtigsten Mannes der Theokratie, alle diese Umstände geben der Sammlung den Charakter eines für Religion und Staat grundlegenden Werkes. Deshalb war es nur in der Ordnung, daß dasselbe nach dem Tode Abu Bekrs nicht an einen seiner Verwandten kam, sondern an seinen Amtsnachfolger Omar.

3. Die Vererbung der Sammlung durch Omar an seine Tochter Ḥafṣa zwingt dagegen zu dem Schlusse, daß sie nicht als Eigentum der Gemeinde oder des Staates, sondern als Privateigentum betrachtet wurde. Denn eine Urkunde von offiziellem oder öffentlichem Charakter hätte nicht an eine beliebige Person der Verwandtschaft vererbt werden dürfen, am wenigsten an eine Frau, auch wenn sie eine Witwe des Propheten war, sondern gehörte in die Hände des folgenden Chalifen.

Für den privaten Charakter der Sammlung spricht weiter der Umstand, daß sie nach den großen Eroberungen in keiner auswärtigen Provinz als maßgebende Rezension in Gebrauch kam, während, wie wir noch sehen werden, die Ausgaben des ʿAbdallāh b. Masʿūd und des Ubai b. Kaʿb diesen Erfolg hatten, obwohl ihnen nicht so hohe Protektion zur Verfügung stand.

4. Abu Bekrs kurze Regierungszeit von zwei Jahren und zwei Monaten[1]) ist für die in den Augen der Tradition so schwierige Sammlung der zerstreuten Texte etwas knapp. Vollends wenn der Anfang damit erst nach dem Feldzuge von Jemāma[2]) gemacht wurde, dürften nur etwa 15 Monate übrig bleiben.

---

[1]) Vom 13. Rabīʿ I a. H. 11 (= 8. Juni 632) bis 21. Gumādā II a. H. 13 (= 22. August 634).

[2]) Dieser Feldzug fällt etwa in die drei letzten Monate des Jahres 11 und die drei ersten Monate des Jahres 12. Vgl. oben S. 12 Anm. 1.

5. Die Verknüpfung der Sammlung mit dem Feldzug von Jemāma steht auf sehr schwachen Füßen. L. Caetani[1]) weist darauf hin, daß sich in den Verzeichnissen der bei 'Aqrabā gefallenen Muslime nur wenig Persönlichkeiten befänden, denen eine größere Qorānkenntnis zugetraut werden könne, indem fast alle den Kreisen der Neubekehrten angehörten. Die Behauptung, daß viele Qorānleser in jenen Kämpfen umgekommen seien und daß sich Abu Bekr dadurch beunruhigt fühlte, könne deshalb unmöglich richtig sein. Dagegen wird sich nicht viel einwenden lassen, vorausgesetzt natürlich, daß die von Caetani[2]) aufgestellte, 151 Personen umfassende Verlustliste einwandfrei und unsere Kenntnis der Qorānleser jener Zeit einigermaßen erschöpfend ist.

In der Tat finden sich in den mir zugänglichen Berichten als gefallen nur zwei Personen verzeichnet, deren Qorānkenntnis ausdrücklich bezeugt wird[3]). Das ist 'Abdallāh b. Ḥafṣ b. Ghānim[4]) und Sālim, ein Klient des Abū Ḥuḏaifa[5]), der nach ihm die Fahne der Muhādschir trug. Auf das Vorhandensein einer größeren Zahl solcher unter den muslimischen Kämpfern deuten die Worte des Abū Ḥuḏaifa: „O Leute des Qorān, schmücket den Qorān mit Taten!“[6]), falls sie authentisch sind.

Aber selbst wenn die von Caetani ans Licht gezogenen Widersprüche hinfällig würden, ließe sich trotzdem die tradi-

---

[1]) Annali dell' Islam Vol. II § 231 Anm. 1.

[2]) Annali dell' Islam Vol. II S. 739—754.

[3]) Nach einer legendarischen Notiz im Kanz el-'ummāl, Ḥaiderābād 1314, Vol. I Nr. 4770 sollen auf jenem Feldzuge gar 400 Qorānleser gefallen sein.

[4]) Ṭabarī I 1940. 1945, Ibn Aṯīr II 276 wird er *ḥāmil al-qurān* genannt.

[5]) A. a. O. wird er *ḥāmil al-qurān* oder *ṣāḥib qurān* genannt, aber nichts von seinem Tode gesagt. Doch ist sein Tod in der Schlacht sonst oft bezeugt: Belādhorī ed. de Goeje 90, Ibn Qutaiba 139, Nawawī, Usd al-Ghāba. Vgl. auch L. Caetani a. a. O. S. 750 Nr. 113. Wir haben den Mann schon oben S. 7 unter den berühmtesten der alten Qorānleser kennen gelernt.

[6]) Ṭabarī I 1945, 2. Ibn Aṯīr II 277, .

tionelle Verknüpfung der Sammlung mit jenem Feldzuge nicht aufrecht erhalten. Denn, wie der weitere Bericht mit dürren Worten sagt, ist ja die Sammlung fast ausschließlich aus geschriebenen Quellen entnommen worden. Jeder Zweifel daran ist ausgeschlossen, da wir wissen, daß Muhammed selbst für die Niederschrift der Offenbarungen Sorge getragen hatte[1]). Unter diesen Umständen konnte auch der Tod noch so vieler Qorānleser nicht die Besorgnis rechtfertigen, daß die Kenntnis der Offenbarungen des Propheten verloren ginge.

Um in diesem Wust von Widersprüchen und Irrtümern die geschichtliche Wahrheit zu ermitteln, gibt der Inhalt der Tradition weiter kein Mittel an die Hand. Deshalb müssen wir versuchen, Anhaltspunkte aus der Form der Tradition zu gewinnen und durch literarische Analyse einen älteren Kern herauszuschälen. Nun spricht die überwiegende Mehrzahl der Einzelzüge für die Wertung der Qorānsammlung als Staatsangelegenheit. Der einzige die privatrechtliche Auffassung vertretende Zug, nämlich der Übergang der Blätter von Omar in das Eigentum seiner Tochter Ḥafṣa, ist leicht aus dem Texte auszuscheiden. Hiernach scheint es keinem Zweifel mehr unterliegen zu können, daß die andere Auffassung die ältere und zutreffende ist.

Nichtsdestoweniger muß diese an sich so einfache und einleuchtende Lösung als falsch betrachtet werden. Denn gerade der Umstand, daß sich die Sammlung nach dem Tode Omars in dem Besitze Ḥafṣas befand, ist die sicherste Tatsache des ganzen Berichtes, weil sie durch die Nachrichten über die kanonische Qorānausgabe bestätigt wird. Denn von Othman heißt es dort, daß er die „Blätter" bei Ḥafṣa holen und seiner Rezension zugrunde legen ließ. Dies ist der feste Punkt, von dem aus wir uns rückwärts orientieren müssen. Obgleich die Berichte über die beiden Qorānausgaben jetzt meistens miteinander verbunden sind, so hat doch in den älteren Quellen jeder seinen besonderen Isnād und damit eine durchaus selbstständige literarische Stellung.

---

[1]) Vgl. oben S. 1f.

Es muß deshalb zunächst dahingestellt bleiben, inwieweit das über die Vorgeschichte jener „Blätter“ Gesagte Vertrauen verdient. Nichts ist ja an sich natürlicher, als daß dieselben auf dem Wege des Erbganges an Ḥafṣa gelangt sind. Die Sache verhält sich aber vielleicht doch anders. Wenn Ḥafṣa des Lesens kundig war[1]), konnte sie eine Qorānsammlung für ihren eigenen Gebrauch erworben oder in Auftrag gegeben haben. Im anderen Falle ließe sich mehr als ein Grund anführen, der eine der vornehmsten Frauen des damaligen Medina zu einem solchen Vorgehen bestimmt haben mochte. War Omar nicht der Vorbesitzer, so fällt auch seine Urheberschaft dahin. Das Aufkommen dieses Irrtums liegt eigentlich sehr nahe. Nachdem die Gläubigen sich mit der bitteren Wahrheit abfinden mußten, daß ein so unfähiger und mißliebiger Herrscher wie Othman der Vater der kanonischen Rezension geworden war, mochte es ihnen als ein Gebot der ausgleichenden Gerechtigkeit erscheinen, dem jenen soweit überragenden Vorgänger wenigstens an der Vorarbeit zu dieser Rezension einen Anteil beizumessen.

Auf keinen Fall führt ein Weg von Omar zurück zu Abu Bekr, so daß, wenn überhaupt ein Chalife als Urheber in Betracht kommt, es nur Omar gewesen sein kann. Auf diesen weist ja auch der ausdrückliche Wortlaut einer der abweichenden Traditionen und die Hauptüberlieferung wenigstens insofern, als sie diesen Chalifen als die treibende Kraft des Unternehmens hinstellt.

Die Auffassung von dem Mitwirken Abu Bekrs ist durch die andere von der wirklichen oder angeblichen Urheberschaft seines Vorgängers bedingt. War Omar der geistesgewaltigste unter den ersten Chalifen, so hatte Abu Bekr den Vorzug, einer der ersten Gläubigen und der nächste Freund Muhammeds gewesen zu sein. Da mochte es vielen verwunderlich erscheinen, daß ein solcher Mann nicht ebenfalls bereits die Schaffung der Qorānsammlung betrieben hätte, und dieser fromme Wunsch

---

[1]) Belādhorī ed. de Goeje S. 472.

sich allmählich zu einer geschichtlichen Aussage verdichten. Vielleicht hatte bei diesen Bestrebungen auch ʿĀïscha ihre Hand im Spiele, die bekannte Witwe Muhammeds und Tochter Abu Bekrs, die, der Familienpolitik nicht abhold, gewohnt war, ihrem Ehrgeiz Wahrheit und Ehre zu opfern.

Die letzte der oben genannten drei muslimischen Ansichten, welche die Sammlung auf die Regierungszeit der beiden Chalifen verteilt, hat gegen sich, daß sie eine künstliche Harmonisierung der ersten und zweiten Ansicht darstellt und überdies das erwiesenermaßen als Privatangelegenheit zu wertende Unternehmen wieder mehr zu einer Staatsaktion stempelt.

Die redigierende Tätigkeit Zaids läßt sich mit allen, hier erörterten Formen der Tradition vereinbaren und hat noch den weiteren Vorzug, nicht leicht dem Verdachte tendenziöser Erfindung einheimfallen zu können. Bei seiner Bestallung durch Othman vermißt man allerdings einen ausdrücklichen Hinweis darauf, daß er ja der Bearbeiter oder Schreiber der „Blätter" der Ḥafṣa sei.

Die ursächliche Verknüpfung der ersten Sammlung mit dem Feldzuge von Jemāma ist oben als ungeschichtlich erwiesen worden. Nach einer besonderen Veranlassung anderer Art zu fragen ist müßig, denn es war in den allgemeinen Zeitumständen begründet, daß sich nach dem Tode Muhammeds früher oder später das Bedürfnis regen mußte, seine Offenbarungen in getreuer Niederschrift beisammen zu haben, waren sie doch das wertvollste Vermächtnis, das der Gottgesandte der Gemeinde der Gläubigen hinterlassen hatte. Am allerwenigsten, sollte man meinen, benötigte ein sachkundiger Mann wie Zaid der Anregung für ein Werk, dessen Nützlichkeit und Zweckmäßigkeit so klar zutage lag.

D. Form und Inhalt der ersten Sammlung.

Das Bild, welches wir von dem Zustande der Qorānniederschriften nach dem Tode Muhammeds erhalten, ist ziemlich trostlos. Denn sie sollen nicht nur zerstreut und ungeordnet gewesen sein, sondern auch auf mindestens einem halben

Dutzend verschiedener Stoffe gestanden haben. Es regt sich aber der Verdacht, daß die Tradition stark übertrieben hat, sei es, um das Verdienst der Sammler tüchtig herauszustreichen, oder die rührende Einfachheit der alten Zeit recht eindringlich vor Augen zu stellen[1]). Daß Briefe in damaliger Zeit auf Palmstengel und Lederstücke geschrieben wurden, geht aus einigen unverfänglichen Stellen in der Prophetenbiographie des Ibn Sa'd[2]) mit Sicherheit hervor. Es liegt aber nahe, zu glauben, daß man sich für höhere literarische Zwecke möglichst gleichmäßiges Material zu verschaffen suchte. Dies würde hier um so eher am Platze gewesen sein, als es sich um Texte himmlischen Ursprunges handelte, und da, wie wir oben[3]) nachgewiesen haben, nicht nur kleinere Einzeloffenbarungen niederzuschreiben waren, sondern auch große Suren.

Der Name *Ṣuḥuf*[4]) „Blätter", den man der Sammlung Zaids beilegt, weist einerseits wohl darauf hin, daß es sich um gleiches Material und Format handelt. Hierfür kommt deshalb von den verschiedenen Beschreibstoffen, auf denen sich angeblich der literarische Nachlaß des Propheten befand, nur Leder in Betracht. Ob Pergament schon damals in Arabien gebräuchlich war, kann ich nicht feststellen. Andererseits scheint die Bezeichnung „Blätter" andeuten zu wollen, daß

---

1) Vgl. auch A. Sprenger, Leben und Lehre des Mohammad, Bd. III S. XXXIX.

2) Die Schreiben Muhammads und die Gesandtschaften an ihn, herausgegeben von Jul. Wellhausen (Skizzen und Vorarbeiten, 4. Heft Nr. 3), § 48. 52. 60.

3) S. 2.

4) Der Singular von *ṣuḥuf*, *ṣaḥīfa*, ist eine arabische Neubildung auf Grund von abessinischem bzw. südarabischem *ṣaḥafa* „schreiben", bedeutet also eigentlich „Beschriebenes". Das Wort kommt schon in der heidnischen Poesie vor, z. B. Dīwān Hudhail ed. Kosegarten Nr. 3, 6. Mutalammis ed. Vollers Nr. 2, 2, 9, 6. Lebīd ed. Huber-Brockelmann Nr. 47, 1. Aghānī Bd. XX S. 24, 30. Aus b. Ḥagar 23, 9. Auch der Form nach entlehnt ist, wie schon die Araber selbst erkannt haben (Itqān 120. 135), *maṣḥaf*, häufiger in der Aussprache *muṣḥaf*, das aber in der altarabischen Poesie nur selten zu belegen ist (Imruulqais ed. Ahlwardt Nr. 65, 2).

die einzelnen Teile der Sammlung noch nicht so fest geordnet[1]) waren wie die spätere kanonische Ausgabe, die den Namen *Muṣḥaf*[2]) „Buch“ führt.

Diese Auffassung ist aber unhaltbar. Mögen jene Ṣuḥuf immerhin lose Blätter gewesen sein, so mußte doch der auf dem einzelnen Blatte stehende Text eine bestimmte Anordnung haben. Das schloß schon eine nicht unerhebliche Einschränkung der Willkür in sich. Denn ein solches Blatt umfaßte mindestens zwei Seiten, wenn es gefaltet war, sogar vier Seiten. Die feste Textordnung konnte sich weiter auf mehrere Doppelblätter hin erstrecken und zwar auf so viele, wie zu einer „Lage“ vereinigt waren. Eine Lage besteht aber in den alten griechischen Bibelhandschriften gewöhnlich aus drei bis vier[3]), in den von

Im Äthiopischen dient *maṣḥaf* als die beliebteste Bezeichnung für „Buch, Kodex“. Vgl. auch S. Fraenkel, Aram. Fremdw. S. 248. I. Goldziher, Muh. Studien I, S. 111. Th. Nöldeke, Neue Beitr. S. 49f.

[1]) Zum Beweise für das lockere Gefüge der ersten Sammlung beruft sich Nöldeke in der ersten Auflage dieses Buches S. 195 auf folgende bei Ibn ʻAṭīja fol. 25r und Qurṭubī fol. 18v stehende Tradition: *fa-gamaʻahu ghaira murattabi 'l-suwari baʻda taʻabin šadīdin*, was er übersetzt „und Zaid brachte den Qorān nach vieler Mühe zusammen ohne Ordnung der Suren“. H. Grimme, Mohammed II S. 13 will die Unordnung auf den Zustand der Offenbarungsniederschriften vor der ersten Sammlung beziehen. Da beide Auffassungen zulässig sind, habe ich von dieser Tradition, die übrigens für die vorliegende Untersuchung ganz belanglos ist, überhaupt keinen Gebrauch gemacht. Übrigens heißt es Itqān ed. Cair. I 60, 22 (Calcutt. S. 133) = Qasṭallānī zu Buḫārī VII 446, daß der Qorān zu Lebzeiten des Propheten nicht gesammelt (*magmūʻ*) und ohne feste Surenordnung (*wa-lā murattab al-suwari*) war.

[2]) Vereinzelt wird auch die erste Sammlung *Muṣḥaf* genannt, z. B. Ibn Saʻd III, I ed. Sachau S. 242. Ṭabarī, Tafsīr I 20. Itqān 138. Nach einer sehr merkwürdigen Notiz im Itqān 135 ist es Sālim, Klient des Abū Ḥudaifa — vgl. über ihn oben S. 7. 20 Anm. 5 — der zuerst den Qorān in einem Muṣḥaf sammelte.

[3]) Vgl. V. Gardthausen, Griechische Paläographie I² (1911) S. 158. Th. Birt, Kritik und Hermeneutik nebst Abriß des antiken Buchwesens, 1913, S. 356. Die zusammengehörigen Blattlagen wurden entweder an einen gemeinsamen Rücken geheftet oder, wenn sie lose aufeinander lagen, in einer Kapsel oder Ledertasche verwahrt, siehe Gardthausen a. a. O. S. 176, Birt a. a. O. S. 357.

mir untersuchten großen kufischen Pergament-Kodizes aus drei bis fünf Doppelblättern, also aus zwölf bis zwanzig Seiten. Andere Anhaltspunkte für die richtige Aufeinanderfolge des Textes ergaben sich ferner, wenn ein Vers am Ende eines Blattes oder einer Blätterlage abbrach, oder wenn ein Blatt zwar mit einem neuen Verse begann, aber die Verbindung nach rückwärts durch den Inhalt mit Sicherheit hergestellt wurde. Ernstliche Zweifel waren eigentlich nur dann denkbar, wenn eine Blätterlage mit einer neuen Sure begann. Aber dieser Fall konnte nur sehr selten eintreten, um so seltener, je umfangreicher die Blätterlage war, bei fünffacher Blätterlage wahrscheinlich kein einziges Mal[1]). Wie man sieht, läßt sich auch ohne äußere Merkzeichen wie Blätterlagen- oder Seitenzählung sowie ohne Kustoden eine (verhältnismäßig) außerordentlich große Genauigkeit der Anordnung erzielen[2]).

Unter diesen Umständen dürfte die Bestimmtheit der Reihenfolge der Suren auf den „Blättern" der ersten Qorānsammlung hinter der der späteren Ausgaben nicht viel zurückgestanden haben. Es ist deshalb schwer zu begreifen, warum dieser Sammlung in der Regel nicht der Name Muṣḥaf oder Kodex zugebilligt wird. Das Zusammenheften der Blätter kann nicht entscheidend sein, da wir nicht einmal von den othmanischen Musterhandschriften wissen, ob sie geheftet waren, und da es im islamischen Orient noch bis zum heutigen Tage vielfach

---

[1]) Um mir ein Urteil zu bilden, habe ich die Verhältnisse der gedruckten Qorānausgabe Flügels (337 Ss., Leipzig 1858) verglichen. In dieser kommt es 31 mal vor, daß eine Seite mit einer Sure beginnt. Hiervon müssen, streng genommen, 17 Fälle ausscheiden, die nur durch das willkürliche Prinzip veranlaßt sind, die dreizeilige Überschrift einer Sure niemals auf eine andere Seite zu setzen als den Anfang des ersten Verses. Wenn von den übrigbleibenden 14 Stellen eine Surenüberschrift mehr als einmal auf den Anfang eines Bogens von 16 Seiten treffen sollte, müßte es schon wunderbar zugehen.

[2]) In den alten griechischen Bibelhandschriften werden nicht die Seiten, sondern die Blätterlagen gezählt. Dagegen habe ich in den von mir untersuchten kufischen Qorānhandschriften nichts dergleichen angetroffen, auch keine Kustoden.

üblich ist, auch gedruckte Werke nur in losen Bogen aufzubewahren [1]).

Den Fragen nach Inhalt und Vollständigkeit der ersten Sammlung, nach ihrer Form, der Einteilung in Suren und deren etwaiger Abgrenzung durch Basmala, Siglen oder andere Merkzeichen, können wir erst nähertreten, wenn die Entstehung der anderen vorothmanischen Ausgaben sowie der kanonischen Rezension untersucht ist.

---

5. Die anderen vorothmanischen Ausgaben.

A. Die Persönlichkeiten der Herausgeber. Verbreitung und Erhaltung ihrer Ausgaben.

Aus der knappen Zeit von zwanzig Jahren, die zwischen dem Tode Muhammeds und der Rezension Othmans liegen, sind uns außer den Blättern der Ḥafṣa nicht weniger als vier berühmte Sammlungen oder Ausgaben bekannt, für deren Entstehung niemand anders verantwortlich gemacht werden kann als die Personen, unter deren Namen sie gehen. Daneben sind vielleicht noch andere Ausgaben vorhanden gewesen, die nicht zu größerem Ansehen gelangten und deshalb in der Überlieferung keine Spuren zurückließen. Als Bearbeiter jener vier berühmten Ausgaben werden genannt Ubai b. Ka'b, 'Abdallāh b. Mas'ūd, Abū Mūsā al-Aš'arī und Miqdād b. Aswad.

Solange über das literarische Verfahren dieser Männer nichts näheres bekannt ist, muß es dahingestellt bleiben, ob sie selbständige Sammlungen der zerstreuten Offenbarungstexte veranstaltet oder sich an bereits vorhandene Sammlungen an-

---

[1]) Zum Schutz vor dem Herausfallen aus den Deckeln oder Umschlägen versieht man dieselben mit Klappen und steckt das Ganze oft noch obendrein in ein Futteral (*maḥfaza*). Auch stellt man diese Bücher nicht wie bei uns aufrecht in die Regale, sondern legt sie um. Ein Qorānexemplar übrigens darf wegen seiner Heiligkeit nicht mit anderen Büchern zusammen aufbewahrt werden, sondern muß sein besonderes Gestell (*kursī*) haben.

gelehnt haben. Es wird deshalb vorsichtiger sein, ihre Werke allgemein als Ausgaben zu bezeichnen.

Ubaij b. Ka'b [1]), ein Medinenser von dem chazragitischen Geschlechte Naggār, trat früh zum Islam über und focht bei Bedr und Oḥod gegen die Ungläubigen. Da er sich schon im Heidentum durch seine Kenntnis im Schreiben ausgezeichnet hatte, nahm ihn Muhammed als Sekretär an, und zwar nicht nur für seine Korrespondenz [2]), sondern auch für die Offenbarung [3]). Deshalb ist es kein Wunder, daß er auch als Qorānleser einen Namen hat. Als sein Todesjahr wird 19, 20, 22, 30 oder 32 angegeben [4]).

'Abdallāh b. Mas'ūd, ein Mann niederer Herkunft von den Huḏail, trat früh zum Islam über und focht schon bei Bedr. Als Diener Muhammeds war er fast immer in seiner Nähe und eignete sich dabei eine große Kenntnis der Offenbarungen an. Er konnte von sich sagen, daß er bereits 70 Suren inne hatte, als Zaid b. Ṯābit noch ein kleiner Knabe war, der mit seinen Kameraden auf der Straße spielte. Omar schickte ihn nach Kufa als Qāḍī und Schatzmeister, und er starb daselbst a. H. 32 oder 33. Nach anderen starb er in Medina [5]).

Abū Mūsā 'Abdallāh b. Qais el-Aš'arī befand sich bei der Gesandtschaft des jemenischen Geschlechtes Aš'ar, die im Jahre 7 vor Muhammed erschien, als er gerade die jüdische

---

[1]) Ibn Sa'd II, II ed. Schwally S. 103, III, II S. 59 ff. Ibn Qutaiba 133 f. Ibn Ḥagar und Usd s. v. Ḏahabī, Ḥuffāẓ I 15. Nawawī. Vgl. oben S. 7 Anm. 1, wo er zu denen gerechnet wird, welche den ganzen Qorān im Kopfe hatten.

[2]) Ibn Sa'd bei J. Wellhausen, Skizzen IV, Sendschreiben Muhammeds Nr. 17. 18. 25. 42 bis. 70 = Ibn Sa'd I, II ed. Sachau S. 21, 25. 27. 23, 27. 28, 2. 6. 35, 11.

[3]) Ibn Sa'd III, II S. 59. [4]) Vgl. hierzu unten S. 51.

[5]) Ibn Qutaiba 128. Ibn Sa'd II, II S. 104 f. III, I S. 106 ff. Nawawī, Ibn Ḥagar und Usd s. v. Qurṭubī 20 r. Ed. Sachau in der Einleitung zu Ibn Sa'd III, I S. XV f. Vgl. oben S. 7 Anm. 1, wo er unter denen aufgezählt wird, die den ganzen Qorān auswendig wußten.

Veste Chaibar belagerte[1]). Er nahm den Islam an und bekleidete unter den Chalifen Omar und Othman administrative und militärische Ämter, zu denen ihn sein persönlicher Schneid besonders befähigte. A. H. 17 wurde er gar Statthalter von Basra und a. H. 34 an Stelle des Saʿīd b. al-ʿĀṣ über Kufa gesetzt. Daneben betätigte er sich als Qorānlehrer und Qorānrezitator, wobei ihm seine schöne und mächtige Stimme sehr zu statten kam. Als Traditionarier hielt er strenge darauf, daß seine Überlieferungen nicht aufgezeichnet, sondern nur gedächtnismäßig bewahrt wurden. Er starb a. H. 42 oder 52[2]).

Miqdād b. ʿAmr[3]), vom jemenischen Stamm Bahrā, mußte, in eine Blutfehde verwickelt, flüchten und war schließlich in Mekka gelandet und Schutzgenosse des Aswad b. ʿAbd-Jaghūṯ, offenbar eines jemenischen Landsmannes, geworden. Er nahm hier als einer der ersten den Islam an und nahm fast an allen Kämpfen gegen die Ungläubigen teil, und zwar als Reiter, was auf seine vornehme Herkunft schließen läßt. Bei der Eroberung Ägyptens[4]) hatte er ein Kommando inne und machte unter Muawija den Zug nach Zypern mit[5]). Über seine Religiosität schweigen sich die Quellen ebenso aus wie über seine Qorānkenntnis. Als er a. H. 33 starb, sprach Othman das Leichengebet über ihn.

Was die Verbreitung der von diesen Männern veranstalteten Ausgaben anbelangt, so hielten sich die Damaskener bzw. Syrer[6]) an die Lesart des Ubai, die Kufier an die des Ibn Masʿūd, die

---

[1]) Ibn Saʿd I, ɪɪ S. 79 = Jul. Wellhausen, Skizzen IV Gesandtschaften Nr. 132.

[2]) Ibn Saʿd II, ɪɪ 105 f., IV, ɪɪ S. 78—86 (die Hauptquelle), VI S. 9. Ibn Qutaiba 135. Buḫārī, faḍāʾil al-qurān § 31. Nawawī, Ibn Ḥagar und Usd s. v.

[3]) Ibn Saʿd III, ɪ S. 114—116. Ibn Qutaiba 134. Ṭabarī III 2544. Nawawī 575. Ibn Ḥagar und Usd s. v.

[4]) Abū 'l-Maḥāsin ed. Juynboll I, 9. 21. 53. 76. 102.

[5]) Ṭabarī I 2820. Belādhorī 154.

[6]) Ibn Aṯīr III 86 sagt nur: „Die Bewohner von Damaskus hielten ihre Lesart für die beste.“ Dagegen heißt es Ṭabarī, Tafsīr I 20, daß die Leute von Scha'm der Lesart des Ubai folgten.

Basrier an die des Abū Mūsā und die Bewohner von Ḥims an diejenige des Miqdād[1]). Daß die Ausgaben des Ibn Masʿūd und Abū Mūsā in Kufa bzw. Basra solches Ansehen erreichten, ist nicht weiter verwunderlich, wenn man sich der einflußreichen Stellungen erinnert, welche diese Männer an den genannten Orten bekleideten. Dagegen ist von äußeren Beziehungen Miqdāds zu Ḥimṣ oder Ubais zu Syrien nichts bekannt.

Von den Ausgaben dieser Männer ist keine einzige auf uns gekommen, so daß wir für die Fragen nach der äußeren Anlage und Textgestalt derselben lediglich auf indirekte Quellen angewiesen sind. Die Ausgabe des Miqdād hat nicht einmal in diesen eine Spur hinterlassen. Von Abū Mūsā kenne ich nur die Notiz bei Itqān 154, daß er die Suren des Ubai in seinen Qorān aufgenommen hätte, sowie die Traditionen über zwei seinem Kanon eigentümliche Verse[2]). Dagegen besitzen wir von den Texten des Ubai und Ibn Masʿūd nicht allein eine gewisse Zahl von Lesarten, die in dem dritten Teil dieses Werkes gesammelt werden, sondern auch Verzeichnisse über die Zahl und Reihenfolge der Suren.

B. Die Qorānausgabe des Ubai b. Kaʿb.

a) Der Qorān des Ubai nach der Überlieferung des Fihrist.

Der Qorān Ubais hatte nach dem Fihrist[3]) folgende Anordnung[4]): Sur. 1. 2. 4. 3. 6. 7. 5. 10. 8. 9. 11. 19. 26. 22. 12. 18. 16. 33. 17. 39. 45. 20. 21. 24. 23. 40. 13. 28. 37. 38.

---

1) Ibn Aṯīr III 86. Ibn ʿAṭīja fol. 25ᵛ. Qasṭallānī VII 448 zu Buḫārī, faḍāʾil al-qurān § 3.

2) Vgl. oben Teil I S. 238. 245 und unten S. 45.

3) Ed. Flügel S. 27. — Die Autorität des Fihrist ist der gemäßigt-schiitische Schriftsteller Abū Muḥammad Faḍl b. Šāḏān (Fihrist 231. Ṭūsī S. 254). Dessen Gewährsmann beruft sich auf einen Kodex des Ubai, den er in einem Ort unweit Basra bei einem gewissen Muḥammad b. ʿAbdallāh al-Anṣārī gesehen habe.

4) Während die überlieferten Verzeichnisse die Suren mit ihren Namen anführen, werden hier — der besseren Übersicht wegen — die der Surenfolge unserer Ausgaben entsprechenden Nummern dafür eingesetzt.

36. 15. 42. 30. 43. 41. 32. 14. 35. 48. 47. 57. 58.[1]) 25. 32. 71. 46. 50. 55. 56. 72. 53. 68. 69. 59. 60. 77. 78. 76. 81. 79. 80.[2]) 83. 84. 95.[3]) 96. 49. 63. 62. 65.[4]) 89. 67. 92. 82. 91. 85. 86. 87. 88. 64.[5]) 98.[6]) 61. 93. 94. 101. 102. الخلع[7]) ثلث آيات. الحفد[8]) ست آيات. 104. 99. 100. 105. 113. تين. 108. 97. 109. 110. 111. 106. 112. 113. 114.

---

[1]) Im Texte steht الطهار, worin Flügel eine Verschreibung aus الطور, dem Namen der 52. Sure sieht. Tatsächlich ist aber الظهار zu lesen, was nach Itqān 127 und bei Ubai der Name der 58., sonst al-Mugādala genannten Sure ist. So liest auch Itqān 150 im Kataloge der Suren des Ubai.

[2]) Im Text steht عبس, der gewöhnliche Name der 80. Sure. Daß diese Deutung auch hier richtig ist, wird durch Itqān 150 bestätigt. Deshalb muß das im Verzeichnis des Fihrist noch einmal, hinter Sure 80, stehende عبس auf einem Textfehler beruhen.

[3]) التين des Textes ist der gewöhnliche Name der 95. Sure. An dieser Gleichstellung ist auch hier festzuhalten, wie Itqān 150 beweist. Der Name kommt später im Fihrist noch einmal vor zwischen Sure 113 und 108. Ob da versehentliche Doppelschreibung — voraus geht سورة الفيل — oder ein anderer Fehler vorliegt, ist nicht sicher zu entscheiden, da Itqān an dieser Stelle eine stark abweichende Reihenfolge hat.

[4]) Text النبى, wofür Itqān 151 يا ايّها النبى اذا طلّقتم hat.

[5]) Text عبس. Dafür ist nach Itqān التغابن zu lesen. Merkwürdigerweise steht Itqān 150 vor Sur. 80 (ثم عبس) ein offenbar aus dem Namen der 65. Sure verschriebenes التغاب.

[6]) Text وهى اهل الكتاب لم يكن اول ما كان الذين كفروا. Itqān 151 ثم سورة اهل الكتاب وهى لم يكن. Hiernach ist im Fihrist zu lesen اهل الكتاب وهى لم يكن الذين كفروا. Dagegen ist mit den Worten اول ما كان nichts anzufangen. Ein Erklärungsversuch findet sich unten Anm. 8.

[7]) الخَلْع. Das ist der Name einer in unserer Ausgabe nicht vorhandenen Sure, die tatsächlich drei Verse enthält und unten S. 34 ff. ausführlich behandelt wird. Flügel hat das nicht verstanden, ebensowenig Aug. Müller, der Herausgeber der Anmerkungen, da sich keiner die Mühe gegeben hat, den Itqān oder Nöldekes damals schon längst erschienene Geschichte des Qorāns nachzuschlagen.

[8]) الحفد. So ist mit Itqān 151. 527 zu lesen für الجيد des

b) Der Qoran des Ubai nach der Überlieferung des Itqān und deren Verhältnis zum Fihrist.

Itqān 150f. gibt von dem Qorān des Ubai folgende Liste: Sur. 1. 2. 4. 3. 6. 7. 5. 10. 8. 9. 11. 19. 26. 22. 12. 18. 16. 33. 17. 39. 41 oder 43.[1]) 20. 21. 24. 23. 34. 29. 40. 13. 28. 27. 37. 38. 36. 15. 42. 30. 57. 48. 47. 58. 67. 61. 46. 50. 55. 56. 72. 53. 70. 73. 74. 54. 41 oder 43.[2]) 44. 31. 45. 52. 51. 69. 59. 60. 77. 78. 75. 81. 65. 79.[3]) 80. 83. 84. 95. 96. 49.

Textes. Das ist der Name der zweiten Sure, die Ubai allein hat. Nach jenem Namen folgen im Fihrist noch die Worte اللهم اياك نعبد وآخرها بالكفار ملحق, welche Anfang und Schluß dieser Sure bilden. Das vorne fehlende أوّلها ist, wie es scheint, in der Form أول ما in den Namen der 98. Sure hineingeraten. Alles, was Flügel zur Stelle vorbringt, ist Unsinn, vor dem ihn ein Blick in Nöldekes Geschichte des Qorāns bewahrt hätte.

1) Text حٓم اولها. Da die Sigle حٓم vor jeder der Suren 40. 41. 43—45 steht, und da die Suren 40. 44. 45 an anderen Stellen der Liste unzweifelhaft erwähnt werden, kann hier nur Sure 41 oder 43 in Frage kommen, während auf Seite 39 im Verzeichnis des Fihrist Sure 45 folgt. Die Lesart اولها ist zu beanstanden, einerlei, ob man das Wort zum vorhergehenden زمر zieht oder hinter حم setzt. Denn es ist in dem Verzeichnis sonst nicht üblich, die Anfangsworte einer Sure anzuführen. Die Textverderbnis muß sehr tief liegen, da weder die Namen der beiden حم-Suren noch die der anderen fehlenden Suren mit اولها irgend welche Ähnlichkeit haben. Außerdem vermißt man je nachdem ein- oder zweimal das Wörtchen ثم, das hier regelmäßig die Namen der Suren voneinander trennt.

2) Text حم ثم. Nach Anm. 1 kann hiermit nur Sure 41 oder 43 gemeint sein.

3) Zwischen 79 und 80 steht im Text التغاب. Wenn dieses Wort in التغابن zu ändern wäre, so würde Sur. 64 zweimal angeführt sein, indem sie unten zwischen Sure 91 und 98 noch einmal steht. Deshalb muß eine andersartige Verderbnis vorliegen, sei es eine Verschreibung aus dem Namen einer der fehlenden Suren oder wahrscheinlicher — da auch Fihrist an der Stelle die Reihenfolge 79. 80. 83. 84 bietet — eine Dublette zum vorhergehenden النازعات oder zum folgenden عبس, worüber man oben S. 31 Anm. 5 vergleiche.

63. 62. 66. 89. 90. 92. 82. 91. 86. 87. 88. 61. 64. 98. 93. 94. 101. 102. 103. الخلع[1]. الحفد[2]. 104. 99. 100. 105. 106. 107. 108. 97. 109. 110. 112. 113. 114.

Vermißt werden die Suren 74. 25. 32. 35. 68. 76. 85. 111, während die Zahl der fehlenden Suren im Fihrist fast das Doppelte, nämlich 14, beträgt und ganz andere Suren betrifft. Die Gesamtzahl der Suren des Ubai ist also auch in dieser Liste auf 116 zu berechnen, obwohl eine ausdrückliche Angabe darüber fehlt. Dagegen teilt Sujūṭī an einer anderen Stelle[3]) zwei Traditionen mit, nach denen diese Rezension nur 115 Suren hatte, indem Sur. 105. 106[4]) oder Sur. 93. 94 vereinigt waren. Die Zuverlässigkeit dieser Angaben läßt sich nicht weiter nachprüfen. Der Umstand, daß in den überlieferten Listen die vier Suren einzeln benannt sind, braucht jedenfalls nicht dagegen zu sprechen, indem Sur. 94 unmittelbar hinter Sur. 93, und Sur. 106 unmittelbar hinter 105 steht.

c) Die dem Qorān des Ubai eigentümlichen Suren.

Von größerer Bedeutung ist die Tatsache, daß die Sammlung des Ubai zwei in der kanonischen Rezension fehlende Suren enthält. Diese gehen bald unter ihren besonderen Namen Sūrat al-Ḫal' und Sūrat al-Ḥafd[5]), bald unter dem zusammenfassenden Titel Sūratā 'l-qunūt[6]) oder gar Sūrat al-qunūt[7]). Den anderen Bezeichnungen Du'ā al-qunūt[8]),

---

[1]) Vgl. oben S. 31 Anm. 7. [2]) Vgl. oben S. 31 Anm. 8.

[3]) Itqān 154.

[4]) Von diesen beiden Suren wird dies auch sonst oft gesagt, vgl. die Kommentare zu Sur. 106. Miftāḥ al-sa'āda von Taškӧprüzāde (cod. Vindob. n. F. 12 = Catalog von Flügel Bd. I S. 25 ff.) fol. 170v. In dem Qorān der schiitischen Sekte der Imāmīja waren außer Sure 8. 9 auch jene beiden Paare zu je einem Kapitel vereinigt. Vgl. unten S. 96 Anm. 3.

[5]) Fihrist 27. Itqān 151. 527. Taškӧprüzāde a. a. O.

[6]) Itqān 527. [7]) 'Omar b. Muḥammad fol. 3r.

[8]) Häufig, z. B. Zamaḫšarī zu Sur. 10, 10. Katechismus des Taqī al-dīn Muḥammad b. Pīr 'Alī al-Birgawī (Birgili, † 970 a. H.) Cod. Gotting. Asch. 88. 90. 87. 97.

Du'ā al-Fagr[1]) oder al-Du'ā[2]) liegt die Voraussetzung zugrunde, daß es sich nicht um Suren, sondern um einfache Gebete handelt. Viel seltener findet sich der Wortlaut des Textes. Mabānī III gibt den Anfang der ersten Sure, Fihrist den Anfangsvers der ersten sowie die beiden letzten Worte der zweiten Sure, Gauharī und Lisān den dritten Vers derselben, Zamaḫšarī die zwei ersten Verse. Der vollständige Text der Suren scheint nur bei sehr späten Schriftstellern vorzukommen, bei Sujūṭī (gest. 1510 a. D.)[3]), Taškōprüzāde (gest. 1560) und bei Birgili (gest. 1562). Dagegen gehen die von Sujūṭī angeführten Isnāde oder Zeugenreihen, soweit sie chronologisch festzustellen waren, noch auf Autoritäten des ersten Jahrhunderts zurück[4]).

Die beiden Suren sind zum erstenmal von J. v. Hammer veröffentlicht worden[5]). Abgesehen davon, daß er seine Handschrift nicht genau wiedergegeben hat, läßt sich jetzt schon allein mit Hilfe der inzwischen bekannt gewordenen Parallelen ein besserer Text herstellen.

Text.

سورة الخلع[6])

بِسْمِ ٱللّٰهِ ٱلرَّحْمٰنِ ٱلرَّحِيمِ[7])

[1]) Lisān IV 130.

[2]) Gauharī I 223.

[3]) Im Itqān 153f. teilt er den Text in drei verschiedenen Gestalten mit, dagegen in einer kleinen Monographie über diese beiden Suren (Cod. Berolin. Landberg 343) nach sechs Traditionen.

[4]) 'Abdallāh b. Zurair al-Ghāfiqī (Itqān 153), gest. 81 a. H. 'Ubaid b. 'Umair (Itqān 153, Cod. Landberg 343 Nr. 4), gest. 64. Umaija b. 'Abdallāh b. Ḫālid b. Usaid (Itqān 154), gest. 84 oder 87. Maimūn b. Mihrān (Cod. Landberg 343 Nr. 2), gest. 117. Diese Todesdaten sind der Ḫulāṣa entnommen.

[5]) Geschichte der arabischen Literatur, Bd. I (Wien 1850) 576.

[6]) Vgl. oben S. 33 Anm. 5.

[7]) Die Basmala fehlt Zamaḫšarī zu Sur. 101o, Itqān 153 (a), Cod. Landberg 343 Nr. 1. 3. 4. 5.

اَللّٰهُمَّ إِنَّا نَسْتَعِينُكَ(1 * وَنَسْتَغْفِرُكَ(2 * وَنُثْنِى عَلَيْكَ(3 * وَلَا نَكْفُرُكَ(4 *
وَنَخْلَعُ وَنَتْرُكُ مَنْ يَفْجُرُكَ *

سورة الحفد(5

بِسْمِ اللّٰهِ الرَّحْمٰنِ الرَّحِيمِ

اَللّٰهُمَّ إِيَّاكَ نَعْبُدُ * وَلَكَ نُصَلِّى(6 وَنَسْجُدُ * وَإِلَيْكَ نَسْعٰى وَنَحْفِدُ *
نَرْجُو رَحْمَتَكَ * وَنَخْشٰى عَذَابَكَ(7 * إِنَّ عَذَابَكَ بِالْكُفَّارِ(8 مُلْحِقٌ *

Übersetzung.

Sure der Preisgabe.

Im Namen Gottes, des barmherzigen Erbarmers:

1) O Gott, wir bitten Dich um Hülfe und Vergebung;

2) Wir preisen Dich, und sind nicht undankbar gegen Dich,

3) Und geben preis und verlassen Jeden, der wider Dich frevelt.

Sure des Hinstrebens.

Im Namen Gottes, des barmherzigen Erbarmers:

1) O Gott, Dir dienen wir;

2) Und zu Dir beten wir und verneigen uns;

3) Und zu Dir eilen und streben wir hin,

---

1) Birgili schiebt ein ونستهديك.

2) Cod. Landberg 343 Nr. 5 schiebt ein ونومن بك ونخضع لك,
Birgili schiebt ein ونستهديك ونؤمن بك ونتوب اليك ونتوكل عليك.

3) Itqān 154 (c) schiebt ein خيراً. Birgili schiebt ein الخير كله
نشكرك.

4) Birgili cod. 87. 97 schieben ein ونخضع لك.

5) Vgl. S. 33 Anm. 5.   6) Dieser Vers fehlt bei Tašköprüzāde.

7) Itqān 154, Cod. Landberg 343 Nr. 1. 3 stellen Vers 5 vor Vers 4.

8) So lesen Fihrist, Zamaḫšarī, Itqān (a, c), Cod. Landberg 343
Nr. 2. 4. 5. 6, Birgili; dagegen Itqān b, Cod. Landberg Nr. 1. 3, Tašköprüzāde بالكافرين.

4) Wir hoffen auf Dein Erbarmen,
5) Und fürchten Deine Strafe;
6) Wahrlich Deine Strafe erfaßt[1]) die Ungläubigen.

Die Echtheitsfrage.

Da diese Texte nach Inhalt und Form Gebete sind, so läßt sich ihr Offenbarungscharakter nur dann aufrecht erhalten, wenn vor ihnen das Wörtchen *Qul* „Sprich!“ ausgefallen ist, dessen sich der Qorān bekanntlich bedient, um Gebete — z. B. Sur. 113. 114 — oder subjektive Äußerungen Muhammeds als Gotteswort zu legitimieren. Allerdings fehlt ein solches *Qul* auch der Eröffnungssure unserer Ausgaben, aber dieser Umstand ist gerade einer der Gründe, um derentwillen die Fātiḥa im Verdachte steht, kein Teil der Offenbarung zu sein. Die anderen Gründe liegen, wie im ersten Teil dieses Werkes — S. 110 ff. — ausführlich dargelegt ist, in einer starken Abhängigkeit von der Sprache jüdischer und christlicher Liturgien, die auch den Gebrauch einer im Qorān sonst nicht vorhandenen Wendung veranlaßte[2]), ferner die Anwendung einer dem Qorān sonst fremden grammatischen Konstruktion[3]), sowie schließlich in dem schwerfälligen Bau des letzten Verses, was vielleicht auf Übersetzungsschwierigkeiten beruht. Demgegenüber ist der Stil der Ubai-Suren viel glatter und bewegt sich mehr auf der Linie allgemeiner qorānischer Redensarten. Trotzdem läßt sich eine, im Verhältnis zum geringen Umfange des Textes keineswegs geringe Zahl sprachlicher Abweichungen nachweisen. Die Konstruktion von *ista'āna* mit dem Akkusativ der Person ist, wie eben gesagt, im Qorān nur an einer Stelle der Fātiḥa zu belegen. Das

---

[1]) أَلْحَقَ ist im Qorān immer kausativ: „machen, daß Jemand Jemanden erreiche“ (nur von Personen gebraucht); anderswo ist es auch einfach „erreichen“; daher kann das passive oder aktive Partizip gelesen werden.

[2]) Die Bezeichnung Allāhs als „König des Gerichtstages“ *malik jaum al-dīn*.

[3]) *ista'āna* „um Hilfe bitten“ mit dem Akkusativ, während sonst im Qorān überall mit ب der Person.

Verbum أثنى „loben“ fehlt dem Qorān gänzlich[1]), während in ihm doch andere Verba dieser Bedeutung recht häufig sind[2]). Ebenso fehlt حفد „eilen“. سعى „laufen“ ist zwar gut qorānisch, aber die Verbindung mit الى الله „zu Gott hinstreben“ kommt nicht vor[3]). فجر „freveln“ hat hier den Akkusativ der Person bei sich, während es im Qorān nur absolut gebraucht wird (Sur. 75, 5. 91, 8). خلع, das im Qorān überhaupt nur einmal zu belegen ist (Sure 20, 12), steht nicht, wie hier, im übertragenen Sinne[4]). Aus diesen Gründen ist es weder glaubhaft, daß diese Suren echte Teile des Qorān sind, noch daß sie überhaupt vom Propheten herrühren. Sie sind aber allem Anschein nach alte Gebete, die schon zu Lebzeiten Muhammeds im Gebrauch waren. Sie werden ja, wie wir sahen, in der Tradition oft als Du‘ā bezeichnet, und Omar wie Ubai selbst sollen sich ihrer bei dem Qunūt-Gebete bedient haben[5]). Von hier aus war es leicht, zur Ansicht von ihrem himmlischen Ursprunge zu gelangen[6]). Andere verleitet dazu vielleicht schon allein der Umstand, daß sie mit der Basmala versehen waren[7]).

---

1) Doch ist es wahrscheinlich schon im Zeitalter des Propheten in dieser Bedeutung gebraucht worden, vgl. Ḥamāsa 777 in einem Gedichte des Umaija b. Abī ’ṣ-Ṣalt (= Dīwān ed. Schulthess Nr. 9, 5). ‘Antaras Mu‘allaqa (Arnold) v. 35 = Ahlwardt Nr. 21, 40. Dīwān Hudail ed. Kosegarten Nr. 91, 3. Zuhair (Ahlwardt) Nr. 4, 20. Lebīd (Huber-Brockelmann) Nr. 53, 18.

2) Im Qorān steht dafür *kabbara, sabbaḥa, ḥamida*.

3) Die Wendung فاسعوا الى ذكر الله Sur. 62 9 ist keine richtige Parallele.

4) Zweifelhaft ist نكفرك. In der Bedeutung „leugnen“ wird كفر im Qorān immer mit ب der Person konstruiert, während in der Bedeutung „undankbar sein“, die hier ebenfalls zulässig ist, der Akkusativ der Person üblich ist, auch Sur. 11 63.

5) Itqān 153.

6) Die muslimischen Gelehrten, welche die Echtheit der Ubai-Suren bestreiten, gehen von ganz anderen Gesichtspunkten aus. Ihnen scheint die Heiligkeit des othmanischen Textes in Gefahr zu geraten, wenn man diese Suren als geoffenbart ansieht.

7) Itqān 153: قال ابن جريج حكمة البسملة أنّهما سورتان فى مصحف بعض الصحابة.

Andere wollten noch mehr wissen und verlegten ihre Offenbarung, ebenso wie die der Worte ليس لك من الأمر شيء Sur. 3, 123, in die Zeit der Verfluchung der Moḍar-Stämme durch Muhammed[1]). Aber diese Angabe beruht auf der Kombination des für die Ubai-Suren geprägten Namens *du'ā al-qunūt* mit der Tradition, daß Muhammed gleich nach jener Verfluchung ein Qunūt-Gebet gesprochen habe[2]). Nach einer Tradition hatte auch Abū Mūsā al-Aš'arī die beiden Suren in seinem Kanon[3]), während Ibn 'Abbās sich nach der gemeinsamen Lesart des Abū Mūsā und Ubai richtete. Und Ali soll dem 'Abdallāh b. Zurair al-Ghāfiqī diese Suren als Teile des Qorāns mitgeteilt haben. Daß ein so hervorragender Sachverständiger wie Ubai sich täuschen ließ, darf nicht in Erstaunen setzen, hat doch ein nicht geringerer Kenner, nämlich Ibn Mas'ūd, die Fātiḥa verworfen, während sie Zaid in seinen Kanon aufnahm.

d) Das Verhältnis der überlieferten Verzeichnisse der Suren des Ubai zueinander und zur kanonischen Ausgabe.

Die Surenfolge im Qorān des Ubai zeigt trotz vieler und starker Abweichungen doch im allgemeinen das Prinzip der kanonischen Rezension, nämlich das Fortschreiten von den längeren Kapiteln zu den kürzeren. Das ist nach beiden Listen am deutlichsten im Anfang und am Ende, weniger im mittleren Teil. Vollkommene Übereinstimmung mit der othmanischen Anordnung zeigt die Liste des Fihrist an folgenden 16 Stellen: 1) Sur. 6. 7. 2) 8. 9. 3) 20. 21. 4) 37. 38. 5) 57. 58. 6) 55. 56. 7) 68. 69. 8) 59. 60. 9) 77. 78. 10) 79. 80. 11) 83. 84. 12) 95. 96. 13) 85. 86. 87. 88. 14) 99. 100. 15) 109. 110. 111. 16) 112. 113. 114.

Nach dem Verzeichnisse des Itqān kommen hiervon die Nummern 5, 6, 7, 10 und 13 in Wegfall, während dafür fünf

1) Itqān 154.

2) Vgl. Teil I, S. 193 Anm. 1.

3) Itqān 154 Anfang. Auch Ibn 'Abbās hatte die beiden Suren angeblich in seinem Exemplare. Vgl. oben S. 30.

andere gleiche Reihen auftauchen, nämlich Sur. 1. 2, 73. 74, 93. 94, 101. 102. 103 und 105. 106. 107. 108. Übereinstimmung unter den zwei Listen herrscht auch hinsichtlich der Stellung der Qunūt-Gebete, die hier wie dort zwischen die Suren 103 und 104 gesetzt sind.

C. Die Qorānausgabe des ʿAbdallāh b. Masʿūd.

a) Der Qorān des Ibn Masʿūd nach der Überlieferung des Fihrist.

Ebenso wie über die Qorānausgabe des Ubai besitzen wir über die des Ibn Masʿūd zwei ausführliche Mitteilungen. Nach der Liste des Fihrist S. 26 hatten ihre Suren die folgende Anordnung: 2. 4. 3. 7. 6. 5. 10[1]. 9. 16. 11. 12. 17. 21. 23. 26. 77. 38. 28. 24. 8. 19. 29. 30. 36. 25. 22. 13. 34. 35. 14. 38. 47. 31[2]. 39. 40. 43. 41. 46. 45. 44. 48. 57. سبح[3]. 32. 50. 65. 49. 67. 64. 63. 62. 61. 72. 71. 58. 60. 66. 55. 53. 51[4]. 52. 54. 69. 56. 68. 79. 70. 74. 73. 83. 80. 76. 55. 79. 78. 81. 82. 88. 87. 92. 89. 84. 85. 96. 90. 93. 94. 86. 100. 107. 101. 98. 91. 95. 104. 105. 106. 102. 97. 103. 110. 108. 109. 111. 112.

---

[1]) Sehr merkwürdig ist, daß nach Ṭabarī I 2163, 9 noch im Jahre 35 a. H. die zehnte Sure (Jūnus) des medinischen Qorān als „siebente" bezeichnet wurde, da diese Zählung der Anordnung des Ibn Masʿūd entspricht. Es ist wohl wahrscheinlicher, daß man für السابعة an jener Stelle التاسعة „die neunte" zu lesen hat.

[2]) Text القمر verschrieben für لقمان, wie im Verzeichnis des Itqān richtig steht.

[3]) سبح kann sich nicht auf die mit dem Worte سبّح beginnenden Suren 61 oder 87 beziehen, da dieselben an anderen Stellen der Liste deutlich namhaft gemacht sind. Aber auch von den in der Liste fehlenden Suren 15. 18. 20. 27. 42. 49 ist — außer der 42. (شورى) — kein Name bekannt, aus dem eine Entstellung in سبح leicht denkbar wäre. Die Liste des Itqān hilft nicht weiter, da sie hier in der Anordnung sehr stark abweicht.

[4]) Eine andere Überlieferung des Fihrist gibt die umgekehrte Reihenfolge 52. 51 wie im Itqān.

b) Der Qorān des Ibn Mas'ūd nach der Überlieferung des Itqān.

Die Liste des Itqān 151f. zeigt folgende Anordnung: 2. 4. 3[1]. 7. 6. 5. 10. 9. 16. 11. 12. 18. 17. 21. 20. 23. 26. 37. 33. 22. 28. 27. 24. 8. 19. 29. 30. 36. 25. 15. 13. 34. 35. 14. 38. 47. 31. 39. 40. 43. 41. 42. 46. 45. 44. الممتحنات[2]. 48. 59. 32. 65. 68. 49. 67. 64. 63. 62. 61. 72. 71. 58. 60. 66. 55. 53. 52. 51. 54. 56. 79. 70. 74. 73. 83. 80. 76. 77. 75. 78. 81. 82. 88. 87. 92. 89. 85. 84. 96. 90 93. 86. 100. 107. 101. 98. 91. 95. 104. 105. 106. 102. 97. 99. 103. 110. 108. 109. 111. 112. 94.

c) Das Verhältnis der beiden Listen zueinander und zur othmanischen Ausgabe.

Die Surenfolge in der Rezension des Ibn Mas'ūd nach dem Itqān zeigt Übereinstimmung mit der offiziellen Ausgabe an folgenden Stellen: 1) Sur. 11. 12. 2) 29. 30. 3) 34. 35. 4) 39. 40. 5) 41. 42. 6) 81. 82. 7) 104. 105. Nach dem Fihrist kommen dazu noch vier weitere Stellen Sur. 77. 78, 84. 85, 93. 94, 111. 112. Danach steht die Reihenfolge des Fihrist der kanonischen Anordnung näher.

Die Suren, welche dem Fihrist fehlen (16. 18. 20. 27. 42. 49), sind alle in dem Itqān vorhanden, wie umgekehrt diejenigen, welche im Itqān vermißt werden (50. 57. 64), sich im Fihrist vorfinden. Diese Auslassungen sind demnach sämtlich rein zufälliger Natur. Setzt man dieselben in die entsprechenden Verzeichnisse ein, so ergibt sich, daß beide die gleiche Zahl

[1]) Die Suren 2. 4. 3 werden auch Itqān 145 als Anfang der Ausgabe des Ibn Mas'ūd bezeichnet.

[2]) Die Deutung dieses Namens macht Schwierigkeiten. Die 60. Sure kann nicht gemeint sein, da deren Name الممتحنة später vorkommt und zwar an derselben Stelle, wo ihn auch der Fihrist hat. الممتحنات kann aber auch nicht gut aus einem anderen Surennamen entstellt sein, da in dem Verzeichnisse des Fihrist die Suren 44. 48 unmittelbar aufeinander folgen, und da die Namen der im Itqān ausgefallenen Suren 50. 57. 69 keine Spur von Ähnlichkeit mit jenem Worte zeigen. Deshalb wird الممتحنات eine Dublette des in der folgenden Zeile stehenden Namens der 60. Sure sein.

von Suren enthalten, nämlich alle Suren der offiziellen Ausgabe mit Ausnahme der Suren 1, 113 und 114. Die Richtigkeit dieses Ergebnisses wird durch eine am Schlusse beider Verzeichnisse stehende Bemerkung bestätigt.[1])

Während die Zahl der in der Ausgabe des Ibn Mas'ūd vorhandenen Suren im Itqān nicht ausdrücklich angegeben ist, wird sie im Fihrist auf 110 berechnet. Das ist sehr merkwürdig. Da dieser Ausgabe doch nur drei Suren fehlen, müßte die Summe der übrigen 111 betragen, es sei denn, daß zwei derselben in eine einzige zusammengezogen waren. Die Suren, an deren Vereinigung man zunächst denken könnte, Sur. 8. 9, indem Sure 9 — wenigstens in der othmanischen Ausgabe — der Basmala entbehrt, kommen hier nicht in Betracht, da sie in keiner der beiden Listen hintereinander stehen[2]). Da unsere Quellen auch keine anderen Kombinationen dieser Art an die Hand geben, so wird zu vermuten sein, daß jene sonderbare Zahlenangabe einfach auf einem Textfehler beruht.

In einer anderen Tradition[3]) heißt es, daß Ibn Mas'ūd 112 Suren hatte, indem die beiden Beschwörungssuren fehlten. Hiernach wird ihm also die Fātiḥa wieder zugeschrieben, und diese Ansicht ist weit verbreitet. Sujūṭī erwähnt an einer späteren Stelle des Itqān[4]) noch drei weitere damit übereinstimmende Traditionen. Der Verfasser des Fihrist erzählt[5]), daß er einen 200 Jahre alten Qorānkodex des Ibn Mas'ūd ge-

---

[1]) Fihrist S. 26, 27 f. قال ابو شاذان قال ابن سيرين وكان عبد الله بن مسعود لا يكتب المعوذتين فى مصحفه ولا فاتحة الكتاب. Kürzer. Itqān 152 وليس فيه الحمد ولا المعوذتان. Vgl. auch 'Omar b. Muḥammad fol. 3v. Mabānī II und IV. Qurṭubī I 20r. 22v. Itqān 186 Ende, 187 Anfang. Šaušāwī nach Ibn Qutaiba. Taškōprüzāde a. a. O. Die meisten Traditionen sagen einfach, Ibn Mas'ūd habe diese Suren nicht in seinem Kodex gehabt, geschrieben oder gelesen, seltener findet sich, daß er sie ausgekratzt (حكّ Mabānī IV. Itqān 187) oder fallen gelassen (أسقط Itqān 186 Ende) habe.

[2]) Eine Notiz im Itqān 152 sagt ausdrücklich, daß Sure 9 im Kodex des Ibn Mas'ūd die Basmala hatte.

[3]) Itqān 152. [4]) Itqān 187. [5]) Fihrist S. 26 u.

sehen habe, in dem diese Sure geschrieben war, und daß es überhaupt unter den Handschriften jener Rezension nicht zwei gebe, die ganz untereinander übereinstimmten. Sogar die entgegenstehende Angabe des Fihrist über die drei im Kodex des Ibn Mas'ūd fehlenden Suren[1]) macht den Eindruck, als ob die Worte ولا فاتحة الكتاب erst nachträglich in den Text eingesetzt seien.

In jedem Falle würde die ablehnende Haltung Ibn Mas'ūds gegen die drei Suren nicht unbegründet sein. Denn sie unterscheiden sich nach Inhalt und Form so sehr von allen übrigen Suren, daß sie zur Verdächtigung ihrer Echtheit geradezu herausfordern. Während die Fātiḥa durch starke Abhängigkeit von jüdischen und christlichen Liturgien auffällt[2]), stecken die Beschwörungssuren voll des massivsten Heidentums[3]), obwohl sie durch Vorsetzung des Wörtchens *Qul* äußerlich als Offenbarung gekennzeichnet sind. Derjenige, welcher diesen Gebeten ihre jetzige Stellung im Qorān anwies, bestimmte sie offenbar als eine Art Schutzwall für denselben, wobei dem Lobgebete der Fātiḥa wohl die Aufgabe zufiel, den Schutz Allahs herabzuziehen, während die beiden Beschwörungsgebete den Einfluß der bösen Geister abzuwehren hatten.

D. Verhältnis der Qorāne des Ubai, Ibn Mas'ūd und Abū Mūsā zueinander und zur kanonischen Ausgabe.

Ubai hatte in seinem Qorān alle Suren der kanonischen Ausgabe und dazu noch die beiden Qunūt-Gebete. Ibn Mas'ūd dagegen hatte zwei oder drei Suren (1. 113. 114) weniger als die spätere offizielle Rezension. Die Anordnung der Suren in diesen beiden Ausgaben ist so verschieden, daß sich Aufeinanderfolge gleicher Suren nur an zwei Stellen der Listen findet, nämlich am Anfang (Sur. 2. 4. 3) und am Ende (Sur. 105. 106 nach Itqān), bzw. in der Mitte (Sur. 43. 41 nach Fihrist).

---

1) Vgl. S. 40 Anm. 3. 2) Vgl. S. 36.
3) Vgl. Teil I S. 108ff.

Das Verhältnis beider zur kanonischen Ausgabe ist viel günstiger, indem die Reihenfolge des Ibn Mas'ūd an 8 (Itqān) bzw. 12 (Fihrist), die des Ubai gar an 16 Stellen mit der kanonischen übereinstimmt. Dagegen ist die Übereinstimmung mit den genau nach der Größe geordneten Suren — nach der von mir S. 65f. entworfenen Tabelle — wieder geringer, denn mit dieser besteht Reihengleichheit nur an vier bis fünf Stellen, nämlich Sur. 2. 4. 3; 9. 11; 63. 62; 110. 111; 112. 13 (Ubai nach Fihrist) bzw. Sur. 2. 4. 3. 7. 6. 5; 48. 57; 77. 78; 111. 112 (Ibn Mas'ūd nach Fihrist).

Unbeschadet aller Differenzen und Ungenauigkeiten liegt den beiden Ausgaben doch unverkennbar das Prinzip zugrunde, von den längeren Suren zu den kürzeren fortzuschreiten. Dieses Prinzip ist so eigenartig, daß seine zweimalige Anwendung nicht auf Zufall beruhen kann, sondern eine Folge literarischer Beziehungen sein muß, wenn wir dieselben auch nicht weiter nachweisen können. Da jenes Prinzip aber auch in der kanonischen Ausgabe befolgt ist, die, wie wir noch sehen werden, auf die erste Sammlung Zaids zurückgeht, so müssen sich die angedeuteten literarischen Beziehungen auf diese mit erstrecken. Das gleiche ergibt sich noch aus einer anderen Beobachtung. Da in den Listen der Suren des Ubai und Ibn Mas'ūd fast durchweg dieselben Titel erscheinen wie in der späteren kanonischen Ausgabe, so liegt dem ohne Zweifel die Voraussetzung zugrunde, daß hinter den gleichen Namen im wesentlichen der gleiche Inhalt steckt. Diese Sureneinteilung muß demnach schon in dem Exemplar der Ḥafṣa vorhanden gewesen sein, da es ja, wie die Tradition sagt, der othmanischen Ausgabe als Vorlage diente. Das kann natürlich nicht auf Zufall beruhen, sondern muß eine Folge literarischer Beziehung sein. Dieselbe näher zu bestimmen, ist leider nicht möglich. Zwar soll jenes Exemplar auf der ersten Sammlung der Offenbarungen beruhen, die überhaupt veranstaltet wurde. Aber darauf ist nicht unbedingt Verlaß, da der Tradition über diese Sammlung Zaids auch andere Irrtümer nachzuweisen sind. Es darf auch nicht übersehen werden, daß Ibn Mas'ūd und Ubai ältere Zeitgenossen Zaids waren und länger als er im Dienste Muhammeds standen.

Es gibt noch einige zerstreute Traditionen über Verse, die in diesen beiden Rezensionen gestanden haben sollen, aber in unseren Ausgaben fehlen. Über den verlorenen Vers, den einst Ibn Mas'ūd angeblich in seinem Qorān hatte, spricht er sich selbst in einer von Hibatallāh ed. Cair. S. 10 mitgeteilten Tradition also aus: „Der Gesandte Gottes ließ mich einen Vers rezitieren, den ich auswendig lernte und dann in meinen Kodex eintrug. Als ich aber nachts zu meiner Schlafstelle zurückkehrte, wußte ich ihn nicht mehr, und die Stelle in meinem Kodex war weiß. Ich befragte hierauf den Propheten, der mir erwiderte, daß der Vers schon gestern wieder aufgehoben worden sei." Mit solchen allgemeinen Redensarten ist natürlich gar nichts anzufangen, auch wenn sie Glauben verdienten.

Bestimmter sind die Angaben über die drei verlorenen Verse, die Ubai in seinem Qorān hatte.

Der erste lautet: „Hätte der Mensch ein Tal von Schätzen, so würde er dazu noch ein zweites verlangen, und hätte er ein zweites, so würde er dazu noch ein drittes verlangen; aber nur Staub wird den Bauch des Mensch füllen, und Allah kehrt sich zu denen, die sich zu ihm kehren"[1]. Dieser Vers soll angeblich in Sur. 10,25 oder irgendwo in Sur. 98 gestanden haben[2], was aber schon wegen der Verschiedenheit des Reimes unmöglich ist. Es kann aber auch keine andere Stelle für ihn in Betracht kommen, da das hier im Original für „Mensch" gebrauchte Wort *ibn ādam* unqorānisch ist[3].

Der zweite Vers lautet: „Wahrlich die Religion bei Gott ist das milde Hanifentum, nicht das Judentum noch das Christentum; und wer Gutes tut, wird dafür nicht unbelohnt bleiben"[4]. Auch dieser Vers soll zu Sur. 98 gehört haben, was nach

[1]) Den arabischen Text findet man Teil I S. 235.

[2]) A. a. O. S. 240. [3]) A. a. O. S. 242.

[4]) Vgl. den arabischen Text a. a. O. S. 242.

Inhalt und Reim unzulässig ist. Er ist überhaupt unecht, da die hier für die drei verschiedenen Religionen gebrauchten Ausdrücke dem Qorān fremd sind.

Der dritte Vers lautet: „Wenn ein bejahrter Mann und eine bejahrte Frau Unzucht treiben, so steinigt sie unbedingt zur Strafe von Gott; Gott aber ist allmächtig und allweise.“ [1]) Dieser sog. „Steinigungsvers“ kann weder ein Bestandteil von Sure 33 gewesen sein — des abweichenden Reimes wegen — noch des Qorāns überhaupt, da jene grausame kriminalrechtliche Bestimmung, wie ich früher dargelegt habe[2]), erst nach dem Tode Muhammeds eingeführt sein kann.

Von dem ersten Verse des Ubai wird auch gesagt, daß ihn Abū Mūsā in einer der neunten ähnlichen Sure gelesen habe. Nach einer Tradition[3]) legt er den Vers, so wie er ihn noch im Gedächtnis hatte, in Basra einer Versammlung von dreihundert Qorānlesern vor.

Bei dieser Gelegenheit trug Abū Mūsā, wie berichtet wird, noch einen anderen Vers vor, der einer den sog. Musabbiḥāt[4]) ähnlichen Sure angehörte. Ob diese Sure verloren ist oder einen Bestandteil unserer Ausgaben bildet, nur daß sie dem Gedächtnis Abū Mūsās entfallen war, geht aus dem Wortlaute der Tradition nicht klar hervor. Der Vers lautet: „O Ihr Gläubigen, warum redet Ihr, was Ihr nicht tut? So wird man Euch ein Zeugnis auf den Hals schreiben und Euch am Tage der Auferstehung darnach fragen“ [5]). Die erste Hälfte dieses Textes deckt sich mit Sure 61, 2. Die zweite Hälfte kann, des Reimes wegen, weder der Sure 61 noch einer anderen der Musabbiḥāt angehört haben. Wenn dieser Teil auch an sich keine Handhabe bietet, seine Echtheit anzugreifen, so ist dieselbe doch

---

[1]) Vgl. den arabischen Text a. a. O. S. 248.

[2]) Vgl. a. a. O. S. 249—251.

[3]) Muslim, kit. al-zakāt § 26 (Qasṭallānī zu Buḫārī ed. Cair. 1303 Bd. IV 444f. am Rande).

[4]) Unter diesem Namen werden die Suren 57, 59, 61, 62, 63 und 64 zusammengefaßt.

[5]) Vgl. den arabischen Text Teil I S. 245.

nicht wahrscheinlich, da alle anderen Traditionen über verloren gegangene Qorānverse sich als unglaubwürdig erwiesen haben[1]).

Auf welche Weise die Suren in den genannten vorkanonischen Qorānausgaben getrennt waren, ob bloß durch einen freien Raum oder durch ein anderes Zeichen oder Wort, wissen wir nicht. Nach Zamaḫšarī zu Sure 106 bildeten die Suren 105 und 106 im Qorān des Ubai eine einzige Sure ohne Trennung[2]), während ʿAlāaddīn zur Stelle sagt, daß zwischen beiden das Trennungszeichen der Basmala fehlte[3]). Diese Formulierung geht von der Annahme aus, daß vor allen übrigen Suren die Basmala stand. Falls das richtig wäre, müßte die Basmala schon im Exemplare der Ḥafṣa angewandt gewesen sein, von dem ja, wie oben gezeigt wurde, die anderen vorkanonischen Ausgaben abhängig sind.

E. Obskure und zweifelhafte Qorānausgaben.

Es ist nicht undenkbar, vielleicht sogar wahrscheinlich, daß es außer den berühmten, von uns besprochenen Qorānsammlungen noch andere gegeben hat, die kein größeres Ansehen erlangten und deshalb in der Literatur keine Spuren hinterließen. Wenn es dagegen heißt, daß einige Gefährten des Propheten wie Ali die Suren in chronologischer Ordnung hatten, so verdient diese Tradition[4]) keinen Glauben. Denn eine solche Anordnung setzt eine längere Zeit gelehrter exegetischer Tätigkeit voraus und wäre zudem gar nicht durchführbar gewesen, weil Muhammed schon selbst in den von ihm veranlaßten Niederschriften jüngere Offenbarungen mit älteren verbunden hatte[5]). Aus dem gleichen Grunde gehören auch die oben Teil I S. 60ff. mitgeteilten chronologischen Listen

---

[1]) Näheres siehe a. a. O. S. 245f.

[2]) *bi-lā faṣl.*

[3]) *wa-lam jufṣal bainahumā fī muṣḥafihi bi-bismillāhi 'l-raḥmāni 'l-raḥīmi.*

[4]) Qurṭubī fol. 22ʳ. Itqān 145.

[5]) Vgl. weiter unten das Kapitel über die Anordnung der othmanischen Ausgabe.

in viel spätere Zeit als ihre Isnāde glauben machen wollen. Sie müssen aber andererseits — und zwar aus inneren Gründen — älter sein als chronologisch geordnete Qorānausgaben, falls solche überhaupt jemals vorhanden waren. Die angebliche Reihenfolge der sechs ersten Suren im chronologischen Qorān Alis (Sur. 96. 74. 68. 73. 111 nach Itqān 145) stimmt übrigens zu keiner der eben erwähnten chronologischen Listen, in denen durchgängig Sur. 68. 73 vor Sur. 74 steht. In jedem Falle ist gewiß, daß Ali eine derartige Ausgabe nicht veranstaltet haben kann. Weder ist eine so gelehrte und historisch orientierte Anordnungsweise von einem Zeitgenossen des Propheten zu erwarten, noch darf übersehen werden, daß alle Traditionen über eine Tätigkeit Alis als Sammler oder Redaktor des Qorāns von vornherein unter dem Verdacht schiitischer Erfindung stehen [1].

Damit soll natürlich nicht gesagt sein, daß Ali kein eigenes Qorānexemplar hatte. Es ist im Gegenteil äußerst wahrscheinlich, daß nicht nur er, sondern zahlreiche seiner Zeitgenossen aus den Kreisen des theokratischen Adels Niederschriften der Offenbarungen Muhammeds besaßen. Diese Exemplare werden aber, so weit sie einigermaßen vollständig waren, im wesentlichen nach dem Muster jener berühmten Sammlungen eingerichtet gewesen sein. Dieser Gruppe würde auch das Exemplar der Aïscha beizuzählen sein, von dem überliefert wird, daß es eine andere Ordnung hatte, ohne daß die Besitzerin viel Wert darauf legte [2].

---

6. Die Entstehung der offiziellen Qorānausgabe unter dem Chalifate Othmans.

A. Die herrschende Tradition [3].

In den Feldzügen gegen Armenien und Adherbeidschan zankten sich die Krieger aus dem Iraq und Syrien über die

---

[1]) Vgl. oben S. 8 f. über die Qorānsammlung, welche Ali gleich nach dem Tode Muhammeds angelegt haben soll; außerdem unten S. 100 ff. über die sog. Lichtsure.

[2]) Mabānī II.

[3]) Buḫārī, faḍā'il al-qurān § 3. Tirmiḏī im Tafsīr zu Sure 9 am

wahre Gestalt des Qorāntextes. Die von Hims (Emesa) hielten ihren auf Miqdād b. Aswad zurückgehenden Text für den besten. Die Damaskener bzw. Syrer gaben ihrem Texte[1]) den Vorzug. Die Kufenser erkannten als maßgebend nur die Lesung des 'Abdallāh ibn Mas'ūd an und die Basrier nur die des Abū Mūsā[2]). Als der berühmte Heerführer Ḥudaifa nach Beendigung jener Feldzüge wieder in Kufa eintraf, gab er seiner Entrüstung über diese Verhältnisse, die nach seiner Meinung die Zukunft des Islam ernstlich gefährdeten, gegenüber dem Statthalter Sa'īd b. al-'Āṣ lauten Ausdruck. Aus den Kreisen des theokratischen Adels pflichteten ihm viele bei, nur die Anhänger des Ibn Mas'ūd beharrten hartnäckig auf der Autorität ihres Meisters. Nicht lange hernach kam Ḥudaifa nach Medina und trug dort seine Wahrnehmungen dem Chalifen Othman vor. Nachdem dieser die alten Gefährten des Propheten versammelt hatte, wurde einmütig beschlossen, der Meinung des Generals beizutreten. Hierauf setzte der Chalife eine Kommission ein, die aus dem Medinenser Zaid ibn Ṯābit und drei vornehmen Koraischiten, 'Abdallāh b. al-Zubair, Sa'īd b. al-'Āṣ und 'Abdarraḥmān b. al-Ḥāriṯ bestand, und betraute sie mit der Aufgabe, von dem Qorānexemplare der Ḥafṣa[3]) Abschriften anzufertigen. Nach Beendigung der Arbeit erhielt Ḥafṣa ihr Eigentum wieder zurück, während die Abschriften nach verschiedenen auswärtigen Provinzen versandt wurden, um dort hinfort als maßgebende Re-

---

Ende. Miškāt, faḍā'il al-qurān, faṣl 3 § 5. Fihrist ed. Flügel S. 24f. Ibn Aṯīr, Kāmil ed. Tornberg Bd. III 85ff. Ibn Ḫaldūn, Geschichte ed. Cair. II 135f. Naisābūrī, Gharā'ib al-qurān bei Ṭabarī, Tafsīr 1. Aufl. Bd. I S. 23. 'Alāaddīn I 6f. Muqni'. Mabānī fol. 6ff. Qurṭubī fol. 20r. Itqān 138f. Vgl. Mémoires de l'Académie des Inscriptions Bd. 50 S. 426ff. Notices et Extraits.

1) So allgemein drückt sich Ibn Aṯīr III 86 aus. Ṭabarī, Tafsīr I 20 sagt, daß die Syrer der Lesart des Ubai folgten. Vgl. auch oben S. 29 Anm. 6.

2) Vgl. oben S. 28f.

3) Vgl. oben S. 14f. 18ff. Bei Ibn 'Aṭīja und Qurṭubī fol. 20r heißt es nach Ṭabarī: „Die Blätter, welche sich bei Ḥafṣa befanden, dienten als Muster (*gu'ilat imāman*) bei dieser zweiten Sammlung".

zension zu dienen. Dagegen wurden die älteren Sammlungen der Vernichtung überantwortet. Wie es scheint, fügte sich die Bevölkerung allenthalben gutwillig diesen Maßnahmen, nur die allezeit unbotmäßigen Kufier, unter der Führung des Ibn Mas'ūd, leisteten Widerstand.

Die Zeit dieser Begebenheiten ist nur ungefähr festzustellen. Die genannten Feldzüge werden gewöhnlich in das Jahr 30 a. H. gesetzt[1]). Doch ist deren Verhältnis zu anderen, von den Chronisten berichteten Kämpfen in derselben Gegend und mit denselben handelnden Personen[2]) keineswegs deutlich. Falls Ibn Mas'ūd wirklich das Zustandekommen der othmanischen Ausgabe erlebt hat, muß dasselbe vor die Jahre 32 oder 33 a. H. fallen[3]), die als seine Sterbejahre genannt werden. Der äußerste Termin ist der Tod Othmans am Ende (18. Ḏū'l-ḥiǧǧa) des Jahres 35 d. H.

Die Anregung zu dem Unternehmen ist nach der einhelligen Annahme der Überlieferung nicht vom Chalifen ausgegangen, sondern von einem der berühmtesten seiner Feldherren. Dessen Motiv war die Befürchtung, daß durch Streitigkeiten über den richtigen Text des heiligen Buches die Einheit des Islams und des auf die Religion gegründeten theokratischen Staatswesens gefährdet sei. Immerhin bleibt es ein unleugbares Verdienst Othmans, dem guten Rate gefolgt zu sein und seine Ausführung beschleunigt zu haben. Er vollzog damit seine verständigste Regierungshandlung und die einzige, welche sein Andenken mit Ruhm bedeckte. Die Aufständischen machten ihm später

1) Ṭabarī I 2856. Ibn Aṯīr ed. Tornberg III 85. Ibn Ḫaldūn ed. Cair. Bd. II Append. 135. Ḏahabī, Ta'rīḫ I cod. Paris. fol. 151 (nach Caetani). Vgl. Jul. Wellhausen, Prolegomena zur ältesten Geschichte des Islams S. 110.

2) Vgl. L. Caetani, Chronographia Islamica a. H. 32 § 4. Abū 'l-Maḥāsin ed. Juynboll I 97, Abulfeda ed. Reiske I 204, Nuwairī geben das Jahr 29 an. Die Nennung des Jahres 26 (Itqān 139 nach Ibn Ḥagar, Qasṭallānī IV 438) beruht auf Verwechslung mit einem früheren Feldzuge. Vgl. L. Caetani a. H. 25 § 3.

3) Das würde zu Eutychius ed. Cheikho II 341 stimmen.

freilich auch diese segensreiche Maßnahme zum Vorwurf (Ṭabarī I 2952). Dagegen sollen so hervorragende Persönlichkeiten wie 'Abdallāh b. 'Omar und Ali, obwohl sie persönlich und politisch Gegner Othmans waren, gerade in dieser Beziehung mit ihm einverstanden gewesen sein[1]).

Die Tradition, deren Inhalt soeben dargelegt worden ist, habe ich in der Überschrift „die herrschende" genannt, weil sie in der Literatur, dem Hadith, den Qorānkommentaren und den Geschichtswerken am meisten verbreitet ist. Die äußere Beglaubigung ist nicht so gut wie bei der Tradition über die erste Sammlung, da die Zeugenkette mit dem berühmten Überlieferer Anas b. Mālik[2]) abbricht, also nicht auf einen unmittelbaren Augenzeugen zurückgeht. Doch hat gerade die Kritik jener anderen Tradition gezeigt, wie wenig Verlaß auf solche Äußerlichkeiten ist.

B. Die abweichenden Überlieferungen und ihr Wert.

Die abweichenden Überlieferungen sind äußerlich durchaus nicht schlechter beglaubigt als die sog. herrschende Tradition, da die Gewährsmänner, auf die sie zurückgeführt werden, wie 'Abdallāh b. al-Zubair, Kaṯīr b. Aflaḥ, al-Zuhrī, zu den angesehensten Autoritäten gehören. Deshalb muß bei jeder der jetzt vorzuführenden Traditionen gleich die Frage nach ihrer inneren Glaubwürdigkeit erhoben werden.

Eine Überlieferung im Muqni' läßt den Sa'īd weg und setzt an seine Stelle den 'Abdallāh b. 'Amr b. al-'Āṣ sowie den 'Abdallāh b. 'Abbās. Ersterer zeichnete sich aus durch eifrige, asketisch gerichtete Frömmigkeit, große Hadithbeherrschung und Schreibkunde, soll auch eine Hadithsammlung verfaßt haben[3]). Nichtsdestoweniger ist seine Zugehörigkeit zur Kommission unwahrscheinlich, da sein Vater, den Othman im Jahr 28

---

[1]) Ibn Aṯīr III 87.

[2]) al-Zuhrī († 124) von Anas b. Mālik († um 90).

[3]) Vgl. Ibn Qutaiba 146. Nawawī 361f. Ibn Sa'd Bd. IV, II S. 8ff. Usd al-Ghāba III 33.

von der Statthalterschaft über Ägypten entfernt hatte[1]), sich auf die Seite der Feinde des Chalifen schlug. Ibn 'Abbās wäre wegen seiner großen theologischen und exegetischen Gelehrsamkeit[2]) für die gedachte Aufgabe sehr geeignet gewesen. Doch beruht seine Nennung ohne Frage auf dem tendenziösen Bestreben, auch eine Person aus der Familie des Propheten an der Herstellung des kanonischen Textes zu beteiligen.

Eine andere Quelle[3]) fügt zu jenen Vieren den Ubai b. Ka'b, einen der berühmtesten Qorānkenner und Bearbeiter einer besonderen Sammlung[4]). Aber das ist abzulehnen, da er nach der vertrauenswürdigen Angabe des Wāqidī, der bei seiner Familie Erkundigungen eingezogen hatte, im Jahre 22, nach anderen gar schon zwei bis drei Jahre früher gestorben ist[5]). Die Angabe, daß sein Tod ins Jahr 30 oder 32 falle, steht unter dem Verdachte, gefälscht zu sein, um seine Mitwirkung am Werke Othmans zu ermöglichen.

Wie zwei Traditionen behaupten, ist dem Zaid nur ein einziger Koraischite beigegeben worden. Die eine von ihnen nennt den schon in der vorhin erwähnten Viererliste vorkommenden Sa'īd b. al-'Āṣ[6]). Othman, so heißt es, legte den

---

[1]) Vgl. Jul. Wellhausen, Prolegomena zur ältesten Geschichte des Islams S. 127.

[2]) Näheres siehe im „Literarhistorischen Anhang"

[3]) Der Kommentar zur 'Aqīla in den Mémoires de l'Académie des Inscriptions Bd. 50 S. 427. — Ibn Sa'd Bd. III, II S. 62, 17 sagt nur, daß ihm Othman die Sammlung des Qorāns befohlen habe. Hierauf folgt eine Tradition, welche ihn der Zwölferkommission zuzählt. Itqān 430 Anfang verzeichnet eine Tradition, in der Hāni el-Berberī, ein Sklave Othmans, erzählt, sein Herr habe ihn einmal mit verschiedenen auf ein Schafsschulterblatt geschriebenen Qorānstellen (Sur. 2, 261. 30, 29. 86, 17) zu Ubai b. K. gesandt, um dieselben von ihm korrigieren zu lassen, was dann auch geschah.

[4]) Vgl. oben S. 28ff.

[5]) Vgl. Ibn Qutaiba 134. Ibn Sa'd III, II 62. Abū 'l-Maḥāsin ed. Juynboll I 58. 97. Ibn Ḥagar. Usd al-Ghāba I 50. Ḏahabī, Ḥuffāẓ I 15.

[6]) 'Omar b. Muḥammad. Mabānī III. G. Weil, Geschichte der Chalifen I 167 Anm. 3 nach Ḏahabī, Geschichte des Islams, cod. Gothan. S. 171.

Gefährten des Propheten die Frage vor, wer am besten arabisch verstünde, und wer am schönsten schreiben könne. Darauf gaben sie dem Sa'īd den Vorzug als Sprachkenner und dem Zaid als Kalligraphen. Daher habe jener diktiert, dieser geschrieben. Wenn ich recht sehe, liegt hier eine Vereinfachung der herrschenden Tradition vor. 'Abdarraḥmān b. al-Ḥāriṯ ist wahrscheinlich deshalb weggelassen, weil man keine rechte Verwendung für ihn ausfindig machen konnte. Falls dies zutrifft, so ist die vorliegende Tradition von der herrschenden Überlieferung abhängig, also jüngerer Herkunft.

Die andere jener beiden Traditionen[1]) nennt neben Zaid den Abān b. Sa'īd b. al-'Āṣ, wahrscheinlich einen Oheim des schon oft erwähnten Sa'īd. Abān hatte allerdings dem Propheten als Sekretär gedient[2]), ist aber nach Ṭabarī I 2349 bereits a. H. 14 in der Schlacht am Jarmuk gefallen. Das späteste Sterbejahr, das ich für ihn finde, a. H. 29, ist wohl mit Rücksicht auf seine angebliche Mitarbeit am othmanischen Qorān nachträglich errechnet, aber trotzdem mindestens zwei Jahre zu früh ausgefallen. Ibn 'Aṭīja und Qurṭubī sind deshalb gewiß im Rechte, wenn sie die ganze Tradition für unglaubwürdig (*ḍa'īf*) erklären.

Wieder einen Typus für sich bildet eine Überlieferung, deren Kenntnis wir der Belesenheit Sujūṭīs verdanken[3]): „Ibn abī Dā'ūd von Muḥammad b. Sīrīn von Kaṯīr b. Aflaḥ[4]). Als Othman die Qorānexemplare schreiben lassen wollte, versammelte er zwölf Männer von den Koraisch und den Hilfsgenossen. Hierauf ließ er die Qorānkiste[5]) aus dem Hause Omars holen und nahm die Versammelten in eidliche Verpflichtung. So oft sie über einen Text verschiedener Meinung

---

[1]) Ibn 'Aṭīja fol. 25. Qurṭubī fol. 20 r. Ṭabarī, Tafsīr I 20. Usd al-Ghāba I 37.

[2]) Belādhorī 473. Ṭabarī I 1782. Usd al-Ghāba I 50 usw.

[3]) Itqān 139.

[4]) Er überlieferte nach Hulāṣa von Othman und Zaid und fiel in der Schlacht auf der Ḥarra.

[5]) *rab'a.*

waren, warteten sie mit der Entscheidung, bis festgestellt war, wer die Stelle zuletzt authentisch gehört hatte". Ob die Nachricht, daß Othman nicht davor zurückgeschreckt sei, Personen zu befragen, auch wenn sie drei Tagereisen von Medina entfernt wohnten[1]), zu dieser Tradition in Beziehung gesetzt werden darf, steht dahin. Qasṭallānī[2]), der aus derselben Quelle wie Sujūṭī schöpft, rechnet zu den Zwölfen den Ubai b. Ka'b bzw. den Moṣ'ab b. Sa'd, während Ibn Sa'd III, II S. 62, 19f. außer Ubai den Zaid b. Ṯābit nennt und Kanz 'ummāl Bd. I Nr. 4763 diesen beiden noch den Sa'īd b. al-'Āṣ hinzufügt, aber alle zwölf den Koraisch zurechnet.

An dieser Überlieferung ist kein wahres Wort. Die umfangreiche Kommission scheint den Zweck zu verfolgen, den Anteil der medinischen Gemeinde an dem Qorānwerke stärker hervortreten zu lassen. Die Zwölfzahl ist auffallend und erinnert bedenklich an die zwölf Stammesfürsten (*naqīb*) der Kinder Israel (Sur. 5, 15). Das Verschweigen der meisten Namen erregt ebenfalls Verdacht. Schließlich geht die Beschreibung des Verfahrens bei der Festsetzung des Textes, wie wir noch sehen werden, von irrigen Voraussetzungen aus.

Von der herrschenden Tradition entfernt sich entschieden am meisten eine Überlieferung, die Sujūṭī[3]) aus dem Muṣḥaf-Werke des Abū Bekr b. Ašta[4]) übernommen hat: „'Abdallāh b. al-Zubair sagt: Einst trat ein Mann zu Omar und sagte ihm, daß die Leute über den Qorān in Streit geraten seien. Omar beschloß deshalb, den Qorān nach einer einzigen Lesart zu sammeln, wurde aber, noch ehe er zur Ausführung schritt, ermordet. Dann trat der Mann zu dem Chalifen Othman und machte ihm dieselbe Mitteilung. Daraufhin sammelte Othman die Kodizes und befahl mir, den Kodex der Aïscha zu holen. Nachdem wir denselben durchgesehen und verbessert hatten,

---

[1]) Itqān 139. Qurṭubī. Muqni'.

[2]) Bd. VII 449, schöpft aus dem Kitāb al-maṣāḥif des Ibn abī Dā'ūd.

[3]) Itqān 430.

[4]) Gest. 360, vgl. G. Flügel, Grammatische Schulen S. 229.

ließ er die übrigen Exemplare zerreißen"[1]. Hierauf bezieht sich wohl auch die Angabe einer anderen Quelle[2], daß Omar ermordet worden sei, ehe er den Qorān gesammelt habe. Die Tradition hat offenbar das Bestreben, das Verdienst Othmans zugunsten seines großen Vorgängers abzuschwächen, ähnlich wie die biblische Erzählung vom Tempelbau David gegen Salomo ausspielt[3]. Daß die Musterhandschrift aus dem Besitze der Aïscha stammt, ist ebenfalls Tendenz, da diese Frau durch ihre Schwester Asmā die Tante des Zubairiden war.

C. Kritik der herrschenden Überlieferung.

a) Die Personalien der Kommissionsmitglieder.

Nachdem unsere Untersuchung dahin geführt hat, alle abweichenden Traditionen und ihre Angaben über die Zusammensetzung der Qorānkommission abzulehnen, muß nunmehr die herrschende Tradition auf ihre Zuverlässigkeit geprüft werden.

Was zunächst die Personalien der vier Kommissionsmitglieder betrifft, so war Zaid b. Ṯābit ein Medinenser von den Naggār, einem Unterstamm der Ḫazrag. Er hatte noch als ganz junger Mensch dem Propheten als Sekretär gedient, besonders für seine Offenbarungen[4], und später den Kodex der Ḥafṣa geschrieben[5]. Unter Othman bekleidete er das Amt eines Qāḍī[6], nach anderen verwaltete er den Staatsschatz[7], oder auch die Kanzlei[8]. Ein unerschrockener Anhänger des Chalifen[9] hielt er sich auch nach dessen Ermordung zu den Omaija und verweigerte Ali die Huldigung[10]. Als sein Todesjahr wird gewöhnlich a. H. 45 angegeben[11].

---

1) *šuqqiqat*. 2) Ibn Sa'd Bd. III, I 212, 14.

3) J. Wellhausen, Prolegomena zur Geschichte Israels, 2. Ausgabe S. 187f.

4) Ṭabarī II 836. Oben Teil I S. 46.

5) Vgl. oben S. 12ff. 6) Ṭabarī I 3058. Ibn Aṯīr III 150.

7) Nuwairī 259. Ja'qūbī II 195. Usd al-Ghāba II 222.

8) Ibn Aṯīr III 154.

9) Ṭabarī I 2937. Ibn Aṯīr III 119.

10) Ṭabarī I 3070, 3072. Ibn Aṯīr III 154. Usd al-Ghāba II 222.

11) Ibn Sa'd II, II S. 116. Usd al-Ghāba 222. Ibn Aṯīr III 378.

Sa'īd b. al-'Āṣ ist kurz nach der Higra geboren. Er war selbst Omaijade und erklärter Liebling Othmans. Unter den zahlreichen Frauen, die er im Laufe seines Lebens ehelichte, werden auch zwei Töchter dieses Chalifen genannt[1]). Nach der Absetzung des Walīd b. 'Oqba — a. H. 29 — wurde er Statthalter von Kufa und behielt diesen Posten bis gegen Ende des Jahres 34.

'Abdarraḥmān b. al-Ḥāriṯ war etwa gleichaltrig und gehörte zu der vornehmen mekkanischen Familie der Maḫzūm. Als sein Vater der berüchtigten Pest von Emmaus zum Opfer gefallen war, heiratete Omar dessen Witwe Fāṭima. Unter den Frauen 'Abdarraḥmāns wird neben einer Tochter Abu Bekrs und Zubairs auch eine Tochter Othmans genannt, und zwar dieselbe (Marjam), welche auch unter den Frauen Sa'īds genannt wird. Politisch ist er nach den Quellen nicht hervorgetreten. Sein Verhältnis zu den Omaijaden scheint dauernd ein gutes geblieben zu sein, da zwei seiner Töchter in den Harem angesehener Angehöriger dieser Familie — des Mu'āwija und des Sa'īd b. al-'Āṣ — eintraten[2]).

'Abdallāh b. al-Zubair, der etwa gleichaltrig mit 'Abdarraḥmān war, gehörte ebenfalls einer vornehmen mekkanischen Familie an. Durch seine Mutter Asmā war er nicht nur Enkel Abu Bekrs und Neffe Aïschas, sondern auch nachmals Stiefsohn des Chalifen Omar. Er soll sich nicht nur als Soldat, sondern auch durch großen Religionseifer, fleißiges Beten und Fasten ausgezeichnet haben. Als Sohn eines Mannes, der später bei dem Aufstande gegen Othman eine mindestens zweideutige Rolle spielte und dann selbst seine Hand nach dem Chalifate ausstreckte, darf er nicht zu den unbedingten Anhängern des Chalifen gerechnet werden[3]).

Ibn Qutaiba 133. Wenn es richtig ist (Ibn Hišām 561), daß er im Grabenkriege — Ende des Jahres 5 — 15 Jahre alt war, so konnte er beim Tode Muhammeds erst 20 Jahre zählen.

[1]) Ibn Sa'd V 19f.

[2]) Ibn Sa'd Bd. V S. 1ff. Usd al-Ghāba III 283f.

[3]) Ibn Qutaiba 116. Nawawī 34f. Usd al-Ghāba III 161ff. J. Wellhausen, Prolegomena zur ältesten Geschichte des Islams S. 131f.

b) Das Verfahren bei der Textherstellung und die Geeignetheit der Kommissionsmitglieder für die Aufgabe.

Die Geeignetheit Zaids für die Ausführung des von Othman erteilten Auftrages steht nach Maßgabe seiner früheren Tätigkeit außer Zweifel. Er war hier wirklich wie kein anderer am Platze und ist deshalb auch die einzige Persönlichkeit, über deren Zugehörigkeit zur Qorānkommission alle Traditionen übereinstimmen.

Nur selten äußern muslimische Gelehrte ihr Erstaunen, daß an Stelle Zaids nicht Ibn Mas'ūd herangezogen worden sei, der den Islam schon zu einer Zeit angenommen habe, als Zaid noch nicht geboren war und der außerdem noch andere Vorzüge besitze[1]. Doch beruhigen sie sich schließlich bei der Erklärung, daß Zaid den ganzen Qorān auswendig wußte, Ibn Mas'ūd aber nur siebzig Suren. Diese Auffassung ist ganz unhaltbar, beruht einerseits auf Mißverständnis einer Tradition, die nur besagt, daß der Prophet dem Ibn Mas'ūd schon siebzig Suren persönlich vorgetragen hatte[2], als Zaid noch ein kleiner Junge war, und sie übersieht, daß Ibn Mas'ūd ja selbst der Vater einer eigenen, in hohem Ansehen stehenden Qorānrezension war; andererseits verkennt sie die Tatsache, daß der othmanische Qorān nichts als eine Kopie des Kodex der Ḥafṣa ist und daß es deshalb zur Leitung dieser Kopierarbeit keine bessere Kraft geben konnte als gerade Zaid, den einstmaligen Schreiber oder Redaktor dieses Musterkodex.

Dagegen ist es sehr schwer, sich über die Gründe zur Wahl der drei Koraischiten ein Urteil zu bilden. Sa'īd war seit a. H. 29 Statthalter von Kufa. Ob er sich zur Zeit der Einsetzung der Kommission gerade in Medina befand, oder ob er vom Chalifen eigens herbeizitiert worden war, wissen wir ebensowenig, wie wir die Beweggründe dafür kennen. Der Umstand, daß Sa'īd die Verhältnisse im Iraq genau kannte und die Beschwerden des Ḥuḏaifa schon früher an Ort und

---

[1] Qurṭubī fol. 19 r. [2] Vgl. oben S. 28.

Stelle entgegengenommen hatte, dürfte nicht ins Gewicht fallen, da diese Vorzüge für die Tätigkeit in der Kommission ganz unfruchtbar waren. Da aus den Personalien der beiden anderen Koraischiten für ihre Zugehörigkeit zur Kommission in keiner Richtung etwas gefolgert werden kann, müssen wir sehen, ob sich aus der eigentlichen Tradition Anhaltspunkte gewinnen lassen.

Das ist in der Tat der Fall. So gibt Othman der Kommission folgende Dienstanweisung: „Wenn ihr verschiedener Meinung seid, so schreibt es im Dialekte der Koraisch nieder, in dem die Offenbarung erfolgt ist“ [1]). Diese Worte berechtigen anscheinend zu dem Schlusse, daß die koraischitische Mehrheit in der Kommission die dialektische Treue des Textes verbürgen solle. Eine andere Tradition läßt diese drei Männer ebenfalls als beste Kenner der koraischitischen Mundart gelten, schiebt aber die endgültigen Entscheidungen bei Meinungsverschiedenheiten dem Chalifen zu. Als Zaid z. B. einst تابوة (mit ة) schreiben wollte, während die übrigen تابوت (mit ت) Sur. 2, 249. 20, 39 vorzogen, erklärte Othman die letzte Form für die echte koraischitische [2]). Diese Auffassung ist jedoch irrig. Schon das Beispiel ist unglücklich gewählt, da *tābūt* gar nicht echt arabisch, sondern abessinisches Lehnwort ist. *Tābūhun* ist eine greuliche Unform. Auch ist ein Streiten über solche Sprachform ganz gegen den Geist jener alten Zeit. Weder der Prophet noch seine nächsten Nachfolger und Anhänger wußten ja das geringste von philologischer Akribie [3]).

Die Auffassung der Muslime hängt aufs engste zusammen mit der ebenfalls viel von ihnen erörterten Frage nach dem Verhältnis der kanonischen Rezension zur ersten Sammlung

---

1) Ibn Aṯīr III 86, 24 f.

2) Tirmiḏī im Tafsīr zu Sur. 9 am Ende. Muqniʿ. ʿAṭīja fol. 25v. Eine Tradition in den Mabānī fol. 7r (Kap. II) läßt den Abān b. Saʿīd schon bei der ersten Redaktion einen Streit mit Zaid über dieses Wort führen.

3) Th. Nöldeke, Neue Beiträge zur semitischen Sprachwissenschaft (1910) S. 4.

Zaids. Da nach ihrem dogmatischen Vorurteil, das im Glauben an den göttlichen Ursprung des Qorāns begründet ist, die beiden Ausgaben völlig gleich waren[1]), die Vornahme der zweiten Ausgabe aber doch einen Sinn haben mußte, ersannen die Gelehrten die Theorie von den sieben Aḥruf oder Lesarten. Danach enthielt die erste Sammlung die Varianten in sieben verschiedenen arabischen Dialekten[2]), während in die othmanische Ausgabe nur ein einziger Dialekt, der koraischitische, aufgenommen wurde[3]), in dem der Engel Gabriel zuletzt dem Propheten die Offenbarung vorgetragen hatte.

Überhaupt ist jede Tradition zurückzuweisen, in der die Festsetzung des othmanischen Textes mit irgendwelchen dialektischen Fragen in Verbindung gebracht wird, da der Qorān gar nicht in einem Lokaldialekt geschrieben ist. Seine Sprache ist vielmehr identisch mit der der vorislamischen Gedichte. Diese können aber unmöglich in Dialekt geschrieben sein, da ihre Verfasser so verschiedenen und so weit auseinander wohnenden Stämmen angehören, daß die Texte sehr starke mundartliche Differenzen aufweisen müßten. Freilich ist einzuräumen, daß bei der Fixierung in einer so unvollkommenen Schrift wie der arabischen, welche die Vokale größtenteils gar nicht andeutet und viele Konsonanten durch das nämliche Zeichen ausdrückt, manche Eigenarten des mündlichen Vortrages gar nicht erkennbar waren. Trotzdem ist die lexikalische und grammatische Übereinstimmung so groß, daß man eine wirkliche Spracheinheit annehmen muß. Es würde auch mit

---

1) Ibn 'Aṭīja cod. Sprenger 408. Qurṭubī fol. 22f. Cod. Lugdun. 653. Itqān 145.

2) Muqni'. Kommentar zur 'Aqīla in den Mémoires de l'Académie des Inscriptions Bd. 50 S. 425. Itqān 133. Šaušāwī Kap. 2. Über andere Auffassungen der Aḥruf vgl. oben Teil I S. 49 ff.

3) Itqān 140. Ḥāriṯ (b. Asad) al-Muḥāsibī (gest. 243) sagt: „Nach der herrschenden Meinung ist Othman der Sammler des Qorāns, aber dem ist nicht so. Vielmehr veranlaßte er nur die Annahme einer einzigen Lesart, die er gemeinsam mit Vertrauensmännern von den Flucht- und Hilfsgenossen vereinbart hatte. Denn er fürchtete, daß bei den Irakern und Syrern wegen ihrer abweichenden Lesarten Unruhen entstünden".

allem, was wir über die sprachgeographischen Verhältnisse in anderen Teilen des Erdkreises wissen, in vollem Widerspruch stehen, wenn auf weiten Gebieten der arabischen Halbinsel ein derartiger Dialektschwund eingetreten wäre. Wir werden also zu dem Schlusse gedrängt, daß die alten Gedichte wie der Qorān in einer allgemeinverständlichen Durchschnitts- oder Hochsprache[1]) abgefaßt sind, deren Unterschied von den Lokaldialekten in Kulturzentren wie Mekka und Medina naturgemäß geringer war als in entlegeneren Gebieten der Halbinsel.

Wenn Othman — ungeachtet aller dagegen geltend gemachten Einwände — doch beabsichtigte, die besten Kenner des koraischitischen Dialektes heranzuziehen, so hätte er sich an andere Adressen wenden müssen, und nicht an Leute, die zwar zu koraischitischen Familien gehörten, aber in Medina aufgewachsen waren.

Auf eine andere, anscheinend sehr einfache Lösung des Rätsels weist die Bemerkung der Tradition, daß Zaid und seine Gefährten das Exemplar der Ḥafṣa kopiert haben[2]). Trotzdem ist es mir äußerst fraglich, ob die vornehmen Koraischiten sich zu einer so mühevollen und hohe Anforderungen stellenden Schreibarbeit hergegeben haben würden, selbst wenn ihnen die Fähigkeit dazu eignete. Da aber Zaid das große Werk — es handelt sich um 3 bis 4 Exemplare — allein nicht bewältigen konnte, vermute ich, daß die eigentliche Kopierarbeit von einem Stabe berufsmäßiger Kalligraphen vorgenommen wurde, während Zaid

---

[1]) J. Wellhausen, Arabisches Heidentum, 2. Aufl. S. 216 spricht von einer in der „illiteraten Literatur" des vorislamischen Arabiens vorhandenen, „über den Dialekten stehenden Sprache". Anders beurteilt die Frage Th. Nöldeke, Beiträge zur semitischen Sprachwissenschaft (1904) S. 2 und Neue Beiträge zur semitischen Sprachwissenschaft (1910) S. 4. Sonst bin ich mit der Kritik, der Nöldeke K. Vollers' Buch „Volkssprache und Schriftsprache im alten Arabien" (1906) unterzieht, durchaus einverstanden.

[2]) *fa-nasaḫūhā fī 'l-maṣāḥifi.* Die Stellen siehe oben S. 47 Anm. 3. In den Biographien finden sich oft Ausdrücke wie *fa-katabū 'l-maṣāḥifa* u. ä., z. B. Usd al-Ghāba III 281, 284. Nawawī 281. Ḫulāṣa s. v. ʻAbdarraḥmān b. al-Ḥārit̲.

sich auf die Leitung und Überwachung beschränkte. Ob die erwähnten Koraischiten hinreichende Kenntnisse besaßen, um Zaid bei dieser Tätigkeit zu unterstützen, ist wiederum dunkel. Immerhin ist diese Kombination einleuchtender als die unmittelbaren Auffassungen der Traditionen.

Eine andere Kombination läßt sich an die Nachricht anknüpfen, daß Othman darauf ausging, möglichst viele Offenbarungen zu sammeln[1]). So stimmen fast alle Gestalten[2]) der herrschenden Tradition darin überein, daß anfangs Sure 33, 23 vermißt, aber dann bei Ḫuzaima b. Ṯābit gefunden wurde, worauf man den Vers an seine jetzige Stelle setzte. Nach Tabarī, Tafsīr Bd. I 20 wurde dieser Vers bei der ersten Prüfung des neuen Textes vermißt, während man bei einer zweiten Prüfung das Ende von Sure 9 bei einem anderen Ḫuzaima entdeckte. Tirmiḏī im Tafsīr erwähnt allein die letzte Stelle. Bei derartigen Nachforschungen hätten die drei Koraischiten gute Dienste leisten können, da sie durch ihre Beziehungen zu den reichsten und vornehmsten Familien die beste Kenntnis von den in ihrem Besitz befindlichen Offenbarungs-Niederschriften haben konnten. Indessen beruhen jene Traditionen ohne Zweifel auf Verwechslung mit einem wirklichen oder vermeintlichen Hergang bei der Sammlung Abu Bekrs[3]) und stehen wie alles, was über die

[1]) An sich könnte man hierfür auf die S. 53 Anm. 1 zitierte Stelle verweisen, aber diese ist kein Bestandteil der „herrschenden" Tradition. Aus dem nämlichen Grunde ist hier auch die folgende, von Tirmiḏī und Buḫārī im kitāb al-tafsīr und von Itqān 142 mitgeteilte Überlieferung nicht zu verwerten. „Ibn al-Zubair sagte, ich sprach zu Othman: Vers 241 der Kuh-Sure wird doch durch Vers 234 aufgehoben. Warum schreibst du ihn trotzdem? Da antwortete Othman: Du sollst ihn lassen, mein Vetter. Denn ich will nichts von seiner Stelle rücken". Übrigens widersprechen diese Verse einander gar nicht. V. 234 erlaubt der Witwe die Wiederverheiratung, wenn nach dem Tode ihres Mannes 4 Monate 10 Tage verflossen sind. Die Berechtigung der Witwe, ein Jahr lang aus dem Nachlaß des Mannes Alimente zu beziehen, gilt natürlich, wie V. 241 selbst andeutet, nur für den Fall, daß sie so lange ledig bleibt.

[2]) Nur Fihrist ed. Flügel S. 24 und Ibn Aṯīr III 86 sagen nichts von vermißten Qorānversen.

[3]) Vgl. oben S. 12ff.

Berücksichtigung von Lesarten oder Dialektformen bei der othmanischen Rezension berichtet wird, in unlösbarem Widerspruch mit der gerade in der herrschenden Tradition deutlich ausgesprochenen Tatsache, daß der othmanische Qorān lediglich eine Abschrift des Kodex der Ḥafṣa war. Unter diesen Umständen hatte die oben vorausgesetzte Handschriftenkenntnis der drei Koraischiten keine praktische Bedeutung, konnte also auch nicht das Motiv zu ihrer Wahl in die Kommission gewesen sein.

Nunmehr kann ich nur noch eine einzige Möglichkeit zur Erwägung stellen, nämlich die, daß jene Koraischiten durch ihre hohe soziale Stellung dem Unternehmen in der Öffentlichkeit größeres Ansehen verleihen sollten. Notwendig war diese Maßnahme keinenfalls, weil ja die Entscheidung, welche der Chalife in Gemeinschaft mit den alten Gefährten des Propheten getroffen hatte, die denkbar beste Empfehlung war. Geschah es aber trotzdem, so hätte man wenigstens erwarten sollen, daß ältere und reifere Männer ausgesucht wurden.

Wer auch diese Kombination nicht einleuchtend findet, dem bleibt nichts anderes übrig als die Zuziehung der drei Koraischiten für unhistorisch zu halten, ihm liegt dann aber auch die Verpflichtung ob, die Fälschung des geschichtlichen Tatbestandes, sei es aus koraischitischen Parteiinteressen oder anderen Tendenzen, zu erklären. Wer diesen Versuch wagt, wird aber sofort in die größten Schwierigkeiten geraten, da sich jedenfalls die Interessen der Familien Omaija und Zubair nicht unter einen Hut bringen lassen. Deshalb wird die Berufung der drei Koraischiten wahrscheinlich doch der Wahrheit entsprechen, nur daß wir über Zweck und Art ihrer Verwendung nichts wissen.

Im übrigen ist die Frage nicht von allzu großem Belang. Denn bei der Einfachheit der zu lösenden Aufgabe, von einem Musterexemplar einige Kopien herzustellen, konnte die Kommission nur eine sehr untergeordnete Bedeutung haben. Von viel größerer Wichtigkeit war die prinzipielle Entscheidung über die Einführung eines einheitlichen Qorāntextes. „Othman versammelte die ‚Genossen‘ und teilte ihnen die Sachlage mit. Da legten sie ihr große Bedeutung bei und schlossen sich der Ansicht des Ḥuḏaifa an“ [1]). Über die Mitglieder dieser Ratsversammlung erfahren wir leider nichts. Ḥuḏaifa, der eigentliche Vater des Gedankens, hätte wohl Sitz in derselben verdient. Auch Sa‘īd war hier besser am Platze als in der technischen Kommission.

Nachdem wir festgestellt haben, daß Othman behufs Herstellung eines einheitlichen Qorāntextes nichts anderes tat, als den damals angesehensten, in Medina vorhandenen Kodex kopieren zu lassen, darf hinfort nicht mehr von einer Sammlung, sondern nur von einer Ausgabe Othmans gesprochen werden. Der Ausdruck „sammeln“ wird ja tatsächlich in der herrschenden Tradition gar nicht gebraucht, sondern vereinzelt in anderen Überlieferungen [2]) und dann öfter in der geschichtlichen [3]) und qorānwissenschaftlichen [4]) Literatur. Es ist auch nicht angängig, einen in so späten Quellen vorkommenden Ausdruck dadurch aufrecht zu erhalten, daß man als Hauptzweck des Sammelns nicht die literarische Benutzung, sondern die Vernichtung bezeichnet [5]). Für diese Kombination kann man sich allerdings auf Ja‘qūbī II 196 beziehen, aber sonst wird in der Überlieferung, so weit ich sehe, der Sammlung überall und ausschließlich die Absicht der Textherstellung untergelegt. Überdies verrät jene Kombination eine Vorstellung von dem Schicksal der vorothmanischen Qorānausgaben, die, wie wir in einem späteren Abschnitt sehen werden, keineswegs über jeden Zweifel erhaben ist.

---

1) Ibn Aṯīr III 86. Als Ali a. H. 36 nach Kufa kam, erwiderte er — nach Ibn Aṯīr III 87, Ṭabarī II 747, Itqān 139 Ende — denen, die sich abfällig über den othmanischen Qorān aussprachen, daß der Chalife in Übereinstimmung mit den „Genossen“ gehandelt habe.

2) Itqān 430 nach ‘Abdallāh b. al-Zubair, übersetzt oben S. 53.

3) Ja‘qūbī ed. Houtsma II 196. Eutychius II 341.

4) Ṭabarī, Tafsīr I 20. Ibn ‘Aṭīja. Muqni‘. Itqān 138. 140. 430. Qasṭallānī VII 449.

5) Th. Nöldeke in der ersten Auflage dieses Werkes S. 212.

D. Die Anordnung der Suren im othmanischen Qorān.

Der Sinn dieser Anordnung liegt nicht klar zutage. Von den Gesichtspunkten, die allenfalls hätten in Betracht kommen können, muß der des Inhaltes von vornherein ausscheiden. Denn wie bekannt ist, handeln nicht nur die Suren, sondern auch viele Einzeloffenbarungen von den allerverschiedensten Dingen. Ebensowenig ist das chronologische Prinzip denkbar. Denn dieses widerspricht nicht nur dem Geiste jener alten Zeit, wie schon früher bei der Besprechung vorothmanischer Qorānausgaben hervorgehoben wurde[1]), sondern würde auch aus archivalischen Gründen undurchführbar gewesen sein, weil, abgesehen von den Stellen, die Muhammed selbst zu früheren hinzugefügt hatte, die Bruchstücke wahrscheinlich schon bei der ersten Sammlung Zaids unentwirrbar durcheinander geraten waren. Daher konnte ʿIkrima dem Muḥammad b. Sīrīn (gest. 110 a. H.) auf die Frage, ob man den Qorān in chronologischer Weise geordnet habe, mit Fug und Recht antworten, daß dies unmöglich gewesen wäre, selbst wenn sich Menschen und Dämonen zu diesem Zwecke verbunden hätten[2]). Die Späteren verbieten es geradezu, beim Qorān die Zeitfolge zu beobachten und erklären es für häretisch.

Unter diesen Umständen bleibt nichts anderes übrig, als die mechanische Anordnung nach der Länge der Suren in Erwägung zu ziehen, ein Prinzip, das schon die muslimischen Gelehrten empfohlen haben. „Othman sammelte den Qorān, redigierte ihn (*allafa*) und brachte die langen von den Suren mit den langen und die kurzen mit den kurzen zusammen“[3]). In der Tat beginnt die kanonische Ausgabe, wenn man von

---

[1]) Vgl. oben S. 46f.

[2]) Itqān 135.

[3]) Jaʿqūbī ed. Houtsma II 196, ähnlich Eutychius II 341. Itqān 140: „Othman sammelte die Blätter in einem Kodex nach der Anordnung seiner Suren (*murattaban li-suwarihi*)“. Itqān 145: „Othman befahl ihnen, die langen Suren einander folgen zu lassen“.

Sur. 1 absieht, mit den längsten Kapiteln, läßt die kürzeren folgen und schließt mit den kleinsten. Das Prinziz ist nicht so verwunderlich, wie es auf den ersten Blick aussieht, denn bei der Anordnung von Buchabschnitten nach dem Umfange muß es für ebenso rational gelten, mit dem größten zu beginnen wie mit dem kleinsten. Wer darauf achtet, wird wahrscheinlich in der Weltliteratur für beide Verfahren gleichviel Belege finden. Ich will nur daran erinnern, daß die Traktate innerhalb der Ordnungen der jüdischen Mischna nach den fallenden Kapitelzahlen geordnet sind[1]).

Als Maßstab der Längenberechnung kann schon den alten Muslimen nicht die Verszahl gedient haben, sondern allein der äußere, augenfällige Umfang nach den Seiten eines gleichmäßig geschriebenen Exemplares. Denn die Verslängen sind so verschieden, daß z. B. die siebente Sure 30 Verse mehr als die vierte hat, obwohl diese eine Seite größer ist, daß Sure 20 sogar fünf Verse mehr als Sure 9 hat, obwohl sie um die Hälfte kürzer ist, und Sure 26 etwa ein Viertel der Seitenzahl von Sure 2 einnimmt, aber trotzdem nur 69 Verse weniger als diese hat. Aber die allgemeine Richtschnur des äußeren Größenverhältnisses ist nur in einer sehr rohen und unvollkommenen Weise befolgt. Um eine anschauliche Vorstellung von diesem Sachverhalt zu ermöglichen, habe ich die nachstehende Tabelle ausgearbeitet, welche die Suren des kanonischen Qorān samt den Verszahlen sowie dem äußeren Umfang nach Seiten und Zeilen der Flügelschen Stereotypausgabe von 1858 verzeichnet[2]) und dieser Reihe die genau dem abnehmenden Größenverhältnis entsprechende ideelle Anordnung gegenübergestellt.

---

[1]) H. L. Strack, Einleitung in den Talmud, 4. Aufl. (1908) S. 25 nach A. Geiger, Wissenschaftl. Zeitschrift f. jüdische Theologie Bd. II S. 489 ff.

[2]) Dabei sind die Überschriften der Suren (Name, Offenbarungsort, Basmala) nicht mitgezählt und die angebrochenen Zeilen als volle gerechnet. Die Seite der Flügelschen Ausgabe enthält, wenn keine Überschriften vorhanden sind, 22 Zeilen.

Kanonische Ausgabe				Reihenfolge der Suren der kanon. Ausgabe bei genau durchgeführtem Anordnungsprinzip	Kanonische Ausgabe				Reihenfolge der Suren der kanon. Ausgabe bei genau durchgeführtem Anordnungsprinzip
Nummer der Suren	Verszahl	Rauminhalt			Nummer der Suren	Verszahl	Rauminhalt		
		Seiten	Zeilen				Seiten	Zeilen	
a	b	c	d	e	a	b	c	d	e
1	7	—	5	2	32	30	1	1	14
2	286	22	11	4	33	73	5	7	13
3	200	13	11	3	34	54	3	9	42
4	175	14	4	7	35	45	3	2	30
5	120	10	18	6	36	83	3	—	41
6	165	11	16	5	37	182	4	—	35
7	205	13	3	9	38	88	3	1	36
8	76	4	20	11	39	75	4	5	38
9	130	9	21	16	40	85	4	18	15
10	109	7	1	17	41	54	3	3	46
11	123	7	7	10	42	53	3	7	48
12	111	6	20	12	43	89	3	11	57
13	43	3	7	18	44	59	1	1	47
14	52	3	8	26	45	36	1	21	31
15	99	3	18	28	46	35	2	1	45
16	128	7	6	20	47	40	2	6	58
17	111	6	4	33	48	29	2	7	56
18	110	6	6	24	49	18	1	10	59
19	98	3	18	22	50	45	1	12	55
20	135	5	7	8	51	60	1	12	51
21	112	4	9	21	52	49	1	7	50
22	178	5	—	40	53	62	1	11	32
23	118	4	7	39	54	55	1	11	44
24	64	5	6	27	55	78	1	15	53
25	17	3	14	23	56	96	1	18	54
26	227	5	15	29	57	29	2	7	49
27	95	4	18	37	58	22	1	20	60
28	88	5	4	19	59	24	1	18	48
29	69	4	—	25	60	13	1	9	52
30	60	3	6	43	61	14	—	20	67
31	34	2	2	34	62	11	1	—	68

Kanonische Ausgabe				Reihenfolge der Suren der kanon. Ausgabe bei genau durchgeführtem Anordnungsprinzip	Kanonische Ausgabe				Reihenfolge der Suren der kanon. Ausgabe bei genau durchgeführtem Anordnungsprinzip
Nummer der Suren	Verszahl	Rauminhalt Seiten	Zeilen		Nummer der Suren	Verszahl	Rauminhalt Seiten	Zeilen	
a	b	c	d	e	a	b	c	d	e
63	11	—	17	69	89	30	—	13	92
64	18	1	—	65	90	20	—	8	87
65	12	1	4	72	91	15	—	6	96
66	12	1	—	74	92	21	—	8	86
67	30	1	7	76	93	11	—	4	91
68	52	1	7	62	94	8	—	3	1
69	52	1	4	64	95	8	—	4	93
70	44	1	—	66	96	19	—	7	95
71	29	—	21	70	97	5	—	3	99
72	28	1	3	71	98	8	—	9	100
73	20	—	18	61	99	8	—	4	101
74	55	1	2	77	100	11	—	4	104
75	40	—	16	73	101	9	—	4	94
76	31	1	1	78	102	8	—	3	97
77	50	—	20	79	103	3	—	2	102
78	41	—	18	63	104	9	—	4	105
79	46	—	18	75	105	5	—	3	107
80	42	—	14	80	106	4	—	2	109
81	29	—	11	89	107	7	—	3	103
82	19	—	8	81	108	3	—	1	106
83	36	—	17	85	109	6	—	3	110
84	25	—	10	84	110	3	—	2	111
85	22	—	11	88	111	5	—	2	112
86	16	—	10	98	112	4	—	2	113
87	19	—	7	82	113	5	—	2	114
88	26	—	10	90	114	6	—	2	108

Wie diese Tabelle zeigt, weichen die beiden Anordnungen so beträchtlich voneinander ab, daß eigentlich nur sechs Suren, nämlich Sur. 3. 12. 21. 51. 80. 84, an ihrer richtigen Stelle stehen, und man fragt sich verwundert, warum das Prinzip, dessen konsequenter Anordnung keinerlei Schwierigkeiten im Wege standen, so unvollkommen durchgeführt ist.

Manche Ungenauigkeiten könnten davon herrühren, daß dem Redaktor viele Suren in Niederschriften von verschiedenem Blattformat und Duktus vorlagen und ihn so über das wirkliche Größenverhältnis täuschten. Indessen dürften sich gerade die stärksten und auffallendsten Verstöße gegen das Prinzip kaum hierdurch erklären lassen, so z. B. nicht, warum die Suren 13. 14. 15, die eine Größe von $3-3^1/_2$ Seiten haben, zwischen solche von 7 Seiten geraten sind, warum Sur. 8 (5 Seiten) vor Sur. 9 (10 Seiten) oder Sur. 32 ($1^1/_2$ Seiten) vor Sur. 33 ($5^1/_3$ Seiten) steht. Andererseits ist es auch schwer zu glauben, daß das Qorānexemplar der Ḥafṣa nicht die gleichmäßige Gestalt eines Kodex hatte. Da muß man schon zu der Annahme greifen, daß die jetzige Surenfolge auf den unfertigen literarischen Zustand des Exemplars der Ḥafṣa zurückgeht, an dem Zaid, sei es aus eigenen Gewissensbedenken oder im Banne der Vorurteile seiner Zeit, nichts oder wenigstens nichts einschneidendes mehr zu ändern wagte. Es ist sogar nicht ausgeschlossen, daß schon dem Bearbeiter dieses Exemplares die Hände gebunden waren. Wenn wir jedoch sehen, daß die Ausgaben des Ubai und Ibn Mas'ūd bei aller Verschiedenheit untereinander wie von dem othmanischen Qorān zwar dessen allgemeines Anordnungsprinzip erkennen lassen, aber demselben doch nicht näher kommen, so erweckt es fast den Anschein, als ob man die folgerichtige Durchführung geflissentlich vermieden hätte. Der Beweggrund zu diesem merkwürdigen Verfahren lag vielleicht in der Scheu, etwas Vollkommenes zustande zu bringen, um nicht die Mißgunst unheimlicher dämonischer Mächte herauszufordern, einem Aberglauben, der namentlich unter der primitiven Menschheit weit verbreitet ist.

Nur zwei Abweichungen von dem strengen Anordnungsprinzip sind wir imstande, befriedigend zu verstehen. Die eine davon ist die stärkste Abweichung, welche überhaupt im Kanon vorhanden ist, und betrifft die Stellung der nur fünf Zeilen einnehmenden Fātiḥa unmittelbar vor dem längsten Kapitel, der sog. Kuh-Sure. Die andere ist sehr geringfügig und bezieht sich darauf, daß nicht die kleinste Sure — 108 (1 Zeile) — am Ende steht, sondern zwei von den zweizeiligen. Der Umstand, daß diese beiden Suren (113. 114), ebenso wie Sur. 1, ihrem Inhalte nach Gebete sind, legt die Vermutung nahe, daß sie aus bewußter Absicht an ihren jetzigen Platz gerückt sind. Wenn wir auch nicht genau wissen, welche religiösen oder abergläubischen Gedanken dem Redaktor dabei vorschwebten, so kann es doch nicht befremden, daß er es für angebracht hielt, ein so heiliges Buch mit einem Dankgebet zu eröffnen und mit Schutzgebeten zu schließen. Die Möglichkeit, daß die genannten Suren gar nicht ursprünglich zur Offenbarung gehörten, ist schon früher eingehend erörtert worden[1].

Hinsichtlich der Gesamtzahl der Suren im othmanischen Qorān ist eine Tendenz ebensowenig nachzuweisen wie im Kanon des Ubai oder Ibn Mas'ūd. Es ist demnach mit rein zufälligem Ursprung zu rechnen.

E. Die rätselhaften Buchstaben vor gewissen Suren.

Vor 29 Suren unserer Ausgaben stehen einzelne Buchstaben oder Buchstabenverbindungen (Siglen), die nach der Tradition als Teile des geoffenbarten Textes gelten. Es sind folgende:

الر	vor	Sure	10. 11. 12. 14. 15.
الم	„	„	2. 3. 29. 30. 31. 32.
المر	„	„	13.
المص	„	„	7.
حم	„	„	40. 41. 43. 44. 45. 46.[2]
حمعسق	„	„	42.
ص	„	„	38.
طس	„	„	27.
طسم	„	„	26. 28.

[1]) Vgl. oben S. 23. 41f. Teil I S. 108ff.

[2]) Diese Suren werden daher unter dem Namen الحواميم zusammengefaßt.

طه vor Sure 20.
ق „ „ 50.
كهيعص „ „ 19.
ن „ „ 68.
يس „ „ 36.

Die Muslime haben sich große Mühe gegeben, hinter das Geheimnis dieser Buchstaben zu kommen. Viele Erklärungen werden auf Ibn ʿAbbās und andere Berühmtheiten des ersten Jahrhunderts zurückgeführt, ja auf alle Gefährten des Propheten, von denen man glauben sollte, daß sie gut orientiert waren. Aber deren Aussprüche stehen, wie die exegetischen Traditionen überhaupt [1]), unter dem dringenden Verdachte, von Späteren zur besseren Beglaubigung ihrer eigenen Ansichten gefälscht zu sein, so daß wir uns bei ihrer Kritik allein auf innere Gründe stützen dürfen. Es ist in neuerer Zeit üblich geworden, die Deutungsversuche der Tradition zu ignorieren. Das ist aber nicht gerechtfertigt. Wie sich noch später zeigen wird, hat die christliche Gelehrsamkeit des Abendlandes, sei es durch Zufall oder Entlehnung, sich vielfach gleiche oder ähnliche Vorstellungen gebildet, und ist selbst da, wo sie eigene Wege ging, nicht immer zu einer besseren Begründung gelangt. Die muslimischen Erklärungen, von denen ich selbstverständlich nur eine Auswahl bemerkenswerter Beispiele vorlegen kann [2]), lassen sich in zwei große Gruppen scheiden.

Die **erste Gruppe** erblickt in den Siglen Abkürzungen für Worte oder Sätze:

الر: انا الله ارى; الرحمن (Itqān 486).

الم: انا الله اعلم; الرحمن (Itqān 486); الله لطيف مجيد (Itqān 490).

المر: انا الله اعلم وارى (Baiḍāwī zu Sur. 13, 1).

---

[1]) Vgl. hierüber die Ausführungen in dem literarhistorischen „Anhang“.

[2]) Anderes Material findet man in dem Aufsatze O. Loths über Tabarīs Qorānkommentar, Zeitschr. d. Deutschen Morgenl. Gesellschaft, Bd. 35, Jahrg. 1881, S. 603—610.

المص: انا الله الصادق; انا الله افضل; المصوِّر; الله الرحمن الصمد (Itqān 486); الم نشرح لك صدرك (Itqān 493).

حم: الرحمن الرحيم (Itqān 487).

حمعسق: الرحمن العليم القدوس القاهر (Itqān 487).

ص: صادِ يا محمد; اقسم بالصمد الصانع الصادق; صدق الله; صاد محمد قلوب العباد; عملك بالقرآن (Itqān 493).

طس: ذو الطَّوْل القدوس (Itqān 487).

طسم: ذو الطول القدوس الرحمن (Itqān 487).

طه: ذو الطَّوْل (Itqān 487).

ق: قادر; قاهر (Itqān 487); قُضِى الامر; اقسم بقوّة قلب محمد; قِفْ يا محمد على اداء الرسالة (Itqān 493).

كهيعص: كريم هاد حكيم عليم صادق; كافٍ هادٍ امين عزيز صادق; الكافى الهادى العالم الصادق; الملك الله العزيز المصوِّر; انا الكبير الهادى على; كاف هاد امين عالم صادق; امين صادق (Itqān 486 f.).

ن: الرحمن (Itqān 486); نور; ناصر (Itqān 487); الحُوت (Itqān 493).

يس: يا سيّد المرسلين (Itqān 493).

Wie man sieht, bewegen sich alle diese Deutungen im Reiche der unbegrenzten Möglichkeiten. Da man für jedes Wort, das abgekürzt werden soll, nach Belieben einen Buchstaben oder mehrere setzen kann, ist umgekehrt die Auslegung solcher Abbreviaturen derselben Willkür unterworfen. Die einzige Deutung, welche sich begründen läßt, ist die von ن (Sur. 68) als *al-ḥūt* „Fisch". Weil das aus dem Nordsemitischen ins Arabische übergegangene *nūn* „Fisch" bedeutet[1]) und der Sur. 68, 48 *ṣāḥib al-ḥūt* genannte Jonas sonst auch *ḏū 'l-nūn* heißt[2]), so könnte ن eine Art Name oder Überschrift der 68. Sure sein.

---

[1]) Mufaḍḍalījāt ed. Thorbecke Nr. 16, 39.

[2]) Baihaqī, Maḥāsin ed. Schwally S. 32, 2.

In der zweiten Gruppe herrscht Übereinstimmung darüber, daß die Buchstaben keine Abkürzungen darstellen. Sonst sind die Gesichtspunkte der Beurteilungen recht verschieden.

a) Die Buchstaben sind geheimnisvolle, nicht weiter deutbare Namen für den Propheten (طه[1]) Itqān 492; حم Itqān 493; يس[2]) Itqān 492), für bestimmte Suren (طس Tuḥfa 29; حم Tuḥfa 29[3]); يس Itqān 488, Tuḥfa 29), für einen Berg (حمعسق Itqān 493; ق „ein Berg, der die Erde umgibt" Itqān 493), für ein Meer (ص „das Meer, auf dem der Thron des Allerbarmers steht", oder „in dem die Toten lebendig werden" Itqān 493), oder schließlich für „Schreibtafel"[4]) oder „Tintenfaß" (ن Itqān 493).

b) Die Buchstaben sind Zeichen für die übrigens aus der Anordnung des nordsemitischen Alphabetes stammenden Zahlenwerte, die hier symbolisch oder apokalyptisch gedeutet werden, z. B. الم = 71 Jahre (Itqān 489f.), الر = 271 Jahre (Itqān 489), طه = 14 = Mond wegen der entsprechenden Zahl der Mondstationen (Itqān 493) usw.

c) Die Buchstaben sind Hilfsmittel, um die Aufmerksamkeit zu erregen, sei es um den vielbeschäftigten Propheten auf die Stimme Gabriels hinzulenken, oder die Zuhörer des Propheten durch die ungewohnte Weise so in Erstaunen zu setzen, daß sie den Offenbarungen besser Gehör schenkten (Itqān 491f).

d) Die Buchstaben bezeugen, daß die Offenbarung in dem bekannten und allgemein verständlichen arabischen Alphabete niedergeschrieben ist. Sie sind sehr sinnvoll ausgewählt, da sie zusammen genau die Hälfte (14) des Alphabetes ausmachen und von jeder Lautart ebenfalls die Hälfte enthalten (Itqān 492).

---

[1]) *Tāhā* ist deshalb bei den Muhammedanern gebräuchlicher Personenname für Männer geworden. Nach Ibn Gubair und Ḍaḥḥāk bei Buḫārī, tafsīr zu Sur. 20 soll طه im Nabatäischen „o Mann" bedeuten, was natürlich Unsinn ist.

[2]) Auch *Jāsīn* ist muhammedanischer Mannesname geworden.

[3]) Belādhorī ed. M. J. de Goeje im Glossar s. v., Usd al-Ghāba IV 322.

[4]) Das ist erschlossen aus dem am Anfang der Sure 68 stehenden Schwure „Bei dem Rohre und dem was sie schreiben".

e) Die Buchstaben sind Trennungszeichen (*fawāṣilu*) zwischen den Suren (Itqān 494).

Wie man auf den ersten Blick sieht, schweben die phantastischen Einfälle, die Zahlenspielereien und die anderen Theorien der zweiten Gruppe ebenso in der Luft wie die willkürlichen Deutungen der angeblichen Abkürzungen. Außerdem ist die wichtige Frage, warum nur 29 Suren solche geheimnisvolle Buchstaben vor sich haben, nicht einmal berührt.

Von den abendländischen Arbeiten über den Gegenstand verdienen hier nur diejenigen nähere Berücksichtigung, welche das Problem gefördert haben. In der ersten Auflage des vorliegenden Werkes[1]) bedauert Theodor Nöldeke, daß es noch nicht gelungen sei, irgend etwas Sicheres über die Bedeutung der Siglen zu ermitteln, da sich daraus ohne Zweifel wichtige Schlüsse auf die Zusammensetzung des Qorāns machen ließen. Sie rührten keinenfalls von Muhammed her, denn es wäre doch zu seltsam, wenn er seinen für alle bestimmten Offenbarungen solche unverständliche Zeichen vorgesetzt hätte. Vielmehr seien diese Buchstaben und Buchstabengruppen wahrscheinlich Eigentumsmarken, die von den Besitzern der bei der ersten Sammlung Zaids benutzten Exemplare herrührten und die mehr durch eine bloße Nachlässigkeit in die definitive Gestalt des Qorāns gekommen seien. Dafür spräche auch, daß eine ganze Reihe von hintereinanderstehenden Suren aus verschiedener Zeit mit dem Zeichen حم versehen seien, weshalb sich der Gedanke aufdränge, es liege hier eine Abschrift aus einem Originale vor, das diese Suren in der gleichen Anordnung umfaßte. Es wäre ferner nicht unmöglich, daß wir in diesen Buchstaben nur Monogramme von Namen der Besitzer hätten. So könnte الر = الزبير = al-Zubair, المر = المغيرة al-Mughīra, طه = طلحة Ṭalḥa oder Ṭalḥa b. ʻUbaidallāh, حم und ن = عبد الرحمن ʻAbdarraḥmān sein; in كهيعص könnte der mittlere Buchstabe يس, die beiden Schlußbuchstaben العاص bedeuten usw. Aber schon die Möglichkeit der verschiedenen Lesung mache alles unsicher.

[1]) S. 215f.

Diese Auffassung hat viel Anklang gefunden. Zu ihren Gunsten spricht, daß sich die Monogramme ausschließlich an dem Kopfe von Suren finden, die keine ursprüngliche Einheit bilden. Dagegen ist die Namendeutung im einzelnen ebenso willkürlich wie die der alten muslimischen Autoritäten. Die Erklärung der umfangreichen Siglen حمعسق und كهيعص macht unüberwindliche Schwierigkeiten. Die Annahme, daß die Buchstaben durch bloße Nachlässigkeit in die kanonische Ausgabe eingedrungen seien, ist vollends ausgeschlossen, da einem Sachverständigen wie Zaid, der zweimal über die Textgestalt zu entscheiden hatte, ein solches Verfahren nicht zugetraut werden kann.

Angeregt durch die Übersicht, welche Ṭabarī in der Einleitung zu seinem großen Qorānkommentar über die Deutung der geheimnisvollen Buchstaben gibt, besonders durch die angebliche Erklärung ʿIkrimas, daß die drei Monogramme الر, حم und ن zusammen das Wort *al-raḥmān* „der Barmherzige“ ergeben, erblickt O. Loth[1]) auch in den anderen Monogrammen Andeutungen „gewisser Schlagworte“ des Qorāns. Indem er sich weiter einer Vermutung Aloys Sprengers[2]) erinnert, daß die Buchstaben auch in teilweise umgekehrter Reihenfolge, ungefähr wie auf den Siegeln, gelesen werden könnten, hält er z. B. المص für eine Abkürzung von صراط المستقيم , ص von صراط, ق von قرآن, setzt er طه, طسم, طس und vielleicht auch يس in Beziehung zu den aus Sur. 56, 78 bekannten Worten *lā jamassuhu illā ’l-muṭahharūn* und عسق Sur. 42, 1 zu den Worten *laʿalla ’l-sāʿata qarīb* in Vers 16 derselben Sure. Diese Kombinationen machen zwar dem Scharfsinne ihres Urhebers alle Ehre, sind aber allzu willkürlich, um ernst genommen zu werden. Besonders bedenklich ist die rücksichtslose Umstellung der Buchstaben. Dergleichen ist mir nur aus der arabischen Zierschrift bekannt, wenn es darauf ankommt, einen gegebenen Raum in künstlerischer Weise auszufüllen. Wertvoller sind

---

[1]) Vgl. den Aufsatz „Tabarî's Korancommentar“, Zeitschr. d. Deutschen Morgenl. Gesellschaft Bd. 35, Jahrg. 1881, S. 588—610.

[2]) Das Leben und die Lehre des Moḥammad[2], Bd. II S. 182f.

die allgemeinen Gesichtspunkte, mit denen Loth seine Erörterungen eröffnet. Er wendet sich da zunächst gegen Nöldeke. Es bleibe unbegreiflich, wie die privaten Beischriften früherer Eigentümer von den Redaktoren in das heilige Buch aufgenommen werden konnten. Andererseits habe die Annahme, daß Muhammed selbst solche Zeichen ersann, bei seiner Vorliebe für das Wunderbare und Dunkle nichts Befremdendes. Da alle hierher gehörenden Suren der späteren mekkanischen oder der frühmedinischen Periode angehörten, in der Muhammed sich dem Judentum näherte, könnten die Buchstaben kabbalistische Figuren sein. Diese Einwände sind nicht alle von gleichem Gewichte. So kann die Frage, ob dem Propheten solche mystische Chiffren zuzutrauen sind, mit demselben Schein des Rechtes bejaht oder verneint werden. Über das Alter der jüdischen Kabbala wissen wir zwar nichts Bestimmtes, aber aller Wahrscheinlichkeit nach ist sie um Jahrhunderte jünger als der Qorān.

Wie Loth in dem gleichen Zusammenhange S. 603 noch weiter betont, ergebe sich bei unbefangener Betrachtung jener Suren, daß die Anfänge derselben meistens einen Hinweis auf die vorgesetzten Buchstaben enthielten. Er denkt dabei wohl in erster Linie an die häufige Einleitungsformel „dies sind die *ājāt* des ... Buches" (Sur. 10. 12. 13. 15. 28. 31, ähnlich 27). Gewiß ist es an sich möglich, *ājāt* durch „Symbole"[1]) zu übersetzen und Teile des Alphabetes als Symbole der Offenbarung anzusehen. Dem widerspricht jedoch, daß die gewöhnliche Bedeutung von *ājāt* im Qorān „Wunderzeichen" oder „Verse" (Sur. 11, 1. 41, 2. 44) ist, und daß in der ähnlichen Einleitung

[1]) Geradezu „Schriftzeichen, Buchstabe", wie späthebr. *ōt* und syr. *ātūtā*, heißt *ājat* im Arabischen nie. Wesentlich anderer Art ist die Schrift auf den goldenen himmlischen Platten, aus der Joseph Smith mit Hilfe der „Sehersteine" das Book of Mormon übersetzte. Denn diese Schrift besteht aus einer wildphantastischen und planlosen Aneinanderreihung aller möglichen Zeichen (caractors), aus denen sich überhaupt ein Alphabet nicht herausschälen läßt. Vgl. Eduard **Meyer**, Ursprung und Geschichte der Mormonen, 1912, S. 33—83.

Sur. 2, 1 „dies ist die Offenbarung, an der kein Zweifel ist", das Demonstrativ sich nicht auf die voranstehende Sigle A L M, sondern unbedingt auf das Folgende bezieht[1]). Eher könnte in Sur. 3, 1 eine Bezugnahme auf die Sigle A L M stecken, falls man diese Buchstaben als Abbreviatur der Worte *allāhu lā ilāha illā huwa 'l-ḥaiju 'l-qaijūm* verstehen dürfte. Wahrscheinlicher ist aber Vers 1, der sich mit dem Anfang des sog. Thronverses Sur. 2, 256 deckt, nur ein altes Interpretament zu jener Sigle, und der ursprüngliche Anfang der Sure in Vers 2 zu erblicken[2]).

Dagegen ist es eine richtige Beobachtung Loths, daß in den Anfangsversen der chiffrierten Suren fast immer deren Inhalt als geoffenbartes Gotteswort bezeichnet wird[3]). Es gibt freilich noch ziemlich viele Suren mit derartigen Anfängen, denen die Siglen fehlen (Sur. 18. 24. 25. 39. 52. 55. 97), während andere Suren Buchstaben vor sich haben, aber ganz anders anfangen (Sur. 29. 30). Indessen sind die Stellen, auf die sich Loth stützt, vielleicht doch zu zahlreich, als daß man allein mit einem Spiel des Zufalls rechnen dürfte.

Auf Grund dieser und anderer Erwägungen gab Th. Nöldeke jetzt seine früheren Anschauungen preis. Ich denke mir — so führt er aus — Muhammed wollte etwa mit diesen Buchstaben einen mystischen Hinweis auf den himmlischen Original-

---

1) Ebenfalls auf das Folgende weist das Demonstrativpronomen auch in der Formel *tilka ājātu 'llāhi* Sur. 2, 253. 3, 104. Das ist hier wie in allen anderen oben erwähnten Stellen, soweit ich sehe, auch die Ansicht der gesamten exegetischen Tradition.

2) In diesem Falle würden allerdings die verbalen Prädikate besser ins Passiv zu setzen sein.

3) Das Genauere ergibt sich aus der folgenden Zusammenstellung. Sur. 2, 1 *ḏālika 'lkitābu;* 3, 2 *nazzala ʿalaika 'lkitāba .... wa-anzala 'lfurqāna;* 7, 1 *kitābun unzila ilaika;* 10, 1. 12, 1. 13, 1. 15, 1. 26, 1. 28, 1. 31, 1 *tilka ājātu 'lkitābi;* 11, 1 *kitābun uḥkimat ājātuhu;* 14, 1 *kitābun anzalnāhu ilaika;* 20, 1 *mā anzalnā ʿalaika 'lfurqāna;* 27, 1 *tilka ājātu 'lqurāni wa-kitābin mubīnin;* 32, 1. 40, 1. 45, 1. 46, 1 *tanzīlu 'lkitābi;* 36, 1. 38, 1. 50, 1 *wa-'lqurāni;* 41, 1 *tanzīlun min alraḥmāni 'lraḥīmi;* 42 1 *ka-ḏālika jūḥā ilaika;* 43, 1. 44, 1 *wa-'lkitābi 'lmubīni;* 68, 1 *wa-'lqalami wa-mā jasṭurūn.*

text ausdrücken. Dem Manne, dem die ihm höchstens ganz notdürftig bekannte Schreibkunst als etwas überaus Wunderbares erschien, und der unter illiteraten Leuten lebte, mochte solch ein Abc ganz anders wichtig klingen als uns, die man schon als kleine Kinder in die Geheimnisse dieser Kunst eingeweiht hat[1]).

Diese Auffassung hat den Vorzug, die Siglen in einwandfreiere Verbindung mit den Anfangsversen der zugehörigen Suren zu bringen. Dagegen wird hier bei dem Propheten ein Maß von Illiteratheit vorausgesetzt, das sich mit meinen früheren Darlegungen[2]) nicht vereinbaren läßt.

Dieses Bedenken fällt weg, wenn man den rätselhaften, feierlichen Eindruck, den Muhammed, nach einer ergänzenden Bemerkung Nöldekes, erzielen wollte, auf die breiten Massen seiner Zuhörer bezieht. Hätte der Prophet nur diese Absicht gehabt, so würde es jedoch schwer zu verstehen sein, warum die Siglen sich nur an den Anfängen von Kapiteln finden und nicht ein einziges Mal vor Einzeloffenbarungen inmitten von Suren. Denn dieser Sachverhalt kann unmöglich ein zufälliger sein, ganz einerlei, ob man sonst die inkonsequente Anwendung der Siglen auf alte Entstellungen[3]) zurückführt oder auf den unvollkommenen Zustand, den die Offenbarungstexte bei der ersten Sammlung hatten. Unter diesen Umständen wird die neuere Auffassung Nöldekes, die sich übrigens aufs engste mit einigen der oben S. 71 (c. d) dargelegten muslimischen Theorien berührt, wieder zweifelhaft und es drängt sich die Vermutung auf, daß die Siglen doch irgendwie mit der Redaktion der Suren zusammenhängen.

Die äußere Bezeugung der Siglen führt in sehr frühe Zeit zurück. Wegen des Verhältnisses des othmanischen Qorāns zu seiner Vorlage müssen sie schon im Exemplar der Ḥafṣa gestanden haben. Auch Ibn Mas'ūd hatte sie anscheinend in

[1]) In dem Artikel „Koran" in der Encyclopaedia Britannica. Orientalische Skizzen (1892) S. 50f.

[2]) Oben S. 1f. Teil I S. 45ff.

[3]) Nöldeke, Orient. Skizzen S. 51.

seiner Rezension, da berichtet wird, daß er die Sigle von Sure 42 ohne den Buchstaben 'ajin gelesen habe[1]). Wenn Loth und neuerdings Nöldeke sich sogar für die Urheberschaft Muhammeds aussprechen, so stimmen sie mit der Tradition überein, welche die Siglen als Teile der Offenbarung betrachtet. Auch der sachkundige Zaid würde das merkwürdige Geschreibsel kaum in die endgültige Rezension aufgenommen haben, wenn er nicht durch die Autorität des Propheten gedeckt gewesen wäre[2]). Ist aber Muhammed wirklich der Urheber der Siglen, so muß er ebenfalls der Redaktor der chiffrierten Suren gewesen sein. Das widerspräche zwar früher herrschenden Anschauungen, stünde aber im Einklange mit unseren früheren Feststellungen, daß der Prophet sich Sekretäre hielt, denen er seine Offenbarungen in die Feder diktierte[3]), daß er schon früh darauf ausging, ein eigenes Offenbarungsbuch zu schaffen[4]), und daß die Art und Weise der Aneinanderreihung von Stücken verschiedener Herkunft, aber ähnlichen Inhalts in gewissen Suren den Eindruck macht, vom Propheten selbst herzurühren[5]). Leider wird durch diese Auffassung die Frage nach der Bedeutung im einzelnen in keiner Hinsicht gefördert.

H. Hirschfeld[6]) beharrt noch ganz auf dem älteren Standpunkt Nöldekes, nur daß er jeden einzelnen Buchstaben der Siglen einem bestimmten Namen entsprechen läßt. Er kommt so zu folgenden, allerdings, wie er selbst einräumt, nur mutmaßlichen Gleichungen:

A L = der bestimmte Artikel
M = Mughīra
Ṣ = Ḥafṣa

---

[1]) Zamaḫšarī und Baiḍāwī z. St. Dasselbe wird auch von Ibn 'Abbās berichtet.

[2]) Vgl. oben S. 73. [3]) Vgl. oben S. 1f. Teil I S. 45ff.

[4]) Vgl. oben Teil I S. 97. 98. 130. 143. 159. 216.

[5]) Vgl. auch die unten S. 78 Anm. 1 ausgesprochene Vermutung.

[6]) New Researches into the Composition and Exegesis of the Qoran, London 1902, S. 141—143.

R (Z) = Zubair
K = Abū Bekr
H = Abū Huraira
N = ʻOthmān
Ṭ = Ṭalḥa
S = Saʻd (b. abī Waqqāṣ)
Ḥ = Ḥuḏaifa
ع = ʻOmar oder ʻAlī, Ibn ʻAbbās, ʻĀiša
Q = Qāsim b. Rabīʻa.

Demgemäß soll ein einzelner Buchstabe darauf hinweisen, daß die folgende Sure aus der Niederschrift des so bezeichneten Besitzers stammt, während die mit mehreren Buchstaben versehenen Suren sich je nachdem ganz oder teilweise im Besitze verschiedener Personen vorfanden. Dabei müsse das Prinzip gewaltet haben, die Monogramme, welche eigentlich vor Bruchstücke innerhalb der jetzigen Kapitel gehörten, am Kopf derselben mit den anderen zu vereinigen. Ob die Eigentumsmarken von den Besitzern der Niederschriften oder dem Redaktor bzw. Sammler herrührten, sei ebensowenig zu entscheiden wie die Frage, aus welchen Gründen sie Zaid beibehalten oder hinzugefügt habe. Daß die Suren 2 und 3 von den vier anderen, gleich chiffrierten Suren 29 bis 32 jetzt so weit getrennt seien, erkläre sich einfach aus dem bei der Sammlung befolgten Prinzip der Anordnung nach der Länge. Die Hypothese von den Eigentumsmarken läßt sich jedoch nur dann aufrecht erhalten, wenn die Siglen nicht auf den Propheten zurückgehen[1]. Für Hirschfeld ist dies zwar selbstverständlich, da „nach allem, was wir wüßten, Muhammed an der Komposition der Suren nicht beteiligt gewesen sein könne". Aber die Irrigkeit dieser Ansicht ist schon mehr als einmal von mir dargetan worden[2].

---

[1]) Dagegen würde es mit der Urheberschaft Muhammeds wohl verträglich sein, wenn in den Siglen Namen seiner Sekretäre steckten. Doch läßt sich von den überlieferten Namen der Offenbarungsschreiber kein einziger herauslesen.

[2]) Vgl. oben S. 1f. 76f.

F. Die Basmala.

Während jene Siglen mannigfaltige Gestalt haben, nur vor gewissen Suren stehen und allgemein als Teile des Offenbarungstextes gelten, weshalb sie später zum ersten Verse der betreffenden Suren gerechnet wurden, gibt es im Qorān noch eine andere Beischrift, die jedoch immer die gleiche Gestalt hat, mit einer Ausnahme über allen Suren steht und gewöhnlich nicht in den eigentlichen Text einbegriffen wird[1]). Dies ist die Formel *bismi 'llāhi 'l-raḥmāni 'l-raḥīmi*, welche kurz unter dem Namen Tasmija oder Basmala zusammengefaßt wird. Da nirgends berichtet wird, daß sie erst von Othman eingeführt ist, dürfte sie schon in dem Exemplare der Ḥafṣa und anderen vorothmanischen Rezensionen[2]) gestanden haben. Muhammed selbst war die Formel zweifellos bekannt, ließ er sie doch über den Vertrag von Hudaibija — a. H. 6[3]) — setzen und viele Briefe und Sendschreiben an Heiden, Juden und Christen Arabiens damit beginnen[4]). Sogar innerhalb des eigentlichen Qorāntextes findet

---

[1]) Die Leser von Mekka und Kufa rechneten die Basmala als besonderen Vers, während die Leser von Medina und Syrien sie nur als Trennungszeichen zwischen den Suren betrachteten (*kutibat lil-faṣl wal-tabarruk bil-ibtidā*). Die Differenz hat auch eine praktische Bedeutung für den Ritus, indem die Schulen, welche der ersten Ansicht folgen, wie die Schafiiten, in der Liturgie die Basmala laut sprechen, während z. B. die Hanefiten als Anhänger der zweiten Ansicht die Formel leise hersagen. Vgl. Zamaḫšarīs Qorānkommentar ed. Cair. a. H. 1308 Bd. I S. 21 und oben Teil I S. 115f. zu Sure 1.

[2]) Vgl. oben S. 46.

[3]) Vgl. Teil I S. 163. Ibn Hišām S. 747. Tabarī I 1546.

[4]) Ibn Sa'd Bd. I, II S. 28f. J. Wellhausen, Skizzen und Vorarbeiten, Heft 4, Sendschreiben Nr. 24. 30. 35. 47. 75. Nach einer Tradition (Sendschreiben Nr. 10) schrieb Muhammed zuerst wie die Koraisch *bismika 'llāhumma* — vgl. auch Sendschreiben Nr. 61 — bis zur Offenbarung von Sur. 11, 43, hierauf *bismi 'llāhi* bis zur Offenbarung von Sur. 17, 110, *bismi 'llāhi 'l-raḥmāni* bis zur Offenbarung von Sur. 27, 30 und von da an fügte er noch *'l-raḥīmi* hinzu. Nach einer Tradition in Wāḥidīs Asbāb al-nuzūl ed. Cair. S. 6. 10 ist diese vollständige Form der Basmala die älteste Offenbarung.

sich die Basmala einmal und zwar als Anfang eines Sendschreibens Salomos an die Königin von Saba im 30. Verse der mekkanischen Sure 27. Da die Basmala sonst nur am Anfang von Suren vorkommt, was ihren redaktionellen Ursprung nahe legt, so kann der Prophet höchstens da dafür verantwortlich sein, wo die zugehörige Sure durch ihn ihre jetzige Gestalt erhalten hat. Dagegen weist auf jüngere Herkunft wieder der Umstand, daß die Basmala den Siglen voransteht, die, was immer ihre Bedeutung sein mag, doch ebenfalls irgendwie mit der Redaktion zusammenzuhängen scheinen[1]).

Von allen Suren unseres Qorāns ist es allein die neunte, welche der Basmala entbehrt. Die Muslime führen dies auf absichtliche Auslassung zurück. Von den verschiedenen Beweggründen, die sie dafür ersonnen haben, ist nur einer der Erwähnung wert. Danach konnten sich die Gefährten Muhammeds nicht darüber verständigen, ob sie Sure 8 und 9 zu einer einzigen Sure zusammenfassen sollten oder nicht, und wählten deshalb den Ausweg, zwischen den beiden Kapiteln zwar einen freien Raum zu lassen, aber das Trennungszeichen der Basmala nicht zu setzen[2]). Dieses angebliche Schwanken der „Genossen" ist aber unbegreiflich, da nicht nur der ganze Inhalt der beiden Suren sehr verschieden ist und zeitlich weit auseinander fällt, sondern auch Vers 1 der neunten Sure scharf als Anfang eines neuen Abschnittes heraustritt. Andererseits erscheint mir das Auskunftsmittel der Redaktoren, um aus ihrer Verlegenheit herauszukommen, allzu zweideutig und spitzfindig. Da ist es doch viel natürlicher und einfacher, mit einem Spiel des Zufalls zu rechnen und anzunehmen, daß in der kanonischen Rezension oder ihrer Vorlage die Basmala zwischen den beiden Suren infolge Schreibversehens ausgelassen worden oder infolge äußerer Beschädigung verschwunden ist, während Spätere nicht mehr

---

1) Vgl. oben S. 76f.

2) Vgl. Tirmidī im Kapitel tafsīr zu Sur. 9, 1. Baiḍāwī und überhaupt die Kommentare. Farrā. Miškāt, faḍā'il al-qurān Ende. 'Omar b. Muḥammad Cod. Lugdun. Warner. 674.

wagten, an dem überlieferten Zustande etwas zu ändern. Bekanntlich verdanken viele Merkwürdigkeiten der Textgestalt der hebräischen Bibel ähnlichen Umständen ihre Entstehung.

G. Die angeblichen Fälschungen des Qorāntextes durch Abu Bekr und Othman.

a) Die Vorwürfe christlicher Gelehrter des Abendlandes.

Einige christliche Gelehrte des Abendlandes haben den Verdacht geäußert, daß im Texte des Qorāns, sowohl der othmanischen Ausgabe wie ihrer Vorlage, absichtlich Fälschungen vorgenommen worden seien. Zuerst sprach der namhafte französische Orientalist Silvestre de Sacy[1]) eine solche Vermutung aus hinsichtlich der Stelle Sure 3, 138. Dann eignete sich G. Weil in Heidelberg diese Ansicht an und dehnte sie auf Vers 182 und Sur. 39, 31f.[2]), später noch auf die verwandten Stellen Sur. 21, 35f. und 29, 57[3]) aus, indem er die Schuld an diesen Interpolationen keinem Geringeren als dem Chalifen Abu Bekr zuschreibt, der ja die erste Sammlung veranlaßt haben soll. Als Hauptbeweis dient ihm die Tradition, daß Omar nicht an Muhammeds Tod glauben wollte und diese Überzeugung stürmisch vor allen Muslimen zum Ausdruck brachte, bis er von Abu Bekr durch das Vorlesen von Sure 3, 138 oder Sur. 39, 31f. oder beider Stellen, welche Muhammeds Tod ins Auge fassen, umgestimmt wurde. Es sei aber Omar oder, wie andere Versionen sagen, den Muslimen so vorgekommen, als ob sie diese Offenbarung noch nie gehört hätten[4]). Hieraus braucht aber doch nur die harmlose

---

[1]) Journal des Savans 1832 S. 536.

[2]) Muhammed der Prophet S. 350. Einleitung in den Koran, 1. Aufl. S. 43.

[3]) Einleitung in den Koran, 2. Aufl. (1878) S. 52ff. Diese Erweiterung ist offenbar veranlaßt durch die Einwände, welche Th. Nöldeke in der ersten Auflage des vorliegenden Werkes, besonders S. 199 unten, vorgebracht hatte.

[4]) Ibn Hišām 1012f. Tabarī I 1815ff. Ibn Sa'd II, II ed. Schwally S. 52ff. Ja'qūbī ed. Houtsma II 127. Šahrastānī ed. Cureton I 11. Buḫārī,

Tatsache erschlossen zu werden, daß Omar und seine Freunde in ihrer begreiflichen Bestürzung über den unerwarteten Tod des Propheten im Augenblick nicht an die genannten Verse dachten[1]), was übrigens auch die stillschweigende Meinung der Tradition zu sein scheint. Dagegen ist es schwer glaublich, daß ein Mann wie Omar sich bei einem so wichtigen Anlaß ein unechtes Qorānzitat aufbinden ließ und dazu noch ein solches, das von Abu Bekr im Augenblick dieser Auseinandersetzung aus dem Stegreif erfunden sein müßte. Die Autorität des Abū Huraira, der zu den Gewährsmännern der fraglichen Überlieferung gehört und ebenfalls jenen Vers nicht gekannt haben soll, besagt nicht viel. Denn weder ist dieser Traditionarier „einer der ältesten Gefährten Muhammeds", da er erst im Jahre 7 den Islam annahm, noch können seine Worte auf Glaubwürdigkeit Anspruch machen, da die fortschreitende Forschung ihn immer mehr als Schwindler entlarvt hat[2]).

Weils Auffassung steht auch im Widerspruche mit der uns bekannten Gedankenwelt Muhammeds. Denn es ist nicht der Schatten eines Beweises dafür zu erbringen, daß Muhammed wenigstens in den letzten Jahren die Gläubigen über seine Sterblichkeit hätte im Zweifel lassen wollen. Vielmehr benutzt der Prophet jede Gelegenheit, um seine vollkommene Menschlichkeit durch die Offenbarung beglaubigen zu lassen (Sure 17, 95. 18, 110. 41, 5). Schließlich fügen sich nicht nur die Verse Sure 3, 138 und 39, 31, welche den dereinstigen Tod Muhammeds für unvermeidlich halten, sondern auch Sure 3, 182. 29, 57 und 31, 35 f., welche die Binsenwahrheit aussprechen, daß alle Menschen sterben müssen, vortrefflich in den Zusammenhang ein.

---

maghāzī Kap. 85, bāb al-ḫalq Kap. 101 (faḍā'il Abī Bekr) § 9 und die anderen in den Anmerkungen zu Ibn Sa'd von mir angeführten Parallelen.

[1]) Einen ähnlichen Fall erzählt Ḥumaid b. Zijād bei Farrā al-Baghawī: Er habe den Ka'b al-Quraẓī über die Gefährten Muhammeds gefragt und die Antwort erhalten, sie wären alle im Paradiese. Als ihm zum Beweise hierfür noch Sure 9, 103 zitiert wurde, sagte er: „Es war mir, als hätte ich diesen Vers niemals gelesen."

[2]) I. Goldziher, Muhammedanische Studien, Bd. II, S. 49. L. Caetani Annali dell' Islam, Bd. I, S. 51—56.

Damit ist die Echtheit der fraglichen Qorānverse nach allen Richtungen dargetan. Man muß aber noch weiter gehen und die Grundlage und den Ausgangspunkt des Weilschen Irrtums, nämlich die Tradition selbst, beanstanden. Denn jener ganze Streit an der Leiche Muhammeds steht unter dem dringenden Verdachte, erfunden zu sein, um seine Menschlichkeit zu verteidigen gegen Kreise, die es in Erinnerung an gewisse jüdische und christliche Vorbilder [1]) für selbstverständlich hielten, daß ein gottgesandter Prophet nicht eines natürlichen Todes stirbt, sondern in wunderbarer Weise entrückt wird. Wäre übrigens der Tod Muhammeds wirklich ein solcher Stein des Anstoßes gewesen, so hätte der Glaube an seine Wiederkunft doch mehr Spuren in der Tradition hinterlassen müssen. Aber erst unter der Regierung Othmans trat der Mann auf, der diese Lehre auf die Person Muhammeds bezog, ʿAbdallāh b. Sabā [2]).

H. Hirschfeld [3]) ist weder imstande, den lahmen Argumenten Weils auf die Beine zu helfen, noch die Einwände Th. Nöldekes zu entkräften. Trotzdem hält er an der Interpolation von Sur. 3, 138 fest, indem er sich auf den neuen Beweis stützt, daß alle Qorānstellen, in denen der Name Muhammed vorkomme (Sure 3, 138. 33, 40. 47, 2. 48, 29), unecht seien. Er hat sich nämlich, wie es scheint in Anlehnung an A. Sprenger [4]) und Fr. Bethge [5]), die Meinung gebildet, daß Mu-

[1]) Man erinnere sich an die biblischen und apokryphen Erzählungen über die Lebensausgänge des Henoch, Mose, Elia, Jesaia, Jesus. Auf Moses spielt auch die muhammedanische Legende an: „Bei Gott! Der Gesandte Gottes ist nicht tot, sondern nur zu seinem Herrn gegangen wie Mūsā b. ʿImrān. Fürwahr er wird wiederkommen, und allen denen, die an seinen Tod glauben, die Hände und Füße abhacken" (Ibn Hišām S. 1012. Tabarī I 1815). Šahrastānī ed. Cureton I 11 nennt statt Moses den ʿĪsā b. Marjam (Jesus).

[2]) Tor Andrae, Die Person Muhammeds in Lehre und Glauben seiner Gemeinde, Stockholm 1917, S. 23.

[3]) New Researches into the Composition and Exegesis of the Qoran, London 1902, S. 138—141.

[4]) Das Leben und die Lehre des Moḥammad I S. 155ff.

[5]) Raḥmān et Aḥmad, Dissertation Bonn 1876, S. 53f.

hammed gar kein eigentlicher Name, sondern ein messianischer Terminus sei. Aber die von ihm und seinen Vorgängern ebenso wie die später von Leone Caetani[1]) dafür geltend gemachten Gründe sind hinfällig. Besonders kann es keinem Zweifel unterliegen, daß Muḥammad schon vor dem Islam in Arabien ein gebräuchlicher Mannesname war, wie oben Teil I S. 9f. auseinandergesetzt worden ist.

Für nicht minder verdächtig erklärt Weil[2]) Sur. 46, 14: „Wir haben dem Menschen Wohltätigkeit gegen seine Eltern empfohlen, trug ihn doch seine Mutter mit Schmerzen und gebar ihn mit Schmerzen, indem seine Tracht und Entwöhnung dreißig Monde beträgt, bis er endlich, wenn er seine Vollkraft erreicht[3]), spricht: Herr! laß mich dankbar sein für die Gnade, mit der du mich und meine Eltern begnadigt hast, und laß mich Gutes tun, das dir wohl gefällt, und beglücke mich in meinen Nachkommen, denn ich habe mich zu dir gekehrt und gehöre zu den Muslimen". Dieser Vers wird nämlich von der Tradition auf Abu Bekr bezogen, da es unter den alten Gefährten des Propheten keinen gegeben habe, der so glücklich war, nicht nur seine Eltern, sondern auch seine Kinder zum Islam übertreten zu sehen. Indem Weil dieser Auslegung folgt, bedeutet seine Bestreitung der Echtheit des Verses nicht weniger und nicht mehr, als daß der erste Chalife zur Erhöhung des Ansehens seiner Familie, also aus niedrigen, selbstsüchtigen Beweggründen, den ganzen Vers oder wenigstens die zweite Hälfte desselben in die Offenbarungsurkunde eingeschmuggelt habe. Diese schwere Beschuldigung ist aber nicht aufrecht zu erhalten. Wäre sie gerechtfertigt, so würde das Bild, das man sich hiernach von dem Chalifen zu machen hätte, allem widersprechen, was wir sonst aus den geschichtlichen Quellen wissen. Andererseits würde unverständlich bleiben, daß Abu Bekr, wenn er einmal seine Vortrefflichkeit herausstreichen wollte, so dunkle

---

[1]) Annali dell' Islam, Bd. I (Milano 1905), S. 151.

[2]) Einleitung in den Koran, 1. Aufl. S. 67, 2. Aufl. S. 76f.

[3]) Die Worte „und 40 Jahre erreicht" scheinen mir als exegetische Glosse später hinzugefügt zu sein.

und mehrdeutige Ausdrücke gewählt hätte. Diese Schwierigkeiten führen dazu, die Richtigkeit der exegetischen Tradition, von der Weil ausgeht, in Frage zu ziehen. Wer bei der Erklärung jenes Verses den einheimischen Auslegern folgt, muß notwendigerweise den enge damit zusammenhängenden Vers 16 mit denselben Autoritäten auf Abu Bekrs Sohn ʿAbdarraḥmān deuten, der länger als sein Vater Heide blieb und die erste Aufforderung zum Islam mit schnöden Worten abwies. Diese Deutung ist jedoch unmöglich. Was in aller Welt soll Abu Bekr bewogen haben, eine Offenbarung zu erfinden, um seinen Sohn, der damals schon längst — seit dem Jahre 6 — bekehrt war, wegen seiner früheren heidnischen Verstocktheit abzukanzeln und durch Aufnahme der Fälschung in den Qorān in den Augen der Gläubigen auf ewig zu brandmarken? Durch den Hinweis auf die bekannte Wahrhaftigkeit des Chalifen läßt sich das sonderbare Verfahren nicht rechtfertigen, da diese Tugend, welche den geschichtlichen Abu Bekr allerdings ausgezeichnet hat, sich mit der hier vorausgesetzten Tätigkeit als Urkundenfälscher schlecht zusammenreimt. Tatsächlich geht der Vers weder auf den Sohn Abu Bekrs noch auf eine andere historische Person, was sogar von manchen muslimischen Auslegern zugegeben wird[1]). Dann ist aber auch in Vers 14 von allen bestimmten Beziehungen abzusehen, vielmehr anzunehmen, daß die Worte, wie so oft im Qorān, nur eine allgemeine Wahrheit aussprechen wollen.

Endlich leugnet Weil noch die Echtheit des Verses Sure 17, 1: „Preis sei dem, der mit seinem Knechte in nächtlicher Fahrt von der heiligen Moschee nach der fernsten Moschee gekommen ist, deren Umgebung wir gesegnet haben, um ihn einige unserer Zeichen schauen zu lassen . . .“[2]) Der Vers sei erst nach Muhammeds Tod erdichtet und vielleicht schon zu Abu Bekrs Zeit dem Qorān einverleibt worden. Die wunderbare Entführung nach Jerusalem könne Muhammed unmöglich von sich behauptet haben, da er im Qorān fortwährend beteuere, ein

---

[1]) Vgl. Zamaḫšarī und oben Teil I, S. 160, Anm. 1,

[2]) Einleitung in den Koran, 1. Aufl. S. 65f., 2. Aufl. S. 74—76.

Prediger und Warner, aber kein Wundertäter zu sein (Sur. 13, 8). Der Einwand ist durchaus berechtigt — man vergleiche nur Stellen wie Sur. 13, 8. 27. 17, 95. 25, 8ff. 29, 44 — wird aber hinfällig, wenn man die nächtliche Entrückung als Traum versteht. Spuren dieser Auffassung finden sich sogar in der muslimischen Tradition, die sonst an dem Wunder festhält[1]). Der Qorāntext freilich deutet den Traum durch nichts an, sondern redet von der Nachtfahrt als einer bestimmten Tatsache. Um diesem Widerspruche zu entgehen, kann man annehmen, die erregte Phantasie des Propheten, die sich hier mit dem Denken primitiver Menschen berühre, habe den Traum als wirkliches Erlebnis empfunden, wie ja auch die Visionen Muhammeds Sure 53, 6ff. 81, 23ff. als wirkliche Erlebnisse dargestellt werden. Da wir jedoch aus dem Qorān sonst nichts über jenes Ereignis erfahren — Sur. 17, 62 ist nicht darauf zu beziehen — und da die an Vers 1 anknüpfenden Traditionen nichts beweisen, so dürfte zu erwägen sein, ob in dem nächtlich Entrückten nicht ein anderer religiöser Heros der Vergangenheit zu erblicken ist. Leider tauchen hier wieder neue Schwierigkeiten auf, indem von den biblischen Personen, die, soweit wir die Legende kennen, mit der Kaaba verknüpft sind, wie Adam und Abraham, kein solches Wunder berichtet wird, während Ezechiel, von dem es heißt, daß er einst vom Geist am Haarschopf erfaßt und zwischen Erde und Himmel nach Jerusalem entführt wurde[2]), in keiner bisher bekannt gewordenen Legende etwas mit der Kaaba zu tun hat.

Die Beobachtung Weils[3]), daß der Vers im folgenden keinen Anschluß habe, ist richtig, aber für die Echtheitsfrage belanglos, trifft dies ja doch noch für viele andere Qorānverse zu, die

[1]) Vgl. oben Teil I S. 134f.

[2]) Buch Ezechiel Kap. 8 V. 3. Vgl. auch oben Teil I S. 134 Anm. 7 am Ende.

[3]) In der ersten Auflage der Einleitung in den Koran gibt Weil keine Begründung, eine solche findet sich erst in den „Heidelberger Jahrbüchern für Litteratur“, Jahrgang 1862, S. 7, gelegentlich einer Besprechung von Th. Nöldekes erster Auflage der Geschichte des Qorāns.

bisher nicht beanstandet worden sind. Der Sachverhalt läßt sich damit erklären, daß der Vers seine ursprüngliche Fortsetzung verloren hat. Und wegen des abweichenden Reimes auf *īr*, während die übrigen 110 Verse der Sure ausnahmslos auf *a* endigen, ist wahrscheinlich, daß der ganze Abschnitt ehemals eine ganz andere Stelle hatte.

Die Zugehörigkeit des Verses zur Offenbarung ist unbestreitbar. Seine angebliche sprachliche Inkorrektheit besteht nur in der Einbildung Weils. Ob man die Phrase *asrā lailan* als Pleonasmus auffassen darf, erscheint sehr fraglich, da *lailan* auch mit „eines Nachts" übersetzt werden kann. In diesem Falle ist *lailan* ebenso unentbehrlich wie *al-laili*, *lailihim* oder *lailahum* an Stellen wie Sure 11, 83. 15, 65. Ḥamāsa 744 V. 5. Mubarrad, Kāmil ed. Cair. 62, 9. Ḥamāsa 384 V. 3. In jedem Falle findet sich die von Weil beanstandete Wendung noch in einer anderen Qorānstelle, Sur. 44, 25, und selbst wenn seine stilistische Auffassung der Phrase richtig wäre, würde dies noch nichts gegen die Echtheit beweisen, da Pleonasmen in allen Sprachen der Welt gang und gäbe sind. Ferner ist der Gebrauch des vierten Verbalstammes *asrā* mit oder ohne Präposition ganz gewöhnlich. Schließlich kann man den Übergang von der 3. Person der Einzahl in die 1. Person der Mehrzahl, wenn Allah von sich spricht, aus dem Qorān mit hunderten von Beispielen[1]) belegen. Innerhalb des nämlichen Verses kommt dies natürlich selten vor, doch habe ich in den Suren 30—50 zwei Fälle festgestellt (Sur. 35, 25. 40, 77, in umgekehrter Folge Sure 39, 2), während an zwei anderen Stellen (Sure 48, 1f. 8f.) sich dieser Personenwechsel auf zwei Verse verteilt, die eine einzige Satzperiode bilden. Wer dem Gewichte dieser Gründe dadurch entgehen wollte, daß er mit einem außerordentlich geschickten Nachahmer des qorānischen Stiles rechnete, würde sich sofort wieder neuen Schwierigkeiten gegenüber sehen.

---

[1]) Es dürfte sich lohnen, einmal das ganze Material zusammenzustellen. Auch für die Komposition der Suren würde manches daraus zu lernen sein.

Denn von einem so gewandten Fälscher wäre zu erwarten, daß er auch für einen besseren Anschluß an das Folgende gesorgt und einen passenden Reim gewählt hätte. Vor allem wäre aber das Motiv der Interpolation aufzudecken, was noch niemandem gelungen ist.

Wie Abu Bekr wird auch Othman der Vorwurf der Fälschung gemacht. So soll er alle die Stellen weggelassen haben, in denen Muhammed früher heftig gegen die Omaijaden aufgetreten wäre. Aber Weil[1]) hat weder einen Beweis für diese Behauptung geliefert, noch sie überhaupt näher erläutert, so daß wir nicht wissen, ob er an die Tilgung ganzer Stellen oder nur einzelner Personennamen dachte. Die Beseitigung von anonymer Polemik wäre natürlich zwecklos gewesen, weil ja der gemeinte Adressat später nicht mehr mit Sicherheit zu erkennen war, wie ja von den Kommentaren noch manche Stellen des jetzigen Textes[2]) auf Angehörige der Familie Omaija gedeutet werden, die also Othman seinerzeit übersehen haben müßte. Die Streichung einzelner Namen ist an sich wohl denkbar, indessen waren die Banū Omaija — wenigstens in der älteren Zeit — keineswegs schlimmere Feinde der Predigt Muhammeds als andere vornehme Familien Mekkas, so daß keine Veranlassung vorlag, sie öfter oder heftiger anzugreifen als andere vornehme Familien dieser Stadt. Wir müßten also annehmen, daß auch die Namen vieler anderer Feinde des Islam im Qorān unterdrückt worden sind, z. B. aus den Reihen der Juden und der von dem Propheten aus tiefster Seele gehaßten Munāfiqūn. Doch ließe sich dafür nicht der leiseste Beweggrund angeben. Hierzu kommt noch der weitere Umstand, daß es ganz gegen die Gewohnheit Muhammeds ist, Namen aus seiner Umgebung zu nennen, seien es solche von Personen oder von Orten. Das beruht schwerlich auf Zufall, sondern auf der bewußten Absicht, in der für die ganze

1) Geschichte der Chalifen I 168.

2) z. B. Sure 49, 6 auf Othmans Vetter Walīd b. ʻUqba. Wie ich oben Teil I S. 220f. auseinandergesetzt habe, ist diese Deutung aber sehr fraglich.

Menschheit bestimmten Offenbarungsurkunde das Besondere hinter dem Allgemeinen soviel wie möglich zurücktreten zu lassen. Falls Gelegenheitsoffenbarungen, in denen Namen häufiger sein mochten, nachträglich in den Qorān aufgenommen wurden, wird die Streichung der Namen wohl gleich bei dieser Gelegenheit durch den Propheten selbst erfolgt sein. Doch ist das Prinzip nicht mit voller Konsequenz durchgeführt.

So finden wir von Ortsnamen im Qorān fünf, Mekka zweimal, Sur. 48, 24. 3, 90, Bedr, Ḥunain und Jathrib[1]) je einmal, Sur. 3, 119. 9, 25. 33, 13. Namen von Zeitgenossen — abgesehen von Muhammed selbst Sur. 3, 138. 33, 40. 47, 2. 48, 29[2]) — kommen zweimal vor, nämlich Muhammeds Freigelassener und Adoptivsohn Zaid (Sure 33, 37) und sein Oheim Abū Lahab (Sure 111), während von den Zuverlässigsten seiner Getreuen und den festesten Stützen der jungen Gemeinde auch nicht ein einziger der Erwähnung gewürdigt wird.

Dieser Sachverhalt kann verschiedene Gründe haben, sei es der unfertige literarische Zustand, in dem Muhammed jedenfalls viele Teile des Qorāns zurückließ, oder ein bestimmtes Motiv, das ihn zur Abweichung von der Regel veranlaßte, oder schließlich das Eindringen alter exegetischer Glossen in den eigentlichen Text. Welche dieser verschiedenen Möglichkeiten den Vorzug verdient, ist in jedem einzelnen Falle besonders zu prüfen. Entsprechend dem Ausgangspunkt dieser Erörterung brauche ich hier nur auf die Personennamen einzugehen. Die Nennung Zaids in Sure 33, 37 wird von manchen[3]) als Auszeichnung betrachtet, die der Prophet ihm erwies als eine Art Entschädigung dafür, daß er ihm seine Frau Zainab bint Gaḥš abgetreten hatte[4]). Umgekehrt soll die Erwähnung des Abū Lahab den Zweck verfolgen, diesen Oheim des Propheten wegen

[1]) *Al-Medīna* (Sure 9, 102. 63, 8) ist noch nicht Eigenname, dasselbe gilt für *umm al-qurā* Sure 6, 92 oder *al-qarjatāni* — Mekka und Tāif — Sure 43, 30.

[2]) Sure 61, 6 steht dafür Aḥmad.

[3]) Vgl. H. Hirschfeld, New Researches S. 121.

[4]) Vgl. oben Teil I S. 207.

seines Unglaubens mit unauslöschlichem Makel zu behaften. Indessen ist mir keines dieser Motive einleuchtend. So weit unsere Kenntnis der damaligen Verhältnisse reicht, verdiente weder der willfährige Adoptivsohn eine so zarte Rücksichtnahme, noch der ungläubige Oheim eine so scharfe Brandmarkung. Unter diesen Umständen dürfte zu erwägen sein, ob der Name Zaid an jener Stelle (Sur. 33, 37) nicht eine alte exegetische Glosse ist, zumal die umständliche Andeutung der gemeinten Person durch den Relativsatz im Anfang des Verses[1]) gar nicht erwarten läßt, daß gleich darauf noch ihr Name angegeben wird. Wenn ferner ʿAbdalʿuzzā b. al-Muṭṭalib den Beinamen Abū Lahab erst auf Grund von Sure 111 erhielt, so liegt an der Stelle gar kein Personenname vor, ja es wird fraglich, ob die Deutung jener Bezeichnung auf den Oheim Muhammeds überhaupt richtig ist, so einhellig diese Tradition auch sein mag[2]).

Die anderen Versuche Weils, Othman der absichtlichen Unterdrückung größerer Teile des Qorāns zu überführen[3]), sind gleichfalls mißlungen. Wenn in Ḏahabīs Geschichtswerk[4]) die Aufständischen Othman beschuldigen, den Qorān, der ursprünglich aus Büchern (*kutub*) bestand, zu einem Buch (*kitāb*) zusammengezogen zu haben, so wollen sie damit wahrscheinlich nur sagen, daß er an Stelle verschiedener, früher gebräuchlicher Rezensionen eine einheitliche Ausgabe mit einer Lesart gesetzt habe, wie es ja auch der historischen Wahrheit entspricht.

Die weitere Behauptung[5]), Othman hätte von verschiedenen Versionen über denselben Gegenstand, die in den von Zaid,

---

[1]) „Und als du zu dem, dem Allah Wohlgefallen erwiesen hat und dem du Wohlgefallen erwiesen hast, sprachst."

[2]) Vgl. oben Teil I S. 89—91.

[3]) Geschichte der Chalifen I 168.

[4]) Ta'riḫ al-islām Cod. Paris. 1880, fol. 164. Über den Verfasser († 748 a. H.) vgl. C. Brockelmann, Geschichte der arabischen Litteratur, Bd. II S. 46f.

[5]) G. Weil, Einleitung in den Koran, 2. Aufl. S. 56f.

unter Abu Bekr, gesammelten Urkunden vorhanden waren, nur eine aufgenommen, und andern Sammlungen oder Bruchstücken, die sich in den Händen alter Gefährten Muhammeds befanden, wenig oder gar keine Berücksichtigung geschenkt, verdienen keine besondere Widerlegung. Denn wir haben schon früher[1]) den Nachweis erbracht, daß die beiden Ausgaben Zaids identisch sind, und daß die Ausgabe Othmans nur eine Kopie des Kodex der Ḥafṣa ist.

Endlich sprechen zugunsten Othmans noch allgemeine historische Erwägungen verschiedener Art. Obwohl der alte Chalife ein willenloses Werkzeug in den Händen seiner Verwandten bildete, so war er doch ein aufrichtig frommer und gläubiger Mann, dem von vornherein eine Fälschung des Gotteswortes nicht zuzutrauen ist. Ferner war in der Kommission[2]) nur ein einziger Omaijade vertreten, von den anderen Mitgliedern ist ʿAbdallāh b. al-Zubair als Angehöriger einer auf die Banū Omaija eifersüchtigen Familie und Zaid als früherer Sekretär des Propheten über jeden Verdacht einer unerlaubten Begünstigung Othmans erhaben.

Aber auch wenn der Charakter dieser Personen nicht so günstig zu beurteilen wäre, würde jeder etwa von ihnen unternommene Versuch einer tendenziösen Textänderung an anderen Umständen gescheitert sein. In den fast zwanzig Jahren, die seit der ersten Redaktion Zaids verflossen waren, hatte die Zahl der im Umlauf befindlichen Qorān-Niederschriften bedeutend zugenommen, haben wir doch aus vorothmanischer Zeit nicht weniger als fünf berühmte Sammlungen kennen gelernt. Von einer derselben, dem Exemplar der Ḥafṣa, wurde die othmanische Ausgabe kopiert, worauf dasselbe der Eigentümerin zurückgegeben wurde. Es waren demnach so zahlreiche Belege für den ursprünglichen Wortlaut vorhanden, daß jede erhebliche Textänderung sofort ruchbar geworden wäre und, zumal wenn böswillige Tendenz gewittert wurde, einen Sturm der Entrüstung hervorgerufen hätte.

---

[1]) Vgl. oben S. 48. 62. [2]) Vgl. oben S. 54ff.

Zu den geschriebenen Kontrollinstanzen kommen noch die mündlichen. Selbst, nachdem alle Exemplare vorothmanischer Rezensionen vernichtet oder zugrunde gegangen waren[1]), hätte es gewiß noch genug Personen gegeben, die unterdrückte Stellen aus dem Gedächtnis ergänzen konnten[2]). Dies würde um so leichter geschehen sein, als man an den Bearbeitern jener Rezensionen, soweit sie noch am Leben waren, einen Rückhalt gefunden hätte, besonders an dem auf seine Qorānkenntnis so stolzen und durch die Bevorzugung Zaids verletzten Ibn Mas'ūd[3]). Aber so triftige Veranlassung dieser Mann auch hatte, wegen der Zurückdrängung seiner eigenen Qorānausgabe auf Othman erbittert zu sein, den Vorwurf der Fälschung erhebt er niemals gegen ihn[4]). Und gar erst die unzähligen anderen Feinde des beispiellos und allgemein mißliebigen Herrschers, mit welcher Wonne würden sie auch nur den leisesten Verdacht gegen ihn

---

[1]) Vgl. oben S. 49. 54.

[2]) Vgl. unten S. 117f.

[3]) Vgl. oben S. 28.

[4]) So werden ihm gewöhnlich folgende Worte in den Mund gelegt: „Leute des Iraq (Variante: von Kufa)! Verbergt die Qorānexemplare, die in eurem Besitze sind, und unterschlagt sie, denn Allah, der Erhabene, spricht: 'Wer unterschlägt, wird am Tage der Auferstehung das herbeibringen, was er unterschlagen hat' (Sur. 3, 155) — und geht dann Allah mit diesen Exemplaren entgegen". Vgl. Ibn Aṯīr ed. Tornberg III 87. Ibn Sa'd Bd. II, II ed. Schwally S. 105. Tirmiḏī, tafsīr. Mabānī fol. 6^{v}. Qurṭubī I fol. 20^{r}. Die Anwendung, die hier von der Qorānstelle gemacht wird, weicht weit von ihrem eigentlichen Sinn ab. Obwohl diese Rede Ibn Mas'ūds unhistorisch ist, so entspricht sie doch einigermaßen dem, was wir bei unserer Kenntnis der Sachlage erwarten können. Dagegen findet sich eine sehr abfällige Bemerkung dieses Mannes über die redaktionelle Tätigkeit Othmans in der folgenden, von Mālik im Muwaṭṭa' S. 62 mitgeteilten Tradition: „Ibn Mas'ūd sagte zu einem Manne: Du lebst in einer Zeit, in der es viele Theologen (*fuqahā*), aber wenig Qorānleser gibt, in der zwar die Gesetze des heiligen Buches beobachtet, aber seine Buchstaben vernachlässigt werden". Indessen weist die Fortsetzung mit ihrem Hinweis auf die Zukunft, in der umgekehrt die Gesetze des Qorāns verletzt, aber seine Buchstaben beobachtet werden, deutlich darauf hin, daß die ganze Tradition vom Standpunkt einer viel späteren Zeit aus erfunden ist.

ausgebeutet und laut in die islamische Welt hinausgeschrien haben! Indessen vermochten die älteren Sekten und Oppositionsparteien, obwohl sie sich zum großen Teil aus den Kreisen der Qorānleser rekrutierten, wie es scheint, nichts Gravierenderes vorzubringen, als daß er ein „Qorānzerreißer“[1]) und „Qorānverbrenner“[2]) sei, was sich auf die Vernichtung der vorothmanischen Exemplare bezieht. Darum bewegen sich auch die Rechfertigungsversuche, die dem Chalifen in den Mund gelegt werden, immer in dieser Richtung[3]).

Alles spricht demnach dafür, daß der Text des othmanischen Qorāns so vollständig und treu war, wie man es nur erwarten konnte. Diese Vorzüge sind es in erster Linie, die ihm in der muslimischen Gemeinde so rasch und leicht Eingang verschafften. Behördliche Zwangsmaßnahmen hätten dies allein niemals erreicht.

b) Die Vorwürfe muslimischer Sekten, besonders der Schiiten, gegen Othman.

Ganz anderer Art sind die Zweifel an der Integrität des Qorāns, die innerhalb des Islams laut geworden sind. Sie beruhen nicht auf der wissenschaftlichen Grundlage historischer

---

1) *šaqqāq al-maṣāḥif* Ṭabarī II 747.

2) *ḥarrāq al-maṣāḥif* Qurṭubī fol. 20 r.

3) Das zeigt sich z. B. aus folgender Stelle der persischen Bearbeitung Ṭabarīs Cod. Lugd.: می کویند قرآن بسوختم از بهر آنك اندك اندك در دست مردم بوذ وهر کسی می کفت از آن من بهتر است پس من همهرا جمع کردم وسورهٔ دراز در اوّل نهاذم ومیانه در میان وکوجك در آخر وهمه درست کردم در دست مردم نهاذم وآنچه ایشان داشتند بستذم وبسوختم. »Sie sagen, ich hätte den Qorān verbrannt; (das tat ich deshalb,) weil die Menschen nur Bruchstücke davon in Händen hatten und Jedermann das seinige für das beste hielt; darauf sammelte ich alle, stellte eine lange Sūra vorn hin, eine von mittlerer Länge in die Mitte, eine kleine hinten, ordnete alle wohl und übergab sie den Menschen; was sie aber gehabt hatten, nahm und verbrannte ich.«

Kritik, sondern auf Vorurteilen dogmatischer oder ethischer Art. So behaupteten fromme Mu'taziliten die Unechtheit derjenigen Stellen, die Flüche gegen Feinde Muhammeds aussprechen, da hierin doch unmöglich, wie es heißt, „eine erhabene Verkündigung auf wohlbewahrter Tafel" gesehen werden könne[1]).

Die chāridschitische Sekte der Maimūnīja beanstandete die Zugehörigkeit der Joseph-Sure zum heiligen Buch, da sich eine Liebesgeschichte für dasselbe nicht zieme[2]).

Weit größer an Zahl und von bunterer Mannigfaltigkeit sind die Einwände, die von der alidischen Partei, der sogenannten Schī'a, den Schiiten, gegen den kanonischen Text erhoben wurden. Diese beziehen sich nicht nur auf die Einsetzung und Weglassung ganzer Suren, sondern auch von Versen und einzelnen Worten[3]). Während jene anderen Sekten anscheinend der Meinung waren, daß die von ihnen beanstandeten Teile durch Zufall oder den Irrtum von Sammlern eingedrungen seien, sahen die Schiiten überall nichts als Tendenz und Böswilligkeit. Da sie die Heiligkeit, welche Ali und seinem Geschlechte ihrer Meinung nach zukam, nirgends im Qorān ausgesprochen fanden, so erhoben sie gegen Abu Bekr und Othman die Beschuldigung, diese Stellen, so zahlreich sie auch waren, verändert oder ganz unterdrückt zu haben[4]). Auch alle Stellen, die nach der sunnitischen Tradition verloren gegangen seien,

---

[1]) Vgl. Faḫraddīn al-Rāzī, Mafātīḥ al-ghaib ed. Bulaq 1289 Bd. I S. 268 nach I. Goldziher, Vorlesungen über den Islam S. 207. 260.

[2]) Schahrastâni, Religionspartheien und Philosophen-Schulen, übersetzt von Th. Haarbrücker Bd. I S. 143. 145 (ed. Cureton I 95f.). Ibn Ḥazm, Milal wa-niḥal bei Isr. Friedländer, Heterodoxies of the Shiites, New Haven 1909, I 33.

[3]) Der Terminus dafür ist *tabdīl*, vgl. Isr. Friedländer a. a. O. II S. 61.

[4]) Cod. Sprenger Berolin. 406. Cod. Petermann I 553 Journal Asiatique 1843 S. 406ff. Noch lächerlicher sind die Fabeln, welche oft hierzu erzählt werden, wenn es z. B. heißt, daß Ali seinen vollständigen Qorān dem Abu Bekr angeboten habe, um ihm am Tage des Jüngsten Gerichtes jede Entschuldigung abzuschneiden; oder daß Abu Bekr ihm nach dem Leben getrachtet habe usw.

hätten von Ali gehandelt. Ebenso seien die Verse gestrichen, in denen die Anṣār, die alten medinischen Anhänger Muhammeds, und die Muhādschirūn, d. h. seine Genossen bei der Auswanderung nach Jathrib, wegen schimpflicher Handlungen getadelt waren. Da das Verbrechen dieser Leute aber darin bestand, daß sie bei der Wahl des ersten Chalifen ihre Stimmen nicht auf Ali vereinigt hatten, müßte der Prophet seine bewährtesten Anhänger also wegen einer Handlung getadelt haben, die erst nach seinem Tode eintreten und noch gar nicht in den Gesichtskreis der Beteiligten getreten sein konnte. Welche Häufung von Unwahrscheinlichkeiten!

Auch die Haltlosigkeit der anderen Behauptungen liegt offen zutage. Die Anschauung von der alleinigen Berechtigung Alis und seiner Nachkommen zum Chalifate, die weder an der Religion des Islams noch am nationalen Herkommen einen Rückhalt findet, hat sich erst geraume Zeit nach seinem Tode herausgebildet. Vollends die schiitische Vergottung Alis ist auf iranischem Boden erwachsen. Wäre Ali auch nur ein einziges Mal im Qorān zur Nachfolge empfohlen worden, so würde das für das Wahlkollegium wahrscheinlich bindend gewesen sein. Ein Abweichen von dieser Richtschnur hätte zu Verwicklungen geführt, die in der Überlieferung deutliche Spuren zurücklassen mußten. Nun sollen gar zahlreiche Stellen des heiligen Buches sich für Ali als den Erhabensten der Menschen ausgesprochen haben, ohne daß auch nur ein einziges Mitglied des Wahlkollegiums oder sonst ein „Genosse“ für den Kandidaten des Propheten eintrat! Das glaube, wer mag. Ebensowenig hat sich Ali jemals auf solche Qorānstellen berufen [1]), obwohl er später noch zweimal übergangen wurde und, selbst nachdem er endlich das Chalifat errungen hatte, sein Recht gegen den Statthalter von Syrien, Mo'āwija, mit Schwert und Wort verteidigen mußte. Aber auch die schiitische Kirche beurteilt und ge-

---

[1]) Dieses Beweisgrundes bedient sich der Verfasser der Mabānī gegen die Schiiten. Ibn Ḥazm bei Isr. Friedländer a. a. O. II 62 sagt, es sei sonst Alis heilige Pflicht gewesen, die Interpolatoren zu bekämpfen.

braucht den othmanischen Qorān, ungeachtet aller gegen ihn geschleuderten Verdächtigungen, bis auf den heutigen Tag als Heilige Schrift. Das ist allerdings nach ihrem Glauben nur ein Notbehelf, bis das messianische Reich anbricht. Denn der echte und unverfälschte Qorān ist im Besitze der mysteriösen Nachfolger Alis, der zwölf Imāme, die ihn verborgen halten[1]), bis der letzte Imām, der schiitische Messias, oder wie sie ihn selbst nennen, *al-Mahdī al-qā'im*, ihn zum Vorschein bringt[2]). Manche schiitische Sekten, wie die der Imāmīja, beruhigen sich hierbei und harren in Geduld der in einer unbestimmten Zukunft zu erwartenden Enthüllungen[3]). Andere, die schon vorher mehr wissen wollen, sind genötigt, die Unterlagen für die von ihnen behaupteten Fälschungen durch gewagte exegetische Kombinationen oder freie Erfindungen zu gewinnen, wenn sie nicht gar die Dreistigkeit haben, ihre Kenntnis der wahren Lesarten von wunderbaren Begegnungen herzuleiten. So erzählt einer, von einem der oben erwähnten Imāme sei ihm eine Qorānhandschrift gegeben, aber verboten worden, hineinzusehen, er habe es aber doch getan und dabei seine echten Lesarten gefunden[4]).

Nach Angaben von Schriftstellern des 4. Jahrhunderts sollen im ganzen etwa 500 Stellen unseres Qorāns gefälscht

---

[1]) Viele Fragen, die sich an diese Dinge knüpfen, setzt der Cod. Petermann I 553 auseinander, aber nachdem er die widersprechendsten Ansichten der Gelehrten angeführt hat, weiß er zuletzt selbst nicht mehr, was er darüber sagen soll.

[2]) Cod. Petermann I 553. Journal Asiatique 1843 S. 399. 402f.

[3]) Kazem-Beg im Journal Asiatique 1843, tome II S. 403. Nach Ibn Ḥazm bei Friedländer a. a. O. I 51f. sind es nur wenige Autoritäten der genannten Sekte, welche die Annahme von Interpolationen im Qorān verwerfen. Nach einer von Kazem-Beg im Journal Asiatique 1843 II S. 401f. mitgeteilten Confessio bekennen sich die Imāmīja im allgemeinen zum othmanischen Qorān, nur daß sie Sure 93. 94 sowie 105. 106 zu je einem Kapitel vereinigen. Sie berühren sich hierin mit dem Qorān des Ubai, in dem nach Itqān 154 entweder das eine oder andere dieser Surenpaare ein Kapitel bildete. Vgl. auch oben S. 33.

[4]) Cod. Berolin. Petermann I 553.

ein [1]). Ob das erreichbare Material annähernd zu dieser Zahl stimmt, weiß ich nicht. Jedenfalls ist eine vollständige Vorführung desselben für diese Untersuchung zwecklos, und wir beschränken uns deshalb darauf, die verschiedenen Arten hervorzuheben und durch charakteristische Beispiele zu belegen.

Da finden sich zunächst Angaben über Lücken im othmanischen Qorān, deren Wortlaut nicht bekannt ist oder wenigstens nicht mitgeteilt wird. Unter den Suren, die ursprünglich viel länger waren, soll Sure 24 über hundert, Sure 15 sogar 190 Verse gehabt haben [2]). Über die ehemalige Länge von Sure 33 machen schon die sunnitischen Quellen sehr phantastische Angaben [3]). In Sure 25, 30 soll an Stelle von *fulānan* „irgendeinen“ ursprünglich ein bestimmter Name gestanden haben [4]). In Sure 98, die auch nach einigen sunnitischen Traditionen ehemals viel umfangreicher war [5]), sind angeblich die Namen von siebzig Männern der Koraisch samt den Namen ihrer Väter mit Absicht ausgelassen [6]). Daran ist natürlich kein wahres Wort. Muhammed, der eine so große Abneigung gegen die Nennung von Namen im Qorān hatte [7]), kann unmöglich in den Sinn gekommen sein, deren siebzig auf einmal anzuführen, und noch dazu samt den Namen ihrer Väter. Wenn andererseits Abu Bekr die Dreistigkeit hatte, soviel Namen auszulassen, hätte er sich doch gewiß nicht gescheut, seinen eigenen Namen einmal einzuschieben.

Nach einer auffallend ähnlichen Tradition [8]) haben in Sure 9, 65 ursprünglich die Namen von siebzig *munāfiqūn* („Zweif-

---

1) Mabānī IV fol. 32r. I. Goldziher, Muhammedanische Studien II S. 111.

2) Cod. Petermann I 553. 3) Vgl. oben Teil I S. 255.

4) Mafātīḥ al-ghaib Bd. VI S. 470 nach I. Goldziher, Muhammedanische Studien II S. 111.

5) Vgl. oben Teil I S. 240. 242.

6) Mabānī IV. 7) Vgl. oben S. 88f.

8) „Ibn ʿAbbās sagt: Gott der Höchste offenbarte die Erwähnung von 70 Männern aus den *Munāfiqūn* mit ihren Namen und den Namen ihrer Väter, dann hob er die Erwähnung der Namen aus Erbarmen für die Gläubigen auf (*nasaḫa*), damit sie nicht einander lästerten, weil ihre

lern") mit den Namen ihrer Väter gestanden. Es liegt nahe, dieses Wort hier nicht in seinem gewöhnlichen allgemeinen Sinn zu verstehen, sondern speziell von den Koraisch der anderen Tradition, d. h. nach schiitischer Auffassung den Häuptern der Muslime, die den Ali nicht zur Herrschaft kommen ließen, zumal auch die beiden ersten Chalifen, welche doch denselben Kreisen der Feinde Alis angehörten, von den Schiiten oft mit dem Schimpfwort *munāfiq* belegt werden[1]). Indessen ist diese Gleichsetzung unhaltbar, da der zweite Teil der Tradition[2]), welcher die Kinder der Munāfiqūn als Gläubige ausgibt, nicht schiitisch sein kann und da der Ausweg, daß hier eine sunnitische Erklärung auf eine schiitische Tradition aufgepfropft sei, allzu künstlich ist.

Die einzelnen Lesarten, welche die Schiiten erdichtet haben und als ursprüngliche dem von Abu Bekr und Othman angeblich gefälschten Texte entgegensetzten, handeln alle von Ali und den Imamen. Das entspricht der bekannten Tendenz, die der Imam Abū ʿAbdallāh einmal so formuliert haben soll: „Wenn du den Qorān in seiner ursprünglichen Gestalt gelesen hättest, würdest du uns — d. h. die Imame — darin mit Namen erwähnt gefunden haben"[3]). Dieser Ausspruch muß vor dem Anfang des vierten Jahrhunderts entstanden sein, da er bereits in dem Qorānkommentar des ʿAlī b. Ibrāhīm al-Qummī[4]) vorkommt, und da dementsprechende Lesarten, nach einer Mitteilung

---

Kinder gläubig geworden waren". Vgl. Farrā und ʿAlāaddīn zu Sure 9, 65. Der arabische Text ist oben Teil I S. 255 abgedruckt. Ob die Überlieferung Itqān 527, daß Sure 9 ursprünglich viermal größer gewesen sei, auch jene Namen im Auge hat, läßt sich nicht sagen.

1) So schon Cod. Sprenger 406.

2) Es liegt auf der Hand, daß die ganze Tradition frei erfunden ist. Die Nennung der vielen Namen ist ebenso undenkbar, wie ihre Streichung, nachdem sie einmal dastanden, begreiflich wäre, ob man dieselbe nun dem Propheten oder einem der ersten Chalifen zuschiebt.

3) *lau qara'ta 'l-qurāna kamā unzila la-alfaitanā fīhi musammaina.*

4) Cod. Sprenger 406. Über den Autor vgl. C. Brockelmann, Geschichte der arabischen Litteratur I 192.

Anbārīs (gest. 328 a. H.)[1]) zu seiner Zeit im Umlauf waren[2]). Wenn uns die schiitische Literatur genauer bekannt wäre, würden wir wahrscheinlich zu viel früheren Ansätzen gelangen und die Anfänge dieser Exegese vielleicht bis ins zweite Jahrhundert hinein verfolgen können.

Die meisten Lesarten bestehen aus den Worten *'Alī* oder *ālu Muḥammadin* („Familie Muhammeds"), die ohne jede Rücksicht auf den Sinn eingefügt werden[3]). So liest man ganz ungereimt da, wo im Texte *hāḏā ṣirāṭun mustaqīmun*[4]) steht — Sur. 3, 44. 19, 37. 36, 61. 43, 61. 64 — *ṣirāṭu 'Alījin.* Sur. 3, 119 schiebt man hinter den Worten „Auch bei Bedr half Euch Allah" noch *bi-saifi 'Alījin* „durch das Schwert Alis" ein[5]) und Sur. 4, 67 hinter den Worten „Und wenn sie, nachdem sie gegen sich selbst gefrevelt, zu dir kämen" die Anrede „o Ali"[6]) In Sure 4, 164 hinter *anzalahu,* sowie in Sure 5, 169 hinter *fa-inna* wird *fī 'Alījin* eingesetzt, in Sure 4, 166 hinter *wa-ẓalamū* sowie in Sure 26 am Ende hinter *ẓalamū* als Objekt *āla Muḥammadin ḥaqqahum.* Statt (*kuntum ḫaira*) *ummatin* Sure 3, 106 liest man *a'immatin,* statt *wa-g'alnā lilmuttaqīna imāman* Sure 25, 74 *wa-g'al lana min al-muttaqīna imāman.* In Sure 11, 20 werden die Worte *imāman wa-raḥmatan* hinter *šāhidun minhu* gestellt[7]). An welcher Stelle des Qorāns der Satz „fürwahr Ali ist die Leitung" einzufügen ist, wird in der Quelle nicht verraten[8]).

Beanstandungen größerer Abschnitte oder ganzer Suren des othmanischen Qorāns scheinen in der älteren schiitischen

---

[1]) Vgl. C. Brockelmann a. a. O. I 119.

[2]) Mitgeteilt bei Qurṭubī fol. 31 r.

[3]) So beschreibt sie Cod. Petermann I 553, fügt aber hinzu, daß in anderen dieser Stellen jetzt die Namen der „Zweifler" ausgefallen seien.

[4]) Sure 15, 41 heißt es abweichend *hāḏā ṣirāṭun 'alaija mustaqīmun.*

[5]) Aus Qurṭubī.

[6]) Cod. Sprenger 406 zur Stelle. Hier wird also, wie an vielen dieser Stellen, auf Ereignisse angespielt, die nach Muhammeds Tode fallen.

[7]) Die sieben letzten Beispiele sind dem Aufsatze Kazem-Begs im Journal Asiatique 1843 tome II S. 407 ff. entnommen.

[8]) I. Goldziher, Beiträge zur Literaturgeschichte der Shî'a S. 14. Muhammedanische Studien II 111.

Literatur nicht vorzukommen. Das wenige, was in dieser Beziehung aus jüngerer Zeit bekannt geworden ist, entzieht sich noch der genaueren chronologischen Bestimmung, da die Quellen, denen es entstammt, noch nicht aufgedeckt sind. Doch dürfte systematische Durchforschung der schiitischen Literatur noch manches Merkwürdige zutage fördern.

In dem Widerlegungsschreiben des türkischen Mufti Asad-Efendi gegen die Schiiten, das in einem abendländischen Werk des siebzehnten Jahrhunderts[1]) mitgeteilt wird, heißt es: „Ihr verwerft von dem Qorān die Sure von der Decke, als wenn sie nicht authentisch wäre; Gleiches tut ihr auch mit den 18 Versen, die uns wegen der Heiligkeit der Aïscha offenbart sind.“ Mit diesen Versen ist offenbar der Anfang der Sure 24 gemeint, wo diese Frau des Propheten wegen ihres zweifelhaften Verhaltens auf dem Zuge gegen den Stamm Muṣṭaliq in Schutz genommen wird. Daß die Schiiten diese Ehrenrettung der Todfeindin ihres Heiligen, Ali, nicht gerne im Qorān sehen, ist begreiflich. Dagegen weiß ich nicht, welches der Grund ihres Mißtrauens gegen Sure 88 ist.

Die schiitische Zweilichter-Sure.

Nach einigen schiitischen Autoritäten gibt es mehrere Suren, die einst im Qorān standen, aber von Othman beseitigt worden sind[2]). Aber nur eine davon ist bis jetzt bekannt geworden Das ist die sog. Zweilichter-Sure. Der erste, der die Kenntnis ihres Textes — nach dem persischen Werke Dabistān-i-Maḏāhib des um die Mitte des 17. Jahrhunderts lebenden Muhsin Fānī — dem christlichen Europa vermittelte, ist der französische Orientalist Garcin de Tassy[3]). Die Ausgabe des Kasaner Professors Kazem-Beg[4]) bietet den nämlichen

[1]) Ricaut, Histoire de letat présent de l'empire ottoman. Paris 1670 übersetzt aus dem Englischen Nach I. Goldziher, Muhammedanische Studien II 112

[2]) Kazem-Beg a. a. O S 424

[3]) Journal Asiatique 1842. tome I S 431—439

[4]) Journal Asiatique 1843, tome II S. 414ff

Text, nur verbessert sie einige auf der Hand liegende Text- oder Druckfehler und führt die in den jüngeren Qorānhandschriften übliche Orthographie, Vokalisation und Verseinteilung durch. In der Einleitung drückt Kazem seine Freude darüber aus, nach 18 Jahren jetzt endlich das ganze Kapitel zu besitzen, während ihm vorher nur einige Bruchstücke bekannt gewesen seien[1]. Wie es hiernach den Anschein hat, ist Kazem der vollständige Text erst durch die französische Veröffentlichung zur Kenntnis gekommen. Dagegen behauptet Garcin de Tassy im Nachwort[2], daß es Kazem nach achtzehnjährigem Nachforschen gelungen sei, sich ebenfalls eine Kopie des ganzen Kapitels zu verschaffen. Es ist schwer zu sagen, ob diese Behauptung auf einem Mißverständnis der vorhin angeführten Worte Kazems beruht oder vielleicht einem Privatbriefe, der sich deutlicher ausdrückte als die Einleitung zu seiner Abhandlung. Im letzteren Falle würde das größte Mißtrauen geboten sein, da Kazem die Herkunft seines Fundes verschweigt, keine einzige Variante beibringt, und da es nicht wahrscheinlich ist, daß zwei derartige Entdeckungen so kurz hintereinander erfolgt sind.

Obwohl ich keinen besseren Text vorlegen kann, schien es mir zur besseren Verständlichkeit der Untersuchung nützlich, das arabische Original der Sure[3] samt einer Übersetzung mitzuteilen.

---

[1]) S. 373f.: „Je suis enfin assez heureux pour posséder dans ce moment, après dix-huit ans écoulés, tout le chapitre inconnu du Coran, dont je n'avais lu précédemment que quelques fragments, et de communiquer mes idées sur cette découverte. M. Garcin de Tassy, auquel nous sommes redevables de la publication de ce chapitre, dit dans son introduction“ usw.

[2]) A. a. O. S. 428: „.... le chapitre que j'ai publié est si peu répandu dans le monde musulman, que ce n'est qu'après dix-huit ans de recherches que le savant professeur de Kazan a pu s'en procurer une copie exacte.“

[3]) Der Text Kazem-Begs ist unverändert abgedruckt. Kritische Bemerkungen und Verbesserungsvorschläge dazu findet man teils in den Noten zur deutschen Übersetzung, teils in den angehängten lexikalischen und stilistischen Zusammenstellungen. Vokale setze ich nur, wo die Aus-

سورة النورَيْن

بسم الله الرحمن الرحيم

١ يا ايّها الّذين آمنوا آمِنوا بالنورين انزلناهما يَتلوان عليكم آياتى
ويحذّرانكم عذابَ يوم عظيم ٢ نوران بعضهما من بعض وإنّا
لسميع عليم ٣ إنّ الذين يُوفون بعهد الله ورسوله فى آيات
لهم جنّاتُ نعيم ٤ والذين كفروا من بعد ما آمنوا بنَقْضهم ميثاقهم
وما عاهدَهم الرسولُ عليه يُقذَفون فى الجحيم ٥ ظلموا انفسَهم
وعصَوا لِوَصىّ الرسول أُولئك يسقَون من حميم ٦ إنّ الله الذى
نَوَّر السموات والارض بما شاء واصطفى من الملائكة والرُسُل وجعل
من المؤمنين ٧ اولئك من خَلْقه يَفعل الله ما يشاء لا اله الّا هو
الرحمن الرحيم ٨ قد مكَر الذين من قبلهم برُسلهم فاخذتُهم
بمكرهم إنّ أَخْذِى شديد اليم ٩ إنّ الله قد اهلك عاداً وثمودَ
بما كسبوا وجعلهم لكم تذكرةً فلا تتّقون ١٠ وفِرْعَوْنَ بما طغى
على موسى واخيه هٰرون اغرقتُه ومن تَبِعه اجمعين لِيكون لكم آيةً
وإنّ اكثركم فاسقون ١١ إنّ الله يجمعهم يومَ الحشرِ فلا يَستطيعون
الجوابَ حين يُسألون ١٢ إنّ الجحيم مأواهم وإنّ الله عليم حكيم
١٣ يا ايّها الرسول بَلّغ إِنْذارى فسَوف يَعملون ١٤ قد خَسِر الذين
كانوا عن آياتى وحكمى معرضون ١٥ مَثَلُ الذين يُوفون بعهدك
إنّى جزيتُهم جنّاتِ النعيم ١٦ إنّ الله لذو مَغفرة واجر عظيم
١٧ وإنّ عليًّا لمن المتّقين ١٨ وإنّا لنوفّيه حقَّه يومَ الدين
١٩ وما نحن عن ظُلْمه بغافلين ٢٠ وكرَّمْناه على اهلك اجمعين
٢١ وإنّه وذُرّيّته لصابرون ٢٢ وإنّ عدُوّهم إمام المجرمين ٢٣ قُلْ
للذين كفروا بعد ما آمنوا طلبتم زِينة الحيوة الدنيا واستعجلتم
بها ونَسِيتم ما وعدَكم اللهُ ورسوله ونَقضتُم العهودَ بعدَ تَوْكيدها
وقد ضَربنا لكم الامثالَ لعلّكم تهتدون ٢٤ يا ايّها الرسول قد
أَنزلْنا اليك آياتٍ بيّنات فيها مَن يَتوفّه مؤمنا ومَن يَتوَلّه من بعدك

---

sprache nicht selbstverständlich ist oder von den Vorgängern abgewichen wird. Die Verseinteilung Kazem-Begs ist beibehalten, dagegen die Verszählung neu eingeführt, um die Stellennachweise zu erleichtern.

يَظْهَرون ٢٥ فَأَعْرِضْ عنهم إِنّهم مُعرِضون ٣٦ إِنّا لهم مُحْضِرون
فى يوم لا يُغْنِى عنهم شىءٌ ولا هم يُرْحَمون ٢٧ إِنّ لهم فى
جَهنّمَ مقاما عنه لا يعدلون ٢٨ فَسَبِّحْ باسم ربّك وكُنْ من
الساجدين ٢٩ ولقد أَرسلْنَا موسى وهارون بما استُخْلِف فبغوا
هارون فصَبْرٌ جميل فجَعَلْنا منهم القِرَدَةَ والخنازير ولَعنّاهم الى يوم
يُبعَثون ٣٠ فاْصبر فسوف يُبْلَون ٣١ ولقد اتينا بك الحُكْم
كالذين من قبلك من المرسَلين ٣٢ وجعلنا لك منهم وَصيًّا لَعلّهم
يَرجعون ٣٣ ومن يَتولَّ عن امرى فإِنّى مُرْجِعه فليتمتّعوا بكُفْرهم
قليلا فلا تَسألْ عن الناكثين ٣٤ يا ايّها الرسول قد جَعلْنا لك فى
اعناق الذين آمنوا عَهْدًا فخُذْه وكُنْ من الشاكرين ٣٥ إِنّ عَليًّا
قانتا بالليل ساجِدا يَحْذر الآخِرةَ ويَرجو ثواب ربّه قُلْ هل يَسْتوى
الذين ظَلموا وهم بعذابى يَعْلمون ٣٦ سيُجعل الأَغلالُ فى اعناقهم
وهم على اعمالهم يَنْدَمون ٣٧ إِنّا بشّرناك بذُرِّيّة الصالحين
٣٨ وإِنّهم لِأَمْرنا لا يخلفون ٣٩ فعَلَيْهم منّى صلوة ورحمة احياءً
ولمواتًا ويومَ يُبْعَثون ٤٠ وعلى الذين يَبْغون عليهم من بعدك
غَضَبى إِنّهم قَوْمُ سُوءٍ خاسرين ٤١ وعلى الذين سَلكوا مَسلكَهم
منّى رحمة وهم فى الغُرُفات آمنون ٤٢ والحمدُ لله ربّ العالَمين امين

Die Zweilichter-Sure[1]).

Im Namen Gottes, des Barmherzigen, Gütigen[2]).

1. O alle, die glauben, glaubt an die beiden Lichter, die wir herabgelassen haben, um euch meine Zeichen vorzulesen und euch vor der Strafe eines gewaltigen Tages zu warnen. 2. Zwei Lichter sind es, deren eines aus dem anderen kommt, fürwahr wir sind hörend und wissend. 3. Die, welche den Bund Gottes und seines Gesandten halten[3]), ihnen werden

---

[1]) Ich habe mich bemüht, die Abgerissenheit des Stiles und der Gedanken bei der Übersetzung nicht zu verwischen.

[2]) Über diese wahrscheinliche Bedeutung von *raḥīm* vgl. oben Teil I S. 113 Anmerkung.

[3]) Die Worte *fī ājātin* sind unverständlich.

wonnevolle Gärten zuteil. 4. Und die, welche leugnen, nachdem sie gläubig geworden sind, indem sie ihr Bündnis und das, was der Gesandte mit ihnen vereinbart hat, brechen, werden in das Höllenfeuer geworfen. 5. Sie haben gegen sich selbst gefrevelt und dem Beauftragten des Gesandten widerstrebt, diese werden aus siedendem Höllenpfuhl getränkt. 6. Gott ist es, der Himmel und Erde mit dem, was er wollte[1]), erleuchtet, unter den Engeln und Gesandten eine Auswahl getroffen und sie den Gläubigen eingereiht hat. 7. Diese gehören zu seinen Geschöpfen, Gott tut, was er will, es gibt keinen Gott außer ihm, dem Barmherzigen, Gütigen. 8. Schon die früheren Völker begingen Treulosigkeit gegen ihre Gesandten, da griff ich sie für ihre Treulosigkeit, wahrlich mein Zugreifen ist heftig und schmerzvoll. 9. Gott hat die Aditen und Thamudäer vernichtet für das, was sie (wie sie es) verdienten, und sie euch zur Warnung hingestellt; wollt ihr denn nicht[2]) gottesfürchtig werden? 10. Und den Pharao ertränkte ich mit seinen Anhängern insgesamt, weil er sich gegen Mose und dessen Bruder Aaron auflehnte, damit er (es) euch ein Zeichen sei, die meisten von euch sind wahrlich ruchlos. 11. Wahrlich Gott wird sie am Jüngsten Tage versammeln, da können sie keine Antwort geben, wenn sie gefragt werden. 12. Wahrlich der Höllenpfuhl ist ihr Aufenthalt, und Gott ist wissend und weise. 13. O Gesandter, laß meine Warnung zu ihnen gelangen, sie werden es gewiß merken[3]). 14. Verloren sind die, welche sich von meinen Zeichen und meinem Urteilsspruche abwandten[4]). 15. Sie gleichen nicht[5]) denen, welche deinen Bund halten und denen ich mit Gärten der Wonne vergolten

---

[1]) *bi-mā šā'a* kann nicht heißen „nach seinem Willen", wie Kazem-Beg und Weil (Einleitung in den Koran, 2. Aufl. S. 93) übersetzen.

[2]) Ich lese mit Garcin de Tassy und Weil *a-fa-lā* für *fa-lā* des Textes, vgl. z. B. Sure 7, 63.

[3]) Anstatt *ja'malūn* lese ich mit Sure 15, 3. 96 und Weil *ja'lamūn*.

[4]) *mu'ridūn* steht falsch für *mu'ridīn*.

[5]) Am Anfang des Verses ist etwa zu ergänzen: *maṯaluhum lā ka-(maṯali)*, wie schon alle Vorgänger gesehen haben.

habe. 16. Wahrlich Gott gewährt Verzeihung und großen Lohn. 17. Ali gehört wahrlich zu den Gottesfürchtigen. 18. Wir werden ihm am Tage des Gerichts sein Recht gewähren. 19. Und nicht lassen wir außer acht, daß ihm Unrecht geschehen ist. 20. Auch haben wir ihn vor deiner ganzen Familie ausgezeichnet. 21. Er und seine Nachkommen harren in Geduld. 22. Aber ihr Feind ist der Fürst der Sünder. 23. Sprich zu denen, welche verleugnet haben, nachdem sie gläubig geworden sind: ihr begehrtet die Herrlichkeit des gegenwärtigen Lebens, ihr hattet es eilig damit und vergaßet, was euch Gott und seine Gesandten verheißen, und brachet die Verpflichtungen, nachdem ihr sie eingegangen waret, so haben wir euch die Gleichnisse aufgestellt, daß ihr euch vielleicht leiten lasset. 24. O Gesandter, wir haben dir deutliche Zeichen herabgelassen, in denen ein . . .[1]) ist, wer ihn (es) nun annimmt oder wer sich nach deinem Tode[2]) von ihm abwendet, sie alle werden ans Licht kommen. 25. So wende dich ab von ihnen, da sie abtrünnig sind! 26. Wahrlich sie werden vorgeführt[3]) an einem Tage, an dem ihnen nichts nützt, und werden kein Erbarmen finden. 27. In der Hölle wird ihnen ein Aufenthaltsort angewiesen, von dem sie sich nicht entfernen können. 28. So preise den Namen deines Herrn und geselle dich zu den Anbetenden! 29. Wir hatten Mose und Aaron gesandt mit dem, was . . .[4]), da taten sie Aaron Gewalt an[5]), doch Ausharren

---

[1]) Hier ist mindestens ein Wort ausgefallen. Weil vermutet *'ahd* oder *mītāq*. Diese oder ähnliche Wendungen würden übrigens unqorānisch sein. Denn der Qorān spricht zwar oft von Geschehnissen, in denen Zeichen zu erblicken sind, aber nie von Zeichen, in denen etwas ist.

[2]) „nach deinem Tode" ist ein ganz unqorānischer Gedanke, vgl. unten zu V. 40.

[3]) Ich lese *innahum la-muḥḍarūn*, etwa zu ergänzen *fī 'l-'adābi* nach Sure 30, 15. 34, 37. Absolut steht das Wort an allen anderen Stellen, aber immer mit Beziehung auf das Jüngste Gericht.

[4]) Den Worten *bi-mā 'stuḫlifa* vermag ich schlechterdings keinen angemessenen Sinn abzugewinnen.

[5]) *baghā* in der hier anscheinend notwendigen Bedeutung „Gewalt antun" wird im Qorān und sonst mit der Präposition *'alā* konstruiert, was also hier einzusetzen wäre.

ist schön. Hierauf verwandelten wir einige von ihnen in Affen und Schweine und verfluchten sie bis zum Tage ihrer Auferweckung. 30. So habe Geduld, sie werden einst heimgesucht werden[1]. 31. Wir haben dir Vollmacht gegeben wie denjenigen von den Gesandten, welche vor dir waren. 32. Wir haben dir von ihnen[2] einen zum Beauftragten gegeben, vielleicht daß sie umkehren. 33. Wer sich von meinem Befehle abwendet, den werde ich zurückbringen. Mögen sie ihres Unglaubens kurze Zeit genießen! Frage nicht nach den Wortbrüchigen! 34. O Gesandter, wir haben auf die Nacken derer, welche glauben, für dich einen Vertrag gelegt[3]. Halte ihn fest und schließe dich den Dankbaren an! 35. Ali bangt sich vor dem Jenseits während seiner nächtlichen Andacht und Verneigung und hofft auf die Belohnung seines Herrn. Sprich! Sind etwa gleich die, welche ..... und die, welche gefrevelt haben? Aber sie werden meine Strafe kennen lernen[4]. 36. Ketten werden ihnen um den Hals gelegt und sie werden ihre Taten bereuen. 37. Wir haben dir fromme[5] Nachkommen verheißen. 38. Sie werden sich unserem Befehle nicht widersetzen[6]. 39. Über sie kommt von mir aus Gebet und Erbarmen, mögen sie leben oder tot sein sowie am Tage ihrer Auferweckung. 40. Auf denen, die sie nach deinem Tode[7])

---

[1]) Ist der Konsonantentext in Ordnung, so kann nur *jublauna* gelesen werden. In diesem Falle kann das Wort nicht Versende sein.

[2]) Das bezieht sich natürlich nicht auf die vorher genannten älteren Gottgesandten, da unter dem „Beauftragten" (*waṣī*) doch ohne Zweifel Ali zu verstehen ist. Vielleicht ist zwischen V. 31 und 32 etwas ausgefallen.

[3]) Die Wendung „auf den Nacken oder Hals jemandes einen Vertrag legen" findet sich im ganzen Qorān nicht.

[4]) Der Vers ist nach Sure 39, 12 zurechtgemacht. Zwischen *alladīna* und *ẓalamū* scheint eine Lücke zu sein. Das letzte Sätzchen könnte auch konzessiven Sinn haben: „obwohl sie meine Strafe kennen".

[5]) Der Text ist fehlerhaft, entweder muß man *ṣāliḥīn* ohne Artikel oder *bi-'l-ḏurrījati* lesen.

[6]) Lies *juḫālifūna*.

[7]) Ein ganz unqorānischer Gedanke, vgl. oben zu V. 24.

vergewaltigen, lastet mein Zorn, es sind ruchlose Leute, die verloren gehen. 41. Aber auf denen, die ihren Pfad wandeln, ruht mein Erbarmen und sie sind sicher in den Terrassengärten[1]) des Paradieses. 42. Preis sei Gott, dem Herrn der Welten!

Es ist nicht zu leugnen, daß dieses Kapitel zunächst einen gut qorānischen Eindruck macht, indem die meisten Sätze und Wendungen wörtlich oder mit geringfügigen Unterschieden in unserem Qorān wiederkehren. Kazem-Beg führt allerdings gerade diesen Umstand unter den Beweisen für die Unechtheit an[2]). Doch kann dem entgegengehalten werden, daß auch der Qorān, wie schon Garcin de Tassy im Nachwort hervorgehoben hat[3]), von Wiederholungen wimmelt, und daß es darin Abschnitte gibt, die fast aussehen, als ob sie aus zerstreuten Phrasen anderer Stücke zusammengeflickt seien. Diese Gesichtspunkte sind also nicht eindeutig und lassen keinen sicheren Schluß zu. In das richtige Licht werden sie erst dann treten, wenn wir das Verhältnis jenes Kapitels zum Qorān nach anderen Richtungen hin verfolgt haben. Der überwiegenden Menge der Übereinstimmungen gegenüber steht nämlich eine keineswegs unbeträchtliche Zahl von Abweichungen lexikalischer, stilistischer und inhaltlicher Art.

Lexikalisch: *anzala* „herablassen“ wird im Qorān nur mit sachlichen Objekten verbunden, während *nūraini* in V. 1 die Personen des Muhammed und Ali bezeichnet. — *nūr* „Licht“ V. 1 ist an sich ein gewöhnliches und unverfängliches Wort (im Qorān „religiöse Erleuchtung“), aber die Übertragung auf Personen, wie hier, scheint erst in schiitischen Kreisen aufgekommen zu sein[4]). Im Qorān heißt nur Allah einmal „das Licht der Welt“ (Sure 24, 35). — *nauwara* „erleuchten“ (V. 6)

---

[1]) Diese Bedeutung von *ghurfat* ergibt sich aus Sure 39, 21.

[2]) A. a. O. S. 425. [3]) A. a. O. S. 429.

[4]) Vgl. unten S. 110f.

und das Verbum finitum *nadima* „bereuen" (V. 36) sind dem Qorān fremd. — Für *tawaffā* V. 24 verlangt der Zusammenhang den Sinn „einem Vertrage oder einer Person Folge leisten", während es im Qorān nur von dem Aufnehmen des Menschen durch Gott nach dem Tode gebraucht wird. — *waṣīj* (V. 5. 32) „Testamentsvollstrecker, Mandatar" kommt im Qorān nicht vor[1]. — *imām* V. 22 hat hier wohl kaum den schon im Qorān vorhandenen, allgemeinen Sinn „Vorbild" oder „Führer", sondern bedeutet speziell das durch Geburt und göttliche Bestimmung legitimierte Oberhaupt einer religiösen Gemeinschaft, nur daß das Wort hier nicht, wie gewöhnlich, von dem Papste der schiitischen Gemeinde gebraucht wird, sondern in spöttischer Weise von dem regierenden Chalifen als dem durch menschliche Willkür eingesetzten Herrn der verweltlichten und gottlosen Staatskirche[2]. — *'aṣā* „widerspenstig sein", das hier (V. 5) mit dem Dativ konstruiert ist, hat im Qorān regelmäßig den Akkusativ bei sich. Die Konstruktion der Worte *wa-lā a'ṣī laka amran* Sure 18, 68 ist nicht ganz klar. — *ḫalafa* mit Dativ der Person in der im Text (V. 38) notwendigen Bedeutung „sich widersetzen" ist weder qorānisch noch arabisch überhaupt, das richtige wäre *ḫālafa* (III. Stamm) mit dem Akkusativ. — Die Wendung *jaum al-ḥašr* (V. 11) wird niemals im Qorān vom „Jüngsten Tage" gebraucht, obwohl das Verbum *ḥašara* „die Menschen bei Allah versammeln" sehr häufig ist. — Daß der Plural *'uhūd* (V. 23) im Qorān nicht zu belegen ist, erscheint auffallend, da der Singular *'ahd* so häufig ist. In der Parallelstelle Sur. 16, 93, die dem Verfasser vorschwebt, steht *aimān* anstatt *'uhūd*. — *baghā* „vergewaltigen" (V. 39) wird im Qorān und sonst im Arabischen mit *'alā* der Person verbunden, während es mit Akkusativ der Person „suchen" heißt. — *maslakun* „Pfad" (V. 41) kommt im Qorān nicht vor, obwohl das zugehörige Verbum recht häufig ist.

---

[1] Näheres siehe unten S. 110.

[2] Zu dieser Bedeutung von Imām vgl. I. Goldziher, Vorlesungen über den Islam (1910) S. 217.

Auch stilistisch ist einiges anfechtbar. Falls die Worte *bi-mā šā'a* (V. 6) wirklich den Sinn „wie er wollte" haben sollten, so wäre das eine schlechte Ausdrucksweise für *mā šā'a*. — Die Wendung *ataina bika 'l-ḥukma* „wir haben dir Macht gegeben" (V. 31) ist ganz unarabisch, es müßte korrekt heißen *ataināka bi-'l-ḥukmi*. — Die Verbindung *balligh indārī*. "laß meine Warnung gelangen" (V. 13) sieht nicht recht qorānisch aus, obwohl *ballagha* ebenso wie *andara* gewöhnlich ist, man würde anstatt des Infinitivs eher *mā andartu(nā) bihi* erwarten. Wäre uns der Text des Kapitels besser überliefert, so würden vielleicht manche dieser auffallenden sprachlichen Erscheinungen in Wegfall kommen.

Nicht betroffen von dieser Einschränkung wird die Stilmischung, die sich durch das ganze Kapitel hindurchzieht. Diese besteht darin, daß die kurzen Verse an die älteren mekkanischen Suren erinnern, während die Anreden „O ihr, die glauben" (V. 1) und „O Gesandter" (V. 13. 24. 34) den medinischen Suren eigentümlich sind.

Von den Verstößen gegen die Gedankenwelt des Qorāns ist am harmlosesten wohl die Gleichsetzung der Gottlosen, welche in Affen und Schweine verwandelt worden sind, mit den Feinden des Mose und Aaron (Vers 29), während Sure 5, 65 keine historische Beziehung angibt. Bedeutungsvoller ist der jener oben hervorgehobenen Stilmischung entsprechende inhaltliche Doppelcharakter des Kapitels. So gehört die Ermahnung an den Propheten, die Beleidigungen ruhig zu ertragen (Vers 30), sowie die starke Hervorhebung des Jüngsten Tages (Vers 1. 11. 18. 26. 39) und der früheren Völker mit ihren Gottgesandten[1]) (Vers 8. 9. 10. 29) zu den Lieblingsgedanken der mekkanischen Suren. Dagegen ist die völlige Ignorierung der Heiden und die ausschließliche Scheidung der im Horizont des Verfassers liegenden Menschheit in Gläubige und solche, die ihren Glauben verleugnet haben (V. 4. 23), selbst nicht vom Boden der letzten medinischen Zeit Muhammeds aus verständlich, sondern scheint

---

[1]) Das Kapitel bedient sich für Muhammed wie für die früheren Propheten stets der Bezeichnung *rasūl*. *Nabī* kommt nicht ein einziges Mal vor.

Kämpfe innerhalb des Islams im Auge zu haben, die erst lange nach dem Tode des Propheten (V. 24. 39) eintraten.

Diese Vermutung wird bestätigt durch zahlreiche Ausführungen des Kapitels, die sich alle um die Person Alis, des Heiligen der Schia[1]), drehen und diesen bald mit seinem eigentlichen Namen (V. 17. 35), bald mit dem bekannten schiitischen Beiwort *Waṣī*[2]) bezeichnen. So wird das Schicksal Alis und seines Hauses vorhergesagt (V. 5. 17 ff. 24. 40). Der beliebte schiitische Würdename *Imām* für Ali und seine Nachkommen kommt in unserem Stücke nicht vor, wohl aber wird der feindliche Chalif in spöttischer Weise einmal als „Imam der Sünder" (V. 22) eingeführt[3]). Der Name *nūr* „Licht"[4]), der in V. 1. 2 den Personen Muhammeds und Alis beigelegt wird, hängt mit einer bekannten, irgendwie gnostisch beeinflußten[5]), schiitischen Theorie zusammen. Darnach „geht seit der Schöpfung eine göttliche Lichtsubstanz von einem auserwählten Nachkommen Adams in den anderen über, bis daß sie in die Lenden des gemeinsamen Großvaters des Muhammed und des ʿAlī gelangte; hier spaltete sich dies göttliche Licht und gelangte teils zu ‚Abdallāh, dem Vater des Propheten, teils zu dessen Bruder Abū Ṭālib, dem Vater des ʿAlī. Von diesem ist dies göttliche Licht von Geschlecht zu Geschlecht auf den jeweiligen Imam übergegangen"[6]). Hieraus ergibt sich leicht die Anschauung

---

[1]) Vgl. oben S. 98.

[2]) Vgl. Th. Nöldeke in Zeitschr. d. Deutsch. Morgenl. Gesellsch. Bd. 52 (1898) S. 29. I. Goldziher, Muhammedanische Studien Bd. II 118; Vorlesungen über den Islam (1910) S. 209 f.

[3]) Vgl. oben S. 108.

[4]) Zur qorānischen Bedeutung von *nūr* vgl. oben S. 107.

[5]) I. Goldziher, Neuplatonische und gnostische Elemente im Ḥadīt, Zeitschr. f. Assyriologie Bd. 22 S. 328—336. Tor Andrae, Die Person Muhammeds in Lehre und Glauben seiner Gemeinde, Stockholm 1917, S. 319 ff.

[6]) I Goldziher, Vorlesungen über den Islam S 217 f. A. Sprenger, Leben und Lehre des Mohammad I 294 f. Irgendwie hiermit zusammenhängen dürfte wohl das Licht (*nūr*), welches nach der sunnitischen Tradition (Ibn Hišām 101, Ṭabarī I 1078, Ibn Saʿd I, 1 58 f.) im Angesicht des

von der wunderbaren Einheit Muhammeds und Alis, die in den Worten „zwei Lichter, eins aus dem andern" Ausdruck findet, ähnlich wie bei Šahrastānī[1]) Ali von sich sagt: „Ich bin von Aḥmed wie das Licht vom Lichte". V. 1 wird von „den beiden Lichtern" noch ausgesagt, daß sie den Menschen Gottes Zeichen vorlesen und Strafe androhen sollen. Die Funktionen, die hier Ali zugeschrieben werden, sind nach dem Qorān ausschließlich Muhammed, dem größten und letzten der Propheten, vorbehalten. Ebenso unerhört vom Standpunkte der älteren Zeit ist die Aufforderung zum „Glauben an die beiden Lichter" (V. 1). Muhammed begegnet allerdings mehrmals im Qorān als Gegenstand des Glaubens, aber immer nur hinter Allah (Sure 7, 158. 24, 62. 48, 9. 49, 15. 57, 7. 128)[2]).

Hiermit dürfte der erdrückende Beweis erbracht sein, daß die sog. Zweilichter-Sure, wie schon Kazem-Beg erkannt hat[3]), eine schiitische Fälschung ist. Die Zeit ihrer Entstehung läßt sich einstweilen nicht genau bestimmen, da die schiitische Tendenzliteratur noch wenig erforscht ist. Die schiitischen Exegeten ʻAlī b. Ibrāhīm al-Qummī (4. Jahrhundert d. H.) und Muḥammad b. Murtaḍā (gest. 911 a. H.) scheinen die Sure nicht gekannt zu haben, sonst hätten sie dieselbe wohl in der Einleitung zu ihren Qorānkommentaren[4]) erwähnt. Nach Kazem-Beg gibt es kein authentisches Werk über die imamische Tradition, das von dieser Sure spricht, und vor dem 16. Jahrhundert keinen Schriftsteller, der Nūrain als Titel derselben kennt, tauche ja Nūrāni als Bezeichnung des Doppelgestirnes Muhammed-Ali erst im 14. Jahrhundert auf[5]).

ʻAbdallāh b. ʻAbdalmuṭṭalib sichtbar war, und ein anderes, das bei der Geburt Muhammeds selbst erschien und weithin strahlte (Ibn Saʻd I, 1 S. 63 in drei Varianten).

[1]) Übersetzt von Haarbrücker Bd. I S. 218. Vgl. auch Kazem-Beg a. a. O. S. 411.

[2]) „An Allah und seinen Gesandten glauben."

[3]) A. a. O. S. 428. [4]) Vgl. den literarhistorischen Anhang S. 180f.

[5]) A. a. O. S. 424.

Ebenso dunkel wie die Zeit ist Name und Person des Verfassers der Zweilichtersure. Jedenfalls beherrscht er seinen Qorān so gut wie jeder theologisch ausgebildete Muslim. Doch wirft er, wie wir gesehen haben, die Phrasen der verschiedenen schriftstellerischen Perioden Muhammeds durcheinander und verstößt auch da, wo es nicht durch die Formulierung neuer Gedanken und Begriffe geboten war, zuweilen gegen den Sprachgebrauch des Qorāns, ja gelegentlich sogar — die Richtigkeit der überlieferten Textgestalt vorausgesetzt — gegen die Gesetze der arabischen Sprache überhaupt. Die in weitestem Umfange vorhandene Übereinstimmung mit der Sprache des Qorāns ist demnach keine natürliche und zufällige, sondern künstlich herbeigeführt, in der bewußten Absicht, die Tatsache der Fälschung zu verschleiern.

H. Die obrigkeitlichen Maßnahmen zur Durchführung der othmanischen Ausgabe.

Hierüber sind wir wiederum nur sehr mangelhaft unterrichtet. Über die Zahl der zunächst angefertigten Exemplare und die Orte ihrer Verwendung enthalten die meisten Quellen, aus denen wir seither unsere Kenntnisse über das Werk Othmans schöpften[1]), lediglich die nichtssagende Bemerkung, daß nach jedem Himmelsstrich je ein Kodex gesandt wurde[2]). Genauere Nachrichten geben uns fast allein die qorānwissenschaftlichen Werke der Muslime. Nach der verbreitetsten Annahme behielt man ein Exemplar in Medina zurück und sandte die drei übrigen nach Kufa, Basra und Damaskus[3]). Andere fügen

---

[1]) Vgl. oben S. 47 Anm. 3.

[2]) *fa-arsala ilā kulli ufqin bi-muṣḥafin* nach Fihrist, Ibn Aṯīr, Buḫārī, Tirmiḏī, Miškāt, Itqān, ʿAlāaddīn. Der Scholiast der Rāʾīja, Mémoires de l'Académie des Inscriptions Bd. 50 S. 432 drückt sich etwas anders, aber ebenso allgemein aus: *arsala ʿOtmānu ilā kulli gundin min agnādi 'l-muslimīna muṣḥafan.*

[3]) Für diese vier Städte entscheidet sich Dānī im Muqniʿ, Cod. Sprenger 376 fol. 5 r (vgl. Notices et Extraits VIII 344), zitiert von Qasṭallānī zu Buḫārī ed. Bulaq 1303, Bd. VII 449. Als die beste oder verbreitetste Angabe wird diese genannt von Nuwairī († 733) Cod. Lugdun.

Mekka hinzu und halten dies für die herrschende Meinung[1]). Wieder andere nennen sieben Orte, indem sie Jemen und Baḥrain hinzunehmen[2]). Ibn Wāḍiḥ in seinem Geschichtswerk[3]) nennt gar noch Ägypten und Mesopotamien. Al-Gazarīs Angabe, daß es im ganzen acht Exemplare gegeben habe, über die er sich übrigens nicht weiter äußert[4]), scheint auf Mißverständnis zu beruhen.

Unter diesen verschiedenen Ansichten wird zweifelsohne derjenigen der Vorzug gebühren, welche der zuverlässigsten Tradition über das Zustandekommen der othmanischen Ausgabe am besten entspricht. Diese Tradition knüpft aber bekanntlich an einen Streit an, der gelegentlich eines Feldzuges zwischen iraqischen und syrischen Truppenteilen über abweichende Qorāntexte ausgebrochen war[5]). Hierzu stimmt nun aufs beste die erste der vorhin aufgezählten Ansichten,

---

273 Warner. 2 Gol., Abū 'l-Qāsim al-Qāsim b. Firroh al-Šāṭibī (gest. 590 a. H., vgl. C. Brockelmann, Geschichte d. arab. Litteratur I S. 409) in der Rā'īja (vgl. Mémoires de l'Académie des Inscriptions Bd. 50 S. 431), Ibn 'Aṭīja, Qurṭubī I 21 r, den Scholien des Muḥammad b. al-Gazarī (gest. 833 a. H., vgl. C. Brockelmann a. a. O. II S. 201) zu der Muqaddima des Abū 'Amr 'Oṯmān b. Sa'īd al-Dānī (gest. 444, vgl. C. Brockelmann a. a. O. S. 407) cod. Vindob. A. F. 309 b = Flügel 1630.

1) 'Omar b. Muḥammad Cod. Lugd. 674 Warner. fol. 2 v. Mémoires de l'Académie des Inscriptions Bd. 50 S. 432. Nach Itqān 141 und Qasṭallānī a. a. O. war diese Meinung die gewöhnliche. Nach Cod. Lugd. 653 fand sie sich schon bei Makī (gest. 437 a. H.).

2) 'Omar b. Muḥammad fol. 2 v. Muqni'. Nuwairī. Ibn 'Aṭīja. Qurṭubī. Nach dem Kitāb al-tibjān fī ādāb ḥamalat al-qorān (Cod. Sprenger 403) des Jaḥjā b. Šaraf al-Nawawī (gest. 676, vgl. C. Brockelmann a. a. O. I S. 394) und nach Itqān 141 hatte schon der berühmte Grammatiker Abū Ḥātim Sahl b. Muḥammad al-Sigistānī (gest. um 250 a. H., vgl. Fihrist 58 f. G. Flügel, Die grammatischen Schulen der Araber, 1862, S. 87 ff.) diese Ansicht.

3) ed. M. Th. Houtsma II 197, und zwar steht *al-Gazīra* an letzter Stelle, *Miṣr* (so lies!) zwischen Mekka und Syrien.

4) Kitāb al-našr fī 'l-qirā'āt al-'ašr, Cod. Berolin. Petermann I 159 fol. 3 r unten.

5) Vgl. oben S. 47 f.

die von auswärtigen Orten nur Kufa, Basra und Damaskus nennt. Denn dies waren damals die wichtigsten Städte und Garnisonsorte der Provinzen Iraq und Syrien. Wie es scheint, hatte der Chalife also nur die Beseitigung der bei diesen Truppen entstandenen Unzuträglichkeiten im Auge. Für das weitere Ziel, das ganze Reich mit einem einheitlichen Texte des heiligen Buches zu beglücken, war wohl zunächst gar kein Bedürfnis vorhanden, obwohl Othman schon sehr früh der Gedanke zugeschrieben wird, daß es wie einen Gott und einen Propheten im Islam auch nur einen Qorān geben dürfe. Erwägungen solcher dogmatischen Art sind es daher wahrscheinlich, denen wir in erster Linie die Erweiterungen der ältesten Städteliste zuzuschreiben haben, wenn sich auch damit nicht alle Einzelheiten erklären lassen. Die Nennung von Mekka beruht offenbar auf seiner Bedeutung als Geburtsstadt des Propheten und Sitz der alten Heiligtümer, obwohl man sich dort wohl schon immer nach der ersten Ausgabe Zaids gerichtet hat, ebenso wie in Jemen. Die Provinz Baḥrain [1]) wird dem Brauche des Iraq gefolgt sein, ebenso wie Ägypten dem Syriens, von dem aus es erobert worden war. Der Nennung von sieben Orten dürfte das Bestreben zugrunde liegen, die Menge der Musterexemplare der Zahl der Aḥruf oder Leseformen und der späteren Lesarten entsprechen zu lassen.

Ob das nach der einhelligen Meinung der Überlieferung in Medina zurückbehaltene Exemplar der Kodex der Ḥafṣa war oder eine der neuangefertigten Abschriften desselben, wird nicht gemeldet. Dieser Kodex soll übrigens von dem Omaijaden Marwān b. Ḥakam während seiner Statthalterschaft in Medina — a. H. 45 oder 47 — vernichtet worden sein, weil er nichtothmanische Lesarten darin vermutete [2]). Die Nachricht

---

[1]) Der Scholiast der Rā'īja meint, die Tradition wisse sonst nichts von Jemen und Baḥrain als Sendungsorten, vgl. Mémoires de l'Académie des Inscriptions Bd. 50 S. 432.

[2]) So Cod. Petermann II 17 S. 503. Qasṭallānī VII 419 nach Ibn abī Dā'ūd — wahrscheinlich aus dem Kitāb al-maṣāḥif des Abū Bakr

ist jedoch zweifelhaft, denn das angegebene Motiv läßt sich mit der Tatsache, daß die othmanische Ausgabe eine Abschrift jenes Kodex war, schlechterdings nicht vereinbaren.

Die Vernichtung der Qorānhandschriften abweichender Rezension, die Othman nach der gleichen Angabe aller Traditionen vornehmen ließ, wird sich nach dem oben Ausgeführten wohl ebenfalls auf Iraq und Syrien beschränkt haben. Die Statthalter hatten gewiß die Macht, eine solche Maßregel durchzuführen, soweit es sich um öffentliches Eigentum handelte, während sie sich an Privatbesitz kaum ohne weiteres vergreifen durften. Das Verfahren bestand nach einigen Überlieferungen im Zerreißen[1]) der Handschriften. Das kann indessen unmöglich richtig sein, da hierbei die einzelnen Stücke und Fetzen nicht vor weiterer Profanierung sicher gewesen wären. Deshalb ist diese Ansicht vielleicht gerade von der Tendenz eingegeben, dem mißliebigen Chalifen ein neues Sakrileg aufzubürden. Die abergläubische Scheu und Ehrfurcht, welche im Islam dem Gotteswort entgegengebracht wird, verlangte eine völlige Unbrauchbarmachung, die am besten durch Verbrennen zu erzielen war. Dementsprechend berichten in der Tat die meisten Autoritäten[2]). Wenn Othman nach dem Qorānkommentare des Muḥammad b. Murtaḍā (gest. 911) jene Handschriften erst zerreißen (*mazaqa*) und dann

---

ʿAbdallāh b. Sulaimān al-Sigistānī († 316 a. H.) — sagt Marwān: „Ich habe dies nur getan, weil ich befürchtete, daß im Laufe der Zeit jemand darüber in Zweifel geraten könne."

[1]) Ibn Aṯīr ed. Tornberg III 87 und Cod. Petermann II 17 S. 503 drücken dies durch *ḫaraqa* aus, Itqān 430 u. und Ṭabarī II 747 unmißverständlicher durch *šaqqa*. Cod. Petermann I 553 durch *mazaqa*.

[2]) Buḫārī, Tirmiḏī, Miškāt, Itqān 138, Fihrist, Jaʿqūbī II 196, Ibn Ḫaldūn II 135. Diese Auffassung wird deshalb im Muqniʿ, Ibn ʿAṭīja fol 25ᵛ und Qurṭubī I fol. 20ʳ mit guten Gründen verteidigt. Da sich das Wort für „verbrennen", *ḥaraqa*, in der arabischen Schrift (حرق) von *ḫaraqa* „zerreißen" (خرق) nur durch das Fehlen eines sog. diakritischen Punktes unterscheidet, ist naturgemäß die handschriftliche Überlieferung etwas unsicher. Es ist deshalb wertvoll, daß in einigen Überlieferungen für *ḫaraqa* ganz unmißverständliche Synonyma wie *šaqqa* und *mazaqa* stehen.

verbrennen läßt, so ist damit, wie der schiitische Charakter des Werkes nahelegt, offenbar eine Steigerung des Frevels beabsichtigt, obwohl an sich das Verbrennen auch dazu hätte dienen können, das durch das Zerreißen angerichtete Unheil wieder gut zu machen.

Wie es scheint, sah die Allgemeinheit die Nützlichkeit der obrigkeitlichen Maßnahmen ein. Nur in Kufa soll es Schwierigkeiten gegeben haben. Zwar die dort wohnenden alten „Genossen" freuten sich, als das neue Musterexemplar ankam[1]), obwohl sie sonst dem Chalifen unfreundlich gesinnt waren. Aber Ibn Mas'ūd forderte seine Anhänger auf, Widerstand zu leisten und ihre Qorāne heimlich beiseite zu schaffen[2]). Zur Strafe dafür wurde er, einer Quelle zufolge, nach Medina zitiert und dort auf Geheiß Othmans schweren körperlichen Mißhandlungen unterworfen[3]). Darauf ist jedoch nicht allzuviel zu geben, da dieselbe Quelle noch eine andere auffallende Notiz enthält. Darnach hieß der Statthalter, der Ibn Mas'ūd sein Qorānexemplar abverlangte, 'Abdallāh b. 'Āmir. Dieser war jedoch nach den meisten anderen Nachrichten seit a. H. 29 Statthalter von Basra, während in Kufa damals Sa'īd b. al-'Āṣ regierte, der erst am Ende des Jahres 34 abberufen und durch Abū Mūsā al-Aš'arī ersetzt wurde[4]). Von den anderen großen Qorānautoritäten des Zeitalters, die eigene Rezensionen herausgegeben hatten, war Ubai b. Ka'b damals nicht mehr am Leben[5]). Die Haltung, welche Miqdād b. 'Amr einnahm, könnte aus der Angabe erschlossen werden, daß Othman a. H. 33 das Leichengebet über ihm sprach[6]), wenn nur das Jahr der Einführung der kanonischen Qorānausgabe feststände[7]). Von dem dritten der bekannten Qorānrezensenten, dem vorhin erwähnten Abū Mūsā, ist sicher, daß er die Einführung des othmanischen Qorāns erlebt hat, da er erst a. H. 41 oder 42

---

1) Ibn Aṯīr ed. Tornberg III 87. Tirmiḏī, tafsīr zu Sure 9 am Ende.
2) Vgl. oben S. 92 Anm. 4. 3) Ja'qūbī ed. Houtsma II 197.
4) L. Caetani, Chronographia Islamica zu den betreffenden Jahren.
5) Vgl. oben S. 28. 51. 6) Vgl. oben S. 29.
7) Vgl. oben S. 49.

starb[1]). Doch wissen wir nicht, ob dieselbe noch vor seiner Erhebung zum Statthalter von Kufa erfolgte. Auf alle Fälle müssen die Vorbereitungen zur neuen Qorānausgabe damals schon im Gange gewesen sein, und der Chalife hätte ihm schwerlich ein so hohes Amt, zumal in dem allezeit unruhigen Iraq, anvertraut, wenn er nicht überzeugt sein konnte, daß jener sich der bevorstehenden Neuerung fügen würde.

Die Nachrichten über die Vernichtung der vorothmanischen Qorānhandschriften treten mit solcher Bestimmtheit wie Einhelligkeit auf und sind mit so vielen, nicht gut erfindbaren Einzelzügen ausgestattet, daß man an der Geschichtlichkeit nicht recht zu zweifeln wagt. Für die christlichen Gelehrten steht die Tatsache sogar so fest, daß sie sich ohne polizeiliches Eingreifen die Durchsetzung der neuen Qorānausgabe gar nicht denken können. Dagegen ist mir weder die Notwendigkeit der Maßnahme noch ihre Zweckmäßigkeit recht einleuchtend.

Vor allem war mit der Vernichtung der früheren Rezensionen das erstrebte Ziel der Durchführung der kanonischen Ausgabe noch längst nicht erreicht. Um das zu verstehen, muß man von den Verhältnissen der Gegenwart ausgehen. Die Qorānleser von heute tragen bekanntlich die Offenbarung frei aus dem Gedächtnisse vor, auch wenn sie zur Wahrung der feierlichen Form beim Gottesdienste eine Niederschrift vor sich liegen haben[2]). Auch beim Unterrichte dienen geschriebene oder lithographierte Exemplare nur als Hilfsmittel, die Hauptsache ist und bleibt der freie mündliche Vortrag des Lehrers[3]). Ist

---

[1]) Vgl. oben S. 29.

[2]) In Ägypten sind viele Qorānleser vollkommen blind.

[3]) Ganz ähnlich, vielleicht noch schärfer ausgeprägt, ist diese Methode im Überlieferungswesen der Inder. M. Winternitz spricht sich darüber in seiner Geschichte der indischen Literatur Bd. I S. 31 folgendermaßen aus: „Es ist eine merkwürdige Erscheinung, daß in Indien von den ältesten Zeiten bis auf den heutigen Tag für die ganze literarische und wissenschaftliche Tätigkeit das gesprochene Wort und nicht die Schrift maßgebend war. Noch heute, wo die Inder seit Jahrhunderten die Kunst des Schreibens kennen, wo es unzählige Manuskripte gibt, und diesen Manuskripten sogar eine gewisse Heiligkeit und Verehrung zukommt, wo

dies noch in der Gegenwart der Fall, wo zahlreiche Handschriften und zahllose lithographische[1]) Drucke existieren, um wieviel größere Bedeutung muß das gedächtnismäßige Behalten im Zeitalter Othmans gehabt haben, in dem ganze Qorānhandschriften noch eine große Seltenheit waren! Dann muß für diese alte Zeit aber auch Gültigkeit haben, was man überall im heutigen muhammedanischen Orient beobachten kann, daß nämlich der Qorānleser, der einmal seinen Text nach einer bestimmten Lesart fest im Kopfe hat, nicht imstande ist, umzulernen. Unter diesen Umständen konnte die neue Rezension nicht eher zum Siege gelangen, bis eine neue Generation von Qorānlesern herangewachsen war. Um dem Vorschub zu leisten, hätte es genügt, in den öffentlichen Qorānschulen den Gebrauch der kanonischen Rezension vorzuschreiben. Dann würden die älteren Rezensionen allmählich von selbst verschwunden sein, ohne daß man sie zu vernichten brauchte.

Ein anderer Grund, der die Vernichtung nicht zweckmäßig erscheinen läßt, ist die Rücksicht auf die Seltenheit und Teuerheit von Leder und Pergament, den damals für ein Buch allein in Betracht kommenden Schreibmaterialien, namentlich wenn Handschriften von ausgesuchter Qualität und großem Formate in Frage kamen. Angesichts dieses Sachverhaltes hätte man sich darauf beschränken können, einzelne Textabweichungen zu korrigieren, Seiten oder Blätterlagen umzuordnen, im schlimmsten Falle alles Geschriebene auszuwischen und die Seiten neu zu beschriften, wie dergleichen noch das ganze Mittelalter hindurch im Morgen- und Abendlande geschah[2]).

---

die wichtigsten Texte auch in Indien in billigen Drucken zugänglich sind, — noch heute gründet sich der ganze literarische und wissenschaftliche Verkehr in Indien auf das mündliche Wort. Nicht aus Manuskripten oder Büchern lernt man die Texte, sondern nur aus dem Munde des Lehrers — heute wie vor Jahrtausenden.“

[1]) Gewöhnliche Typendrucke sind beim Qorān nicht statthaft.

[2]) Hieran denkt vielleicht Ibn Wāḍiḥ ed. Houtsma II 196u., wenn er berichtet, daß Othman die alten Qorānhandschriften „mit heißem Wasser und Essig“ abwaschen ließ. Als einst unter der Regierung des Abbasiden-

Wie dem auch sei, jedenfalls sind nach der Einführung der othmanischen Ausgabe alle Gestalten älterer Rezensionen, so groß auch ihr Ansehen war, bis auf wenige unsichere Spuren untergegangen. Für die Einheit der muhammedanischen Kirche war dies ohne Frage ein großer Segen, dagegen für unsere Kenntnis der Anfänge des Islam und der Entstehung seines heiligen Buches ein unersetzlicher Schade.

7. Der muhammedanische Kanon in seinem Verhältnis zum christlich-jüdischen.

Die jüdische Religion ist nicht von einer einzelnen Persönlichkeit gestiftet worden, sondern hat sich im Laufe vieler Jahrhunderte nach und nach aus einer älteren Vorstufe, dem Israelitismus, heraus entwickelt. Die Erhebung wichtiger religiöser Urkunden der verschiedenen Epochen dieser Entwickelung zu maßgebendem gottesdienstlichen Ansehen erfolgte ebenfalls ganz allmählich und erstreckte sich über einen Zeitraum von rund fünfhundert Jahren. Der geschichtliche Werdegang blieb aber in so lebendiger Erinnerung, daß die verschiedenen Teile des Kanons — Gesetz, Propheten, Hagiographen — ihre der zeitlichen Entstehung entsprechende Reihenfolge behielten und innerhalb des Judentums niemals zu einer Einheit zusammenwuchsen.

Die Grundlegung des Christentums ist zwar von einer Person ausgegangen, aber Jesus kann nicht als der Stifter desselben bezeichnet werden. In der nach seinem Tode sich bildenden messianischen Gemeinde wurde der Christus sofort Objekt der Religion[1]). Da Jesus weder Offenbarungen noch andere Schriften hinterließ, besaß das junge Christentum keine eigene heilige Urkunde, sondern mußte sich mit dem Kanon seiner Mutter, der Synagoge, begnügen. Das aus christlichen

chalifen Amīn die Staatskanzlei geplündert wurde, schrieben die Leute in Bagdad auf das dort gefundene Aktenpergament, nachdem man es abgewaschen hatte, vgl. Fihrist ed. Flügel S. 21, 18ff.

[1]) Hierüber findet man sehr wertvolle Gesichtspunkte bei Eduard Meyer, Ursprung und Geschichte der Mormonen, 1912, S. 279.

Schriften mannigfaltiger Art und verschiedener zeitlicher Herkunft bestehende Neue Testament kam im Abendlande erst am Ende des vierten Jahrhunderts einigermaßen zum literarischen Abschluß, während in der orientalischen Kirche der Prozeß noch länger dauerte. Im Anschluß hieran wurde es im Christentum üblich, auch den dreigeteilten jüdischen Kanon als eine Einheit zu betrachten und im Unterschied vom Neuen Testament unter dem Namen „Altes Testament" zusammenzufassen.

Die Entstehung des muhammedanischen Kanons ist völlig abweichend, man könnte sagen entgegengesetzt verlaufen. Er ist nicht das Werk mehrerer Schriftsteller, sondern eines einzigen Mannes und deshalb in der kurzen Spanne eines Menschenalters zustande gekommen. Die Gestalt des Qorāns, wie wir sie jetzt haben, ist im wesentlichen zwei bis drei Jahre nach dem Tode Muhammeds fertig gewesen, da die othmanische Ausgabe ja nur eine Kopie des Exemplares der Ḥafṣa ist, dessen Bearbeitung unter Abu Bekr oder spätestens unter der Regierung Omars vollendet wurde. Diese Bearbeitung erstreckte sich jedoch wahrscheinlich nur auf die Komposition der Suren und die Anordnung derselben. Hinsichtlich der Einzeloffenbarungen dürfen wir das Vertrauen haben, daß ihr Text im allgemeinen genau so überliefert ist, wie er sich im Nachlasse des Propheten vorfand.

Zu diesen beträchtlichen Abweichungen in der Entstehung gesellt sich noch die Verschiedenheit der literarischen Form. Die Schriften des jüdischen wie des christlichen Kanons sind Menschenwerk, obwohl sich schon ziemlich früh die Vorstellung Bahn brach, daß die biblischen Schriftsteller in außergewöhnlicher Weise vom göttlichen Geiste erleuchtet seien (2. Petr. 1, 21). Eigentliches Wort Gottes findet sich aber nur da, wo Gott zu Propheten oder anderen auserwählten Frommen spricht. Ganz anders liegen die Verhältnisse im Qorān. Zwar ist Muhammed objektiv und tatsächlich der Verfasser der in diesem Buche niedergelegten Offenbarungen, aber er selbst hält sich nicht für den Autor, sondern nur für das Sprachrohr Allahs und den Vermittler seines Wortes und Willens. Im Qorān spricht deshalb nur Gott und Gott allein. Der Religionshistoriker kann hierin nur eine Fiktion erblicken, aber dem Propheten war es in seinem Enthusiasmus mit dem göttlichen Ursprung der Offenbarungen blutiger Ernst, und seine Gemeinde hat daran geglaubt.

Muhammed kannte das Judentum und Christentum so gut, wie es zu seiner Zeit in Mekka nur möglich war, und wurde so abhängig von diesen Religionen, daß es im Qorān kaum einen religiösen Gedanken gibt, der ihnen nicht entnommen ist. Er wußte auch, daß beide Religionen heilige Schriften besaßen, weshalb er ihre Anhänger „Schriftbesitzer" nannte. Sonst hatte er von den geschichtlichen Zusammenhängen höchst seltsame Vorstellungen. Unter anderem bildete er sich ein, daß die Juden und Christen von Gott die gleiche Offenbarung erhalten, aber jedesmal wieder gefälscht hätten. Deshalb sei er, der arabische Prophet, von Allah dazu ausersehen worden, nochmals den Wortlaut der alten Offenbarung von den himmlischen Tafeln abzulesen. Sobald er daher seiner göttlichen Sendung gewiß war, ließ er jene Offenbarungen, wie sie ihm zugingen, sofort niederschreiben.

Die Schaffung einer besonderen heiligen Urkunde ist also schon an der Wiege des Islams mit Bewußtsein ins Auge gefaßt worden. Das ist ein künstlicher und epigonenhafter Zug an dieser Religion, der auf engere Beziehungen zu gewissen gnostischen Sekten hinweist. Mit diesen berührt sich der Islam — im scharfen Unterschied von Judentum und Christentum — auch noch darin, daß er auf eine bestimmte Persönlichkeit als seinen Stifter zurückgeht.

Die eigentümliche Theorie über das Verhältnis des Qorāns zur früheren Offenbarung beruht anscheinend auf der richtigen Einsicht Muhammeds, daß seine ganze religiöse und sittliche Gedankenwelt den „Buchreligionen" entlehnt sei. Soweit unsere Kenntnis reicht, ist diese Theorie durchaus originell. Dieses Urteil würde aber wahrscheinlich anders lauten, wenn die sektiererische Originalliteratur der ersten christlichen Jahrhunderte besser erhalten wäre.

Anhang.

Die muhammedanischen Quellen und die neuere christliche Forschung über den Ursprung der Offenbarungen und die Entstehung des Qorānbuches.

Die Aufgabe.

Die hier in Betracht kommende muhammedanische Literatur ist fast ausschließlich arabisch. Sie umfaßt die Biographie Muhammeds und seiner Gefährten, den gesesetzlichen Hadith, die Geschichte der ersten Chalifen, die zeitgenössischen Gedichte, die Qorānkommentare und die Einleitungswerke. Selbstverständlich muß sich die Untersuchung auf die wichtigsten der in dem ersten und zweiten Teil dieser Geschichte des Qorāns benutzten Werke beschränken. Auf Form und Inhalt dieser Werke ist allerdings näher und ausführlicher einzugehen, als es in der allgemeinen Literaturgeschichte geschehen kann. Auf dem Gebiete des gesetzlichen Hadith bieten hierbei die eindringenden literarhistorischen Untersuchungen Ignaz Goldzihers[1]), für die Prophetenbiographie die vortrefflichen Studien Eduard Sachaus[2]), Carl Brockelmanns[3]) und Leone

[1]) I. Goldziher, Muhammedanische Studien, Bd. II. 1890. — Neue Materialien zur Litteratur des Ueberlieferungswesens bei den Muhammedanern, Zeitschr. d. Deutsch. Morgenl. Gesellsch. Bd. 50 (1896) S. 465—506.

[2]) E. Sachau in der Einleitung zu seiner Ausgabe von Ibn Sa'd III, I S. VI—XL. — Studien zur ältesten Geschichtsüberlieferung der Araber, Mitteilungen des Seminars für Orient. Sprachen zu Berlin, Jahrg. 7, Abteilung 2. 1904.

[3]) C. Brockelmann, Wie hat Ibn al-Athīr den Tabari benutzt? Dissertation, Straßburg 1890.

Caetanis[1]) willkommene Hilfen. Trotzdem ist die Zahl der Werke, über deren Anlage und Quellen bis jetzt alle Vorarbeiten fehlen, noch immer sehr groß. Unter diesen Umständen blieb mir, um nicht einen beträchtlichen Teil dieses Anhanges zu einem dürren Verzeichnis von Namen und Titeln werden zu lassen, nichts anderes übrig, als selbst zu versuchen, auch ohne den Rückhalt erschöpfender Monographien, das Notwendigste festzustellen, in der zuversichtlichen Erwartung, der Nachsicht der Kundigen nicht entraten zu müssen.

Wie es in der Natur der Sache liegt, brauchte der neueren, christlichen Forschung nur etwa ein Viertel des Anhangs gewidmet zu werden. Die noch für die Gegenwart bedeutungsvollen Arbeiten sind im allgemeinen nicht älter als die Mitte des vorigen Jahrhunderts. Deshalb gehe ich hinter diese Zeit nur hier und da zurück, wenn es sich um Werke handelt, welche die folgende Entwicklung nachhaltiger beeinflußt haben, oder die noch jetzt gern zu Rate gezogen werden. Ich bemühe mich dabei, alle Leistungen in ihrer Eigenart, mit ihren Vorzügen und Fehlern sachlich und unparteiisch zu erfassen, um es dadurch auch dem allgemeinen Historiker und Religionsforscher, der nicht Arabist ist, zu ermöglichen, sich in der Literatur über den Gegenstand zurechtzufinden.

1. Die muhammedanischen Quellen.

A. Die Grundzüge des Überlieferungswesens.

Der zuverlässigste Teil der über das Leben und Wirken Muhammeds vorhandenen Nachrichten sind unstreitig die archivalischen Dokumente wie Verträge, Briefe und amtliche Listen.

Freilich tritt die arabische Chronistik auch da, wo sie sich nicht auf Urkunden stützt, mit einer Sicherheit auf, die in der verwandten Weltliteratur unerhört ist. Denn die einzelnen Überlieferungen haben zu ihrer Beglaubigung gewöhnlich

[1]) L. Caetani, Annali dell' Islam, Bd. I (1905), S. 28—58.

den sog. Isnād oder die Zeugenkette an der Spitze. Darunter versteht man die Liste der zwischen dem Verfasser des Werkes und dem Augenzeugen der Begebenheit stehenden Mittelsmänner. Zur Veranschaulichung diene ein Abschnitt aus Wüstenfelds Ausgabe des Ibn Hišām — S. 1005, Zeile 16—19 — über die letzte Krankheit Muhammeds: „Gesagt hat (*qāla*) Ibn Isḥāq (gest. 151 a. H.): erzählt hat mir (*ḥaddaṯanī*) Ja'qūb b. 'Otba (gest. 128) von Muḥammad b. Muslim al-Zuhrī (gest. 124) von 'Obaidallāh b. 'Abdallāh b. 'Otba (gest. 94) von 'Āïscha, der Gattin des Propheten, sie sagte: ‚Da ging der Gottgesandte heraus zwischen zwei Männern von seiner Familie, dem Faḍl b. 'Abbās und einem anderen Mann, indem er den Kopf umbunden hatte und seine Beine am Boden schleiften, bis er in mein Haus eintrat'". Ein solcher durch Zeugenkette beglaubigter Bericht wird Hadith (*ḥadīṯ*) genannt. Diese Hadithe werden in den Chroniken entsprechend der von den Verfassern befolgten Disposition und nach der zeitlichen Folge der Begebenheiten miteinander verbunden.

Die Zeugenkette ist nicht immer so vollständig wie bei diesem Musterbeispiel. Sonst fehlt nicht selten ein und das andere Glied, weniger aus Nachlässigkeit als infolge schriftstellerischer Grundsätze, wie in den beiden folgenden Kapiteln noch des näheren gezeigt wird. Noch charakteristischer ist es für den Isnad, daß er keinen Unterschied zwischen mündlicher und schriftlicher Übermittelung macht, sondern auch die literarische Abhängigkeit von einem älteren Werke als ein Erzählen seines Verfassers bezeichnet. Dies hängt mit dem Umstande zusammen, daß der Traditionsstoff nicht nur ursprünglich auf mündliche Berichte zurückgeht, sondern auch noch später, als aus dem Tradieren ein literarisches Gewerbe geworden war, die mündliche Unterweisung des Schülers durch den Lehrer mehr als alles galt, während man den daneben hergehenden Niederschriften nur den Wert von Gedächtnishilfen beimaß. Infolgedessen wird auch kein Unterschied gemacht zwischen denjenigen Teilen des Isnad, die auf literarischen Quellen fußen, und den jenseits derselben stehenden Gewährsmännern, obwohl es auf der Hand liegt, daß die ersteren viel treuere, weil jederzeit kontrollierbare, Zeugen sind.

Die muslimischen Gelehrten haben den Isnad keineswegs ohne Kritik hingenommen[1]), aber fast nur äußerliche Maßstäbe angelegt und sich im allgemeinen dabei beruhigt, wenn die Zeugenreihe lückenlos war, wenn die Glieder derselben nachweisbar in Verkehr miteinander gestanden hatten und am Ende der Name eines „Genossen" stand. Wenn diese Formalitäten in Ordnung waren, wurden die gröbsten logischen oder historischen Absurditäten im Texte der Tradition, dem sog. Matn, ruhig in Kauf genommen. Die christliche Forschung des Abendlandes hat sich erst in den letzten Jahrzehnten diesem Banne mehr und mehr entzogen. Tatsächlich stellt auch der vom arabischen Standpunkt tadelloseste Isnad nichts anderes dar als die Überlieferungsgeschichte einer Begebenheit, hat also nur literarhistorische Bedeutung und schließt kein Werturteil ein. Wie man nachweisen kann, beruhen die Namen der Augenzeugen nicht selten auf Irrtum, noch häufiger wahrscheinlich auf Erfindung der Traditionarier, die darin vielfach ein erlaubtes Mittel sehen, um ihren Erzählungen den Stempel unbedingtester Zuverlässigkeit aufzudrücken. Es ist schon verdächtig, daß diejenigen „Genossen", die am meisten als Autoritäten angeführt werden, der jüngeren Generation angehören, während die ältesten und bewährtesten Anhänger des Propheten nur äußerst selten in dieser Rolle auftreten. So kommt z. B. in den Isnaden des Ibn Isḥāq nach der Wüstenfeldschen Ausgabe Ibn ʿAbbās 38[2])mal vor, Abū Huraira 8mal[3]), Anas b. Mālik 6mal[4]), aber Omar, der Chalife, nur 2mal[5]).

---

[1]) Vgl. z. B. Muslim in der Einleitung zu seinem Ṣaḥīḥ, Sujūṭī, Tadrīb al-rāwī, Kairo, Ḫairīja, 1307 a. H. I. Goldziher, Muhammedanische Studien Bd. II S. 140—152.

[2]) Seite 131. 138. 204. 207. 227. 302. 323. 368. 371. 376. 395bis. 428. 446. 449. 450. 470. 481. 551. 585. 604. 642. 749. 750. 789. 790bis. 796. 810bis. 927. 943. 960. 965. 1010. 1013. 1017. 1019.

[3]) Seite 368. 400. 468. 579. 765. 964. 996. 1012.

[4]) Seite 261. 571. 574. 757. 849. 903. [5]) Seite 64. 463.

In der Chronik des Tabarī findet sich des Ibn ʿAbbās als Zeuge 286mal Erwähnung getan, des Abū Huraira 52mal, des Anas b. Mālik 47mal, dagegen der vier ersten Chalifen nicht ein einziges Mal[1]). Die Muslime, denen diese Tatsachen nicht unbekannt geblieben sind, erklären sie daraus, daß die alten „Genossen“ zu viel mit der Ausbreitung des Islams, dem Glaubenskriege und dem Heile ihrer eigenen Seelen in Anspruch genommen waren[2]). Das ist durchaus richtig beobachtet. Die älteste Generation der Gläubigen war eben noch zu sehr in die Ereignisse verstrickt, als daß sie dieselben zum Gegenstand geschichtlichen Nachdenkens machen konnte. Trotzdem wird bei den Muslimen die Zuverlässigkeit der jüngeren Generation nicht geringer eingeschätzt. Nur gegen einzelne wie Anas b. Mālik und Abū Huraira hat sich gelegentlicher Widerspruch erhoben. Aber derselbe bezog sich nicht auf den Inhalt der Traditionen, sondern stand wahrscheinlich unter dem Einflusse von Vorurteilen wie der niederen sozialen Stellung der beiden, die Diener waren; werden doch die handgreiflichsten Unwahrheiten und Albernheiten anderer Gewährsmänner von derselben muslimischen Kritik unbedenklich angenommen. Der jüngeren Generation gehört auch die außerordentlich oft zitierte Aïscha an, auf die mehr als 1200 Traditionen zurückgeführt werden. Sie war allerdings acht Jahre mit Muhammed verheiratet, aber bei seinem Tode noch ein junges Ding von achtzehn Jahren und entwickelte sich zur reifen Frau und einflußreichen Persönlichkeit erst im Witwenstande. Was von ihrem späteren Leben und Treiben als einer gewissenlosen, politischen Intrigantin bekannt ist, läßt die Zuverlässigkeit ihrer Mitteilungen äußerst fragwürdig erscheinen. Bei den Muslimen aber stand sie als „Mutter der Gläubigen“ und angebliche Lieblingsgattin[3]) des Propheten allezeit in

---

[1]) I. Goldziher, Muhammedanische Studien Bd. II 147f. L. Caetani, Annali dell' Islam I S. 43.

[2]) Usd al-Ghāba Bd. I S. 3 oben.

[3]) Auch diese weitverbreitete Meinung dürfte auf einen kolossalen Schwindel der unternehmungslustigen Witwe hinauslaufen.

hohem, fast heiligem Ansehen. Deshalb wurden ihr viele erdichtete Traditionen in den Mund gelegt, so daß sie nicht für alles haften kann, was jetzt unter ihrem Namen segelt. Im Gegensatz zu dem Verfahren der Muslime kommt für die Feststellung der Geschichtlichkeit der Isnad aus begreiflichen Gründen überhaupt erst in zweiter oder letzter Linie in Betracht, die Hauptsache ist und bleibt die Kritik des Traditionsinhaltes.

Die Zuverlässigkeit der arabischen Chronistik ist im allgemeinen nicht größer und nicht kleiner als die anderer alter historischer Quellen, die verwandte Stoffe behandeln und von den Ereignissen gleichen Abstand haben. Deshalb ist die kritische Forschung hier wie dort an die nämlichen Grundsätze gebunden. So sind z. B. die Nachrichten über die Zeit, da Muhammed als anerkanntes Haupt den medinischen Gottesstaat leitete, vertrauenswürdiger als die über seine Kindheit und die Anfänge seines Wirkens, da das Interesse an seinen Schicksalen während der mekkanischen Periode erst viel später erwacht sein kann. Hinsichtlich beider Perioden aber ist im Auge zu behalten, daß hervorragenden Persönlichkeiten und zumal Religionsstiftern gegenüber tendenziöse Umbiegungen des Überlieferten, aus persönlichen, politischen oder dogmatischen Motiven, sich besonders früh und leicht einzustellen pflegen. Da die treibenden Beweggründe nur selten klar zutage liegen, und Umfang, Form wie Richtung der dadurch bewirkten Umgestaltung immer schwer zu bestimmen sind, wird es vermutlich noch der Arbeit von Jahrzehnten bedürfen, bis die gröbsten Entstellungen der Prophetenbiographie alle erkannt sind.

Das so frühe Entstehen einer eigenen historischen Literatur in arabischer Sprache wäre ohne den mächtigen Ansporn des Islams kaum denkbar, setzt aber doch andererseits das Vorhandensein einer arabischen Nationalliteratur voraus. Als solche kommt zunächst die schon in der Heidenzeit reich entwickelte Dichtung in Betracht. Ohne diesen Hintergrund wäre das heilige Buch der neuen Religion eher in syrisches oder äthiopisches Gewand gekleidet worden. Die Übermittelung der poetischen Erzeugnisse von Ort zu Ort und von Generation zu Generation war Sache zünftiger Leute, die wir als Rhapsoden bezeichnen können. Ihr einheimischer Name ist *Rāwī*, was eigentlich „Wasserholer“, dann „Überlieferer“ bedeutet, ihre Kunst heißt daher *Riwāja*. Da diese technischen Ausdrücke später auch im geschichtlichen Traditionswesen üblich wurden, wenn sie auch nicht in das Isnad-Schema eingedrungen sind, so ist auch sachlich eine Anlehnung an das Rhapsodentum nicht von der Hand zu weisen.

Aber alle diese Tatsachen, ihre Richtigkeit vorausgesetzt, sind im besten Falle doch nur eine Erklärung für gewisse Eigentümlichkeiten der historischen Prosa, wie das arabische Gewand und den Isnad, das poetische Beiwerk und einige technische Ausdrücke, aber keineswegs für das Aufkommen der Geschichtschreibung überhaupt. Da eine solche, wie die Kulturverhältnisse im damaligen Arabien lagen, nicht spontan entstanden, sondern nur aus einer artverwandten Literaturgattung hervorgegangen sein kann, so fragt es sich, wo dieselbe zu suchen ist. Auf arabischem Boden steht in dieser Beziehung nur eine alte Erzählungsprosa zur Verfügung, die als Erklärung zu den Liedern wohl gleichfalls von den Rhapsoden vorgetragen wurde und meistens Waffenhändel einzelner Recken und Fehden von Geschlechtern und Stämmen zum Gegenstande hatte. Anlehnung an fremde Literatur, wie sie die gleichzeitigen Chronisten des Abendlandes bei den Römern fanden, scheint im Osten ausgeschlossen zu sein, falls nicht an die mittelpersische Chronistik zu denken ist, von der wir freilich so gut wie nichts wissen.

Jos. Horovitz[1]) hat den Versuch gemacht, den Isnad auf jüdischen Ursprung zurückzuführen. Wenn er auch manche überraschende Parallele beibringt, so kann der Beweis doch noch nicht als voll erbracht gelten. Einerseits spielte die Zeugenkette in der Literatur des Judentums niemals die Rolle wie

---

[1]) Alter und Ursprung des Isnād, Der Islam, Band VIII, 1918, S. 39—47.

in dem arabischen Hadith schon am Ende des ersten Jahrhunderts d. H. Anderseits hat jener jüdische Gebrauch weder innerhalb des Judentums selbst noch des Israelitismus eine Geschichte, was fremden Ursprung wahrscheinlich macht. Schließlich ist die Frage des arabischen Isnad kaum zu trennen von der nach der Herkunft jener anderen Eigentümlichkeiten der älteren historischen Literatur der Araber, die gewiß kein Mensch wagen wird, den Rabbinen in die Schuhe zu schieben.

B. Die Prophetenbiographie.

Das Interesse am Leben Muhammeds wandte sich zuerst den Feldzügen zu. Als älteste Verfasser solcher Maghāzī-Bücher werden genannt Abān, ein Sohn des Chalifen Othman (gest. 105 a. H.), 'Urwa, Sohn des bekannten Genossen al-Zubair b. al-'Auwām (gest. zwischen 91 und 101), sowie die beiden aus dem Sklavenstande hervorgegangenen Šuraḥbīl b. Sa'd (gest. 123) und Mūsā b. 'Uqba (gest. 141). Ihre Bücher sind bis auf ein kleines Bruchstück des zuletzt Genannten[1]) verloren gegangen, haben sich aber zum Teil in die Werke der Späteren hinübergerettet und gehören jetzt zu deren wertvollstem Bestande.

Das Vorwiegen jenes Interesses zeigt sich gleich bei dem ältesten uns erhaltenen Werke, dem des Muḥammad b. Isḥāq, eines medinischen Freigelassenen, der aber am Hofe des zweiten Abbasiden-Chalifen schrieb und starb (151 a. H.). Weil mehr als die Hälfte desselben von Feldzügen handelt, wird das gewöhnlich unter dem Namen Sīra gehende Werk zu ilen auch als „Buch der Maghāzī"[2]) bezeichnet. Wir be-

[1]) Siehe Ed. Sachau, Das Berliner Fragment des Mūsā b. 'Uqba, ein Beitrag zur Kenntnis der ältesten arabischen Geschichtsliteratur (Sitzungsberichte der Königl. Preuß. Akad. d. Wissensch. 1904, XI).

[2]) Dahabī, Ḥuffāẓ ed. Ḥaiderābād I 155. Dahabī, Tagrīd asmā ed. Ḥaiderābād I 4. Usd al-Ghāba ed. Cair. I, 11. Nach J. Horovitz, Mitteil. d. Semin. f. Oriental. Sprachen zu Berlin, 1907 Abt. 2, S. 14f. in einer Handschrift der Bibliothek Köprülüzade zu Konstantinopel. Mas'ūdī, Prairies d'or ed. Paris Bd. IV 116 steht *kitāb al-maghāzī wa-'l-sair.* Ich habe

sitzen es nicht in seiner ursprünglichen Gestalt, sondern in der Bearbeitung, welcher 'Abdalmalik b. Hišām[1]), ein späterer in Ägypten lebender Gelehrter südarabischer Herkunft (gest. 218), die Abschrift des Zijād b. 'Abdallāh al-Bakkā'ī, eines persönlichen Schülers des Meisters, unterzog. Leider beschränkte sich Ibn Hišām nicht auf Erläuterungen und Zusätze, sondern nahm auch starke Verkürzungen des Textes vor. Wie er in der Vorrede[2]) selbst sagt, ließ er alle Erzählungen aus, in denen Muhammed nicht erwähnt war, auf die sich kein Qorānvers bezog, die weder als Ursache, Erläuterung, noch Zeugnis in dem Buche sonst erwähnter Ereignisse anzusehen waren, ferner Gedichte, die kein anderer Gelehrter kannte, schließlich noch Stellen, die ihm anstößig erschienen oder andere verletzen konnten, oder deren Echtheit ihm Bakkā'ī nicht bestätigt hatte. Doch ist es vielleicht möglich, den originalen Ibn Isḥāq in weitem Umfange herzustellen, da einstmals noch andere Abschriften existierten, die von späteren Historikern wie Ṭabarī, Ibn Sa'd und Ibn al-Aṯīr benutzt worden sind[3]).

Die reiche literarische Benutzung durch hervorragende Schriftsteller zeigt deutlich, welch großes Ansehen Ibn Isḥāq bei der Nachwelt genossen hat. Nichtsdestoweniger waren unter den Muslimen auch sehr absprechende Urteile über ihn verbreitet, er soll in der Tradition „schwach" oder „krank" sein, mehrere Traditionen ohne Angabe ihrer Abweichungen öfter miteinander verschmelzen, von unbekannten Personen wertlose Berichte anführen, falsche Namen unterschieben, ja

---

aber kein Vertrauen zu der Lesart, und vermute, daß سير in سرايا zu ändern ist.

[1]) Das Leben Muhammed's nach Muhammed Ibn Isḥâk, bearbeitet von Abd el-Malik Ibn Hischâm, herausgegeben von Ferdinand Wüstenfeld, 1026 S. arabischer Text, Göttingen 1858—1860. Die Übersetzung von G. Weil, Stuttgart 1864, ist steif und unbeholfen und auch philologisch nicht mehr genügend. Die große Wichtigkeit des Werkes würde eine neue Übertragung rechtfertigen.

[2]) ed. Wüstenfeld S. 4 Z. 6ff.

[3]) Vergleiche die übersichtliche Darstellung Ed. Sachaus in der Einleitung zu seiner Ausgabe von Ibn Sa'd III, 1 S. XXIVf.

geradezu ein Lügner sein[1]). Soweit diese Urteile die Form des Isnad im Auge haben, beruhen sie auf der an sich richtigen Beobachtung, daß derselbe oft nicht den Anforderungen entspricht, die ein Jahrhundert später an ihn gestellt wurden. Während z. B. ein Isnad nach dem Muster des Buḫārī oder Ṭabarī eine lückenlose Reihe aller zwischen diesen Autoren und den Augenzeugen des berichteten Ereignisses stehenden Mittelspersonen enthält, befolgt Ibn Isḥāq kein festes Prinzip, indem er bald Glieder wegläßt, bald an Stelle eines Namens nur eine Andeutung setzt[2]) oder gar auf alles verzichtet[3]). Diese Unregelmäßigkeiten und Inkonsequenzen sind jedoch nicht der Leichtfertigkeit des Verfassers zuzuschreiben, sondern hängen damit zusammen, daß der Isnad sich von freieren zu festeren Formen entwickelt hat, und Ibn Isḥāq in dem geschichtlichen Werdegang eine Mittelstellung einnimmt. Denn er war nicht nur bereits dessen Hauptvorgängern Ibn Šihāb al-Zuhrī und 'Urwa b. al-Zubair bekannt[4]), sondern geht wahrscheinlich bis in die Entstehungszeit des Hadith zurück. Mag im übrigen der Isnad so vollkommen oder unvollkommen sein, wie er will, so kann doch der historische Wert des zugehörigen Berichtes niemals davon abhängig sein.

Auch der andere Vorwurf der muslimischen Kritik, welcher die Form der Erzählung betrifft, erscheint gegenstandslos. Zwar ist es richtig, daß Ibn Isḥāq öfter aus verschiedenen Traditionen eine einheitliche Erzählung gebildet hat[5]), aber

---

[1]) Ausgabe von Wüstenfeld S. XX—XXIII.

[2]) z. B. „ein Mann", „Männer", „ein Schaich", „ein Klient", „irgend einer", „einige" (58 mal), „einer zu dem ich Vertrauen habe" (4 mal), „einer, dem ich nicht m'traue" (33 mal) nach den von Wüstenfeld in seiner Ausgabe S. LVIII—LXIX abgedruckten Listen.

[3]) Meistens heißt es einfach „Ibn Isḥāq sagt".

[4]) I. Goldziher in Zeitschr. d. Deutsch. Morgenl. Gesellsch. Bd. 50 (1893) S. 474.

[5]) z. B. Ausgabe von Wüstenfeld S. 263 Himmelfahrt Muhammeds, 428 Schlacht von Bedr, 555 Schlacht am Uḥud, 699 Belagerung von Medina, 725 Feldzug von Muraisī', 894 Feldzug von Tabūk. I. Goldziher, Zeitschr. d. Deutsch. Morgenl. Gesellsch. Bd. 50 S. 474 weist nach, daß

das ist nicht schlimm, da die Varianten oft sehr geringfügig sind und den Sinn nicht berühren. Aber auch da, wo stärkere Abweichungen durch harmonisierendes Verfahren vertuscht sind, dürfte es schwerlich erlaubt sein, ohne weiteres ein Verfahren zu tadeln, das man in anderen Literaturen als künstlerische Tat preisen würde.

Die Bedeutung des Ibn Isḥāq liegt nicht allein in seinem zeitlichen Vorrang, indem er der Verfasser des ältesten uns erhaltenen Maghāzī-Werkes ist, sondern auch in seiner unübertroffenen Reichhaltigkeit an guten Nachrichten, die noch längst nicht alle von der Forschung ausgebeutet worden sind. Ich denke dabei in erster Linie an die zahlreichen echten zeitgenössischen Gedichte. Daß er dabei auch die Gegner mit ihren zum Teil sehr giftigen Ausfällen gegen den Propheten zu Worte kommen läßt, zeugt von einer erstaunlichen Unbefangenheit. Diese und andere Vorzüge werden erst recht hervortreten durch das Licht, welches von seinen Nachfolgern auf ihn zurückfällt. Seinen historischen Sinn hat er schon allein dadurch bewährt, daß er eines der wichtigsten Dokumente des frühen Islam, die sog. Gemeindeordnung von Medina[1]), nach ihrem vollständigen Wortlaut mitteilt, während sie bei den Späteren, wie es scheint aus dogmatischen Vorurteilen, entweder ganz ignoriert wird oder nur in dürftigen Spuren nachzuweisen ist[2]). Das einzige Werk, das den unverkürzten Text nach Ibn Isḥāq bringt, ist die noch nicht herausgegebene Prophetenbiographie des Muḥammad b. Abī Bakr b. Saijid al-nās (gest. 734 a. H.)[3]).

---

schon al-Zuhrī (gest. 124) die Nachrichten der einzelnen Gewährsmänner nicht getrennt voneinander anführte, sondern, wo es ihm angemessen erschien, mehrere zu einer Einheit zusammenschmiedete.

1) Ausgabe von Wüstenfeld S. 341—344.

2) Die Stellen aus den Biographen sind gesammelt von L. Caetani, Annali dell' Islam I 376f. A. J. Wensinck, Mohammed en de Joden te Medina (1908) S. 81ff. hat dieselben namentlich durch Parallelen aus den Hadithsammlungen ergänzt.

3) Der Titel des Buches ist ʿUjūn al-āṯār. Cod. Lugdun. 340 (fol. 62v). Cod. Berolin. Ahlwardt 9577. 9578. Vgl. C. Brockelmann, Geschichte der arabischen Litteratur II 71.

Das zweitälteste erhaltene Geschichtswerk über den Propheten ist von dem Medinenser Muḥammad b. ʻOmar al-Wāqidī (gest. 207) in Bagdad geschrieben und behandelt ausschließlich die Feldzüge. Die Ausgabe Alfred von Kremers[1]) enthält nur bis Seite 360 Z. 16 den echten Text, während der Rest bis S. 439 eine ganz wertlose Ergänzung aus jüngerer Zeit ist[2]). Unter Zuziehung zweier inzwischen bekannt gewordener Londoner Handschriften veröffentlichte dann Jul. Wellhausen eine meisterhafte Verdeutschung[3]). Diese kann jedoch kein Ersatz für das arabische Original sein, um so weniger, als die Calcuttaer Ausgabe philologisch ungenügend ist und nur ein Drittel des echten Werkes umfaßt. Wie Ibn Isḥāq liegt uns Wāqidī nicht in seiner ursprünglichen Gestalt vor, sondern in der Rezension des Ibn Ḥaijawaihi, eines Gelehrten des vierten Jahrhunderts d. H. Diesem oder einem seiner Vorgänger ist wahrscheinlich auch die Streichung zahlreicher in dem Texte angekündigter Gedichte zuzuschreiben. Wo sich Abweichungen von Ibn Isḥāq finden, bietet dieser in den meisten Fällen das Bessere und Ursprünglichere. Überhaupt sehen zahlreiche Stellen wie Abkürzungen aus Ibn Isḥāq aus, obwohl derselbe nie als Gewährsmann genannt ist[4]). Der Hauptwert Wāqidīs liegt nicht im Chronologischen, wo seine Ansätze nicht selten durch gelegentliche Bemerkungen in den Berichten widerlegt werden, sondern in der vollständigen Sammlung des Materials. Der neu hinzugekommene Stoff ist zwar größtenteils legendarisch und anekdotenhaft, hat aber doch viel Naturfarbe und Lokalkolorit. Der Isnad ist um einen Grad regelmäßiger und vollständiger als bei Ibn Isḥāq. Die bei diesem so beliebten all-

---

[1]) Bibliotheca Indica, Calcutta 1856.

[2]) Außerdem ist noch S. 7, 9 (*qāla 'l-Wāqidī*) bis 9, 2 (*al-āja*) ein fremdes Ersatzstück.

[3]) Muhammed in Medina. Das ist Vakidi's Kitab al Maghazi in verkürzter deutscher Wiedergabe, Berlin 1882. Die Charakteristik habe ich teilweise wörtlich den Vorbemerkungen Wellhausens entnommen.

[4]) Die einzige Stelle der Kremerschen Ausgabe, in der er genannt ist, gehört nicht zu den echten Bestandteilen, vgl. oben Anm. 2.

gemeinen Quellenandeutungen fehlen ganz. Wo die Mehrzahl seiner Quellen übereinstimmt, nennt er dieselben am Anfang eines Abschnittes und läßt den gemeinsamen Text folgen[1]). Abweichende Lesarten vermerkt er zwischendurch mit Angabe der Herkunft und bezeichnet die Wiederaufnahme des Hauptfadens durch ein vorgesetztes *qālū* „sie haben gesagt“.

Der aus Basra gebürtige Muḥammad b. Sa'd (gest. 230), Schüler und Sekretär Wāqidīs, hat eine Prophetenbiographie verfaßt, die handschriftlich zusammen mit seinem Klassenbuch (Ṭabaqāt) überliefert ist, ursprünglich aber wohl nicht ein selbständiges Werk bildete. Im Fihrist (S. 99) trägt sie den Namen Aḫbār al-nabī, was gut zur Unterschrift paßt, die in der Londoner Handschrift am Ende steht[2]), sie wird aber gewöhnlich Sīra genannt. Von der Berliner Ausgabe gehört dazu Bd. I, I (161 Seiten), I, II (186 S.), II, I (137 S.), II, II S. 1—98. An Umfang steht das Werk sogar hinter dem verkürzten Ibn Isḥāq Wüstenfelds noch erheblich zurück, indem das Minus nach meiner Berechnung 213 bzw. 152 Seiten beträgt, je nachdem man die Blattgröße der Ausgaben des Ibn Hišām oder des Ibn Sa'd zugrunde legt. Die Verkürzungen betreffen sowohl den ersten Teil — Vorgeschichte[3]), Kindheit Muhammeds[4]), erste Ereignisse nach der Hiǵra — wo Ibn Hišām fast das Doppelte, als auch die Feldzüge, wo dieser das Dreifache hat. Dagegen ist Ibn Sa'd wieder reichhaltiger in der biblischen Urgeschichte (Bd. I, I S. 5—26), der Genealogie Muhammeds (S. 2—8. 27—36), den Zeichen der Prophetie (S. 95—126). Besonders ausführlich behandelt er aber die Personalien Muhammeds (Bd. I, II S. 87

---

[1]) L. Caetani, Annali I S. 34f.

[2]) *āḫiru ḫabari 'l-nabiji* Ibn Sa'd II, II ed. Schwally S. 98.

[3]) Ganz weggelassen ist fast alles, was sich auf die vorislamische Geschichte Arabiens bezieht und bei Ibn Hišām bis S. 100 einen so breiten Raum einnimmt.

[4]) Trotzdem finden sich auch in diesem Abschnitte ganze Legenden oder legendarische Züge, die bei Ibn Hišām fehlen. Alle diese Dinge harren noch der monographischen Untersuchung.

bis 186[1]), Aussehen, Eigenschaften, Tracht, Gewohnheiten usw.), denen Ibn Hišām (S. 149f. 266f.) nur zwei Seiten widmet, die letzte Krankheit und den Tod Muhammeds (Bd. II, II S. 1 bis 98, nahezu fünfmal soviel als Ibn Hišām S. 999—1027), sowie die Briefe Muhammeds und die Gesandtschaften an ihn (Bd. II, II S. 15—86, doppelt soviel als Ibn Hišām). In diesem zuletzt genannten Abschnitt, der fast ganz aus Dokumenten besteht oder auf solche zurückgeht, beruht der Hauptwert der Sīra. Obschon der Inhalt keineswegs erschöpfend ist und sogar einiges fehlt, was bei Ibn Hišām erhalten ist[2]), so gewinnt man hier doch, wie Wellhausen[3]) sagt, eine viel vollständigere und genauere Vorstellung von dem Hergange bei der Bekehrung der Araber als sonst. Das ist zum Teil schon eine Folge der systematischen Zusammenfassung des Stoffes, für die Ibn Sa'd überhaupt eine unverkennbare Neigung bekundet. Ich erinnere an das Verzeichnis der Personen, die vor dem Islam den Namen Muhammed trugen (I, I S. 111f.), an das Kapitel über die Zeichen (*'alāmāt*) der Prophetie, das später die Anregung zu der großen Literatur der *Dalā'il al-nubūwa* gab, und schließlich an das über die Personalien (*ṣifa*) Muhammeds, dem wohl Tirmiḏī seine Šamā'il nachbildete.

Für die Feldzüge ist Ibn Sa'ds Hauptquelle natürlich sein Herr und Meister Wāqidī. Wie er diesen benutzt hat, wird sich erst bestimmen lassen, wenn dessen Werk einmal vollständig im arabischen Original vorliegt. Den Ibn Isḥāq, den Wāqidī bekanntlich zwar benutzt, aber totschweigt, bringt der Schüler wieder zu Ehren, und zwar nicht nur in den Feldzügen[4]), sondern auch in anderen Teilen der Sīra[5]). Hierbei

---

[1]) In diesem ganzen Abschnitt bis S. 166 wird Wāqidī kein einziges Mal als Quelle genannt, dagegen öfter auf den letzten 20 Seiten.

[2]) Ibn Hišām S. 963f. 940. 971f. 941.

[3]) Skizzen und Vorarbeiten, 4. Heft (1898) S. 88.

[4]) z. B. Ibn Sa'd II, I S. 1, 11. 8, 2. 39, 7. 40, 13. 57, 9. 134, 16.

[5]) z. B. Ibn Sa'd I, I S. 25, 4. 29, 11. 108, 4. 122, 21. I, II S. 19, 19. 48, 6. 78, 20. 105, 10. 171, 5. II, II S. 3, 12. 35, 4. 44, 26. 79, 18.

ist es von großem Werte, daß ihm dieser Schriftsteller in zwei verschiedenen Abschriften vorlag[1]), die aber beide nicht mit der Vorlage Ibn Hišāms identisch sind. Denn auf diese Weise haben wir ein wichtiges Hilfsmittel, um den ursprünglichen Wortlaut des Ibn Isḥāq wieder herzustellen. Hinsichtlich der Stilisierung des Isnad steht Ibn Sa'd ungefähr auf der Stufe des Wāqidī, aber dessen zusammengefaßte Erzählungen sind noch einheitlicher gestaltet, indem die Varianten, die bei jenem sich durch einen ganzen Artikel hindurchziehen, regelmäßig ans Ende gestellt werden. Sehr lehrreich ist in dieser Beziehung ein Vergleich größerer Abschnitte, wie über die Schlachten von Bedr und Uḥud bei beiden Autoren. Nächstdem ist das Gefüge der Komposition am festesten in den Kapiteln über die Vorgeschichte sowie die Briefe und Gesandtschaften, während die über die Personalien und den Tod des Propheten mehr ein loses Konglomerat von Traditionen bilden[2]).

Eine höchst wertvolle Ergänzung zur Sīra bilden die teilweise sehr ausführlichen Biographien der „Genossen" des Propheten in den Tabaqāt. Von der Berliner Ausgabe gehören hierher die Bände II, II 98—136, III, I. II, IV, I. II, V 328 bis 341. 369—379. 382—390. 400—403. 406—412, VI 6—43, VII, I 1—63, II 64—65. 99—101. 111—151. 176—177. 188 bis 199 und Bd. VIII, der allein den Frauen gewidmet ist. Diese Nachrichten (zusammen 1213 Seiten) nehmen fast das Dreifache der ganzen Sīra (445 Seiten) ein.

Der Abschnitt über den Propheten in dem Kitāb al-Ma-'ārif des Abū 'Abdallāh Muḥammad b. Muslim Ibn Qutaiba

---

[1]) Nämlich in der Abschrift des Ibrāhīm b. Sa'd b. abī Waqqās al-Zuhrī al-Madanī, gest. 183, und derjenigen des Hārūn b. abī 'Īsā al-Šā'mī. Vgl. die S. 135 Anm. 4 und 5 angeführten Stellen, Ibn Sa'd III, II S. 51 Z. 17—19 und Ed. Sachau in der Einleitung zu Ibn Sa'd III, I, S. XXV.

[2]) Dieses Verhältnis zeigt sich auch in einigen Äußerlichkeiten des Sprachgebrauches. So kommen z. B. die Phrasen *raga'a 'l-ḥadītu ilā* und *daḫala 'l-ḥadītu ba'ḍuhu fī ba'ḍin* in Ibn Sa'd II, II S. 1—98 überhaupt nicht vor und in I, II 87—187 nur je 1 mal. Dagegen findet sich Ibn Sa'd I, II S. 1—86 die erstere Wendung 9 mal, die letztere 2 mal, in Ibn Sa'd I, I die beiden Phrasen zusammen 12 mal.

al-Dīnawarī[1]), eines Gelehrten iranischer Herkunft, der aber in Bagdad lehrte und starb (270, 271 oder 276), ist allzu kurz (Seite 56—83), als daß er uns etwas helfen könnte. Auch geht der Verfasser gar nicht auf eine zusammenhängende Schilderung der Begebenheiten aus, sondern beschränkt sich auf gedrängte, statistische Übersichten, in denen auf die Personalien Muhammeds — Abstammung, Verwandtschaft, Frauen, Kinder, Sklaven, Reittiere — ein unverhältnismäßig großer Raum (S. 56—74, d. i. zwei Drittel des Ganzen) entfällt. Quellen werden nur ausnahmsweise angegeben, so Wāqidī (S. 59) und Ibn Isḥāq (S. 75) je 1mal, Abū 'l-Jaqẓān 3mal (S. 69, 1. 6. 76), Zaid b. Aḥzam (257) mit folgendem Isnad (S. 80, 83), 'Abdallāh b. Mubārak (181, S. 77, 4) und ein mir unbekannter Ga'far von Ibn abī Rāfi' (S. 83). Wertvoller sind die Kapitel über die Gefährten Muhammeds (S. 83—174), die manche wichtige Notiz enthalten.

Das Kompendium der Weltgeschichte des Aḥmad b. abī Ja'qūb b. Wāḍiḥ al-'Abbāsī (gest. 278)[2]) ist nicht nur als das einzige schiitische Geschichtswerk aus älterer Zeit beachtenswert, sondern auch trotz seiner Kürze sehr wichtig, da es auf guten alten Quellen fußt. In seinem Interesse für das Kulturgeschichtliche erinnert es an Ibn Qutaiba und den späteren Mas'ūdī. Aus dem Abschnitt über das Leben des Propheten (Bd. II S. 1—141) ist nichts Neues zu lernen. Doch finden sich darin einige Zusammenstellungen, die in früheren Biographien noch nicht berücksichtigt worden sind, z. B. eine Liste der mekkanischen und medinischen Suren (S. 32—34), der Sekretäre Muhammeds (S. 87—92) und eine reiche Blütenlese aus angeblichen Predigten desselben (S. 98—121). Für das Astrologische, das hier wohl zum ersten Male in die

---

[1]) C. Brockelmann, Geschichte der arabischen Litteratur I 120 ff. — Das Buch ist herausgegeben von Ferd. Wüstenfeld unter dem Titel „Ibn Coteiba's Handbuch der Geschichte", VIII, 366 S., Göttingen 1850. Es gibt auch einen schlechten ägyptischen Nachdruck.

[2]) Herausgegeben von M. Th. Houtsma, unter dem Titel Ibn-Wādhih qui dicitur al-Ja'qubī Historiae, 2 Bände (CLIII, 318, 629 S.), Leiden 1883.

Prophetenbiographie eingeführt ist, wird regelmäßig auf einen gewissen Muḥammad b. Mūsā al-Ḫuwārazmī[1]) verwiesen (S. 5. 21. 126). Die Erzählung ist frei geformt und greift auf die Quellen, die am Anfang des zweiten Bandes (S. 3 f.) systematisch zusammengestellt sind, nur gelegentlich zurück. Gemäß seiner schiitischen Gesinnung zitiert der Verfasser am meisten den Abū 'Abdallāh Ga'far b. Muḥammad (gest. 148) — S. 7. 8. 21. 34. 44 —, dagegen den Ibn Isḥaq, den er der Vorrede zufolge in der Bearbeitung des Ibn Hišām nach Bakkā'ī benutzt, sowie den Wāqidī nur je zweimal (S. 20. 45; 43. 121), vier andere Traditionarier[2]) je einmal. Sonst verweist er auf seine Quellen, gewöhnlich bei Meinungsverschiedenheiten, nur vermittelst allgemeiner Wendungen[3]).

Innerhalb der Geschichte der ersten Chalifen verdienen am meisten Beachtung die Nachrichten über die Qorānausgaben des Abu Bekr-Omar (S. 152) und Othman (S. 196 f.) sowie — wieder echt schiitisch — die eingehende Beschreibung der Qorānsammlung des Ali (S. 152—154).

Von dem berühmten Werke „Die Eroberung der Länder" des Aḥmad b. Jaḥjā al-Balāḏurī[4]), eines geborenen Persers, der am Hofe der abbasidischen Chalifen Mutawakkil und Musta'īn lebte und a. H. 279 starb, beziehen sich auf den Propheten S. 1—94, allerdings nicht in ihrem ganzen Umfange, da die Eroberungen noch weiter, bis über die Omaijadenzeit

[1]) Er ist in der Einleitung zum zweiten Band, S. 4, 6 als *al-munaggim* „der Astrologe" bezeichnet. Das kann natürlich nicht der von C. Brockelmann, Geschichte der arabischen Litteratur Bd. I S. 225 angeführte Gelehrte gleichen Namens sein, der 428 a. H. gestorben ist.

[2]) Abū 'Abdallāh Faḍl b. 'Abdarraḥmān, Muḥammad b. Kaṯīr, Muhammad b. Sā'ib, Abū 'l-Baḫtarī.

[3]) z. B. *wa-rawā ba'ḍuhum, wa-qad ruwija, wa-qīla, wa-juqālu* S. 7. 8. 15. 18—23. 33. 34. 37. 40—46. 49. 52. 58. 59. 64. 73. 79. 92. 97. 98. 121. 125. 127.

[4]) Liber expugnationis regionum, auctore Imámo Ahmed ibn Jahja ibn Djábir al-Beládsorí . . . . edidit M. J. de Goeje, 228, 62, 474 S. (arabischer Text), Leiden 1866. Es gibt auch einen billigen Kairiner Nachdruck des Textes.

hinaus verfolgt werden. Hierzu kommt noch einiges aus dem letzten Kapitel „Das Schreibwesen“ über schriftkundige Männer und Frauen aus der Umgebung Muhammeds (S. 472ff.). Überall findet man wertvolle Ergänzungen zu den Nachrichten der älteren Werke. Die Form der Zeugenketten ist sehr genau. Die zahlreichen benutzten Quellen würden eine besondere Untersuchung verdienen. Innerhalb der uns allein angehenden Teile nennt er den Ibn Isḥāq 6mal[1]), den Ibn Sa'd 7mal, aber Wāqidī 23mal.

In der Weltgeschichte des Abū Ga'far Muḥammad b. Gaīr al-Ṭabarī (gest. in Bagdad 310) entfällt auf die Zeit Muhammeds Bd. I 1073—1836 der Leidener Ausgabe[2]). Was Ibn Isḥāq in der Vorgeschichte erzählt, steht dort naturgemäß zum Teil an verschiedenen Orten zerstreut. Deshalb beschränkt man sich bei einem Vergleich des Umfanges der beiden Werke am besten auf die Abschnitte, welche die medinische Periode behandeln, nämlich Ṭabarī I S. 1227—1836 (= 609 Seiten) und Ibn Hišām S. 314—1026 (= 712 Seiten). Da aber den 609 Seiten Ṭabarīs, ohne die am Fuße des Textes stehenden Anmerkungen, nach dem Formate der Wüstenfeldschen Ausgabe nur etwa 430 Seiten entsprechen, so ist Ṭabarīs Darstellung um 282 Seiten kürzer. Unter seinen Vorgängern beutet er am meisten den Ibn Isḥāq aus, dessen Heranziehung (200mal) die des Wāqidī (47mal) und des Ibn Sa'd (15mal) weit übertrifft, und zu dem der Faden der Erzählung immer wieder zurückläuft[3]). Unter den zahlreichen Zitaten desselben sind

---

[1]) Von Ibn Isḥāq werden S. 10 zwei Überlieferungen angeführt, die weder im Ibn Hišām, noch im Ṭabarī stehen.

[2]) Annales quos scripsit Abu Djafar Mohammed ibn Djarir at-Tabari cum aliis edidit M. J. de Goeje, 13 Bände von zusammen 8054 Seiten arabischer Text, Leiden 1879ff. Der für uns in Betracht kommende Teil ist von P. de Jong herausgegeben. Als arabischer Titel des Werkes wird angegeben Aḫbār al-rusul wa-'l-mulūk (in der Leidener Ausgabe) oder einfach Ta'rīḫ (Fihrist S. 234. Mas'ūdī IV 145).

[3]) *raga'a 'l-ḥadīṯu ilā ḥadīṯi 'bni Isḥāq* S. 1299, 5. 1301, 6. 1308, 9. 1315, 3. 1389, 18. 1392, 6. 1398, 1. 1465, 13. 1487, 13. 1492, 14. 1514, 17. 1532, 6. 1540, 3. 1620, 12. 1770, 18.

viele vorhanden, die bei Wüstenfeld fehlen[1]), da Ṭabarī aus einer anderen Rezension geschöpft hat[2]). Wegen dieses Umstandes und der zahlreichen Varianten in den gemeinsamen Texten ist Ṭabarī das wichtigste Hilfsmittel, um den originalen Ibn Isḥāq wieder herzustellen[3]).

Nächstdem besteht sein Wert in der Beibringung neuen Stoffes sowie in der sorgfältigen Auseinanderhaltung der abweichenden Berichte, indem er entweder alle ihm bekannten Traditionen wörtlich hintereinander aufführt, oder nur eine Tradition samt den differierenden Lesarten bucht[4]). Vor eine Gruppe zusammengehöriger Überlieferungen — manchmal auch hinter dieselbe — setzt er gern eine Inhaltsübersicht vergleichender oder statistischer Art[5]), während eine unmittelbare

---

[1]) Ṭabarī I S. 1126,11—1127,8. 1142,16—19 bzw. 1143,3. 1162,8—1163,2. 1171,1—1173 1. 1192,4—1191,10. 1253,7—16. 1318,2—6. 1321,13—15. 1340,10—1341,15. 1344,9—1345,6. 1357,10—14. 1365,15—1366,9. 1369,8—15. 1398,14—16. 1400,9—14. 1416,9—1417,6. 1419,8—12. 1441,5—11. 1454,9—1455,2. 1496,9—14. 1560,3—6. 17—19. 1561,8—1568,2. 1569,1—1570,7. 1572,10—13. 1574,4—1575,5. 1576,2. 3. 1578,5—9. 13—1579,1. 1617,4—7. 1640,17. 1641,7. 1642,17—1644,13. 1657,11. 12. 1683,3—12. 1705,14. 15. 1809,17—1810,1. 1834,13—16. Von diesen Stellen sind am bekanntesten S. 1190ff. über die vorübergehende Aufnahme der mekkanischen Götzen in den muslimischen Kultus sowie S. 1441 über die Gefangennahme des ʻAbbās, eines Oheims des Propheten, in der Schlacht bei Bedr. Die Geschichtlichkeit dieses Ereignisses, für die seinerzeit A. Sprenger, Leben III, 131, eingetreten war, hat neuerdings L. Caetani, Annali I 517 zu erschüttern versucht. Vgl. dagegen Th. Nöldeke in Wiener Zeitschr. f. d. Kunde d. Morgenl. Bd. 21 S. 309f.

[2]) Der Isnad lautet regelmäßig: „Ibn Ḥumaid von Salama b. al-Faḍl von Muḥammad b. Isḥāq." Der zuerst Genannte heißt mit vollem Namen Muḥammad b. Ḥumaid b. Ḥaijān abū ʻAbdallāh al-Rāzī, gest. 248. Salama b. al-Faḍl abū ʻAbdallāh al-Rāzī starb nach 170 (Ḫulāṣa). Dieser besaß eine Abschrift vom Werke des Ibn Isḥāq, worüber Ed. Sachau in der Vorrede zu seiner Ausgabe von Bd. III, 1 des Ibn Saʻd, S. XXV, zu vergleichen ist.

[3]) Vgl. oben S. 135f.

[4]) Vergleiche z. B. Ṭabarī I S. 1565,12f.

[5]) So läßt sich z. B. aus dem Text S. 1245,7—1247,3 folgendes Schema herausschälen: *qāla Abū Ǧaʻfar waḫtalafa 'l-salafu min ahli*

persönliche Stellungnahme zu der erörterten Frage selten ist[1]). Zuweilen kommt es vor, daß allgemeine Andeutungen wie „einige meinen“, „andere sagen“, „es wird behauptet“ usw.[2]) im folgenden nicht durch namentliche Quellennachweisungen ergänzt sind. Dagegen wird die bei Früheren so beliebte Verarbeitung verschiedener Traditionen zu einer einheitlichen Erzählung gänzlich vermieden, es sei denn, daß eine solche Harmonisierung schon in der Vorlage angetroffen wurde, wo dann natürlich der darauf hinweisende literarhistorische Vermerk mit übernommen wird[3]).

Wie man sieht, ist der traditionalistische Formalismus Ṭabarīs in einer Weise ausgestaltet, wie er es niemals zuvor war. Das ist zwar künstlerisch ein Rückschritt, erhöht aber die Brauchbarkeit des Werkes für den Geschichtsforscher. Dieselbe würde noch größer sein, wenn uns nicht die wichtigsten Quellen Ṭabarīs, wie Ibn Isḥāq, Wāqidī und Ibn Sa'd, bereits im Original erhalten wären.

Die auf die Prophetenbiographie folgenden Teile der Weltchronik, welche die ersten Chalifen behandeln, bergen noch manche wichtige Nachricht über Muhammed und seine Zeit. Von größter Wichtigkeit sind z. B. die Mitteilungen über das

---

'l-'ilmi fī ..... ḏikru man qāla ḏālika ..... fa-qāla ba'ḍuhum ...... wa-qad wāfaqa qaula man qāla .... ḏikru man qāla ḏālika ...... wa-qāla āḫarūna ...... qāla Abū Ǧa'far wa-qad wāfaqa qaula man qāla. Dieses Schema wird in der mannigfaltigsten Weise verändert, wie die folgenden Stellen zeigen: S. 1227, 16 ff., 1242, 10 ff., 1249, 16 ff., 1250, 12 ff., 1256, 12 ff., 1259, 10 ff., 1281, 8 ff., 1262, 12 ff., 1263, 4 ff., 1270, 12 ff., 1273, 6 ff., 1276, 15 ff., 1279, 9 ff., 1281, 6 ff., 1296, 13 ff., 1357, 15 ff., 1362, 1 ff., 16 ff., 1367, 9 ff., 1375, 8 ff., 1502, 9 ff., 1767, 14 ff.

[1]) z. B. Ṭabarī I 1259, 14 *wa-'l-ṣaḥīḥ 'indanā fī ḏālika.* In anderen Teilen der Chronik finden sich noch andere Ausdrücke, z. B. *ana ašukku* „ich zweifle“ (I 522, 3. 13).

[2]) z. B. 1297, 12 *wa-qad za'ama ba'ḍuhum, qāla āḫarūna, qīla, juqālu* S. 1233 u. 1245, 5. 1248, 9.

[3]) z. B. Ṭabarī I 1291, 17—1292, 1 = Ibn Hišām 428, 2. 3, Ṭabarī I 1384, 3—6 = Ibn Hišām 555, 12 ff., worauf die Schilderungen der Schlachten von Bedr und Uḥud folgen.

Auftreten des Propheten Maslama, die trotz ihrer fragmentarischen Kürze doch einzig in ihrer Art sind[1]). Überall bewährt sich Tabarī als fleißiger und gewissenhafter Sammler, verrät aber nirgends besondere historische Begabung.

Von der Chronik Tabarīs hat Abū ʻAlī Muḥammad al-Balʻamī, Vezier des Samanidenfürsten Abū Ṣāliḥ Manṣūr b. Nūḥ, oder vielleicht ein Unbekannter auf Befehl dieses Veziers im Jahre 352 a. H. (= a. D. 963) eine Bearbeitung in persischer Sprache veröffentlicht. Diese ist zwar sehr stark verkürzt und läßt die Zeugenketten weg, hat aber auch vielerlei aus anderen Quellen übernommen. Wenn wir davon eine kritische Ausgabe besäßen, würde daraus für das arabische Original wohl nicht geringer Nutzen zu ziehen sein. Die französische Übersetzung H. Zotenbergs[2]) kann diesen Dienst nicht leisten, um so weniger, als sie nur Pariser Manuskripte berücksichtigt, während andere Handschriften beträchtliche Varianten zu haben scheinen. Deshalb bleibt eine Textausgabe auf breitester handschriftlicher Grundlage noch immer wünschenswert. Die türkische Übersetzung, welche a. H. 1260 in Konstantinopel gedruckt sein soll[3]), ist mir unzugänglich geblieben.

Des vielgereisten, gelehrten und geistreichen Abū ʼl-Ḥasan ʻAlī b. Ḥusain al-Masʻūdī (gest. 345) berühmtes Werk Murūǵ al-ḏahab („Goldfelder") ist eine Fundgrube für die Staats-, Kultur- und Literaturgeschichte. Doch ist der auf den Propheten verwendete Raum — in der französischen Ausgabe[4]) einschließlich Übersetzung S. 114—175 des vierten Bandes — viel zu knapp, als daß der Verfasser Neues bringen oder auch

---

[1]) Tabarī I 1738. 1916f. 1933f. 1951.

[2]) Chronique de Abou Djafar Mohammed ben Djerir ben Yezid Tabari, traduite sur la version persane d'Abou ʻAli Moʻhammed Belʻami par Herm. Zotenberg, t. I—IV, Paris 1867—1874.

[3]) C. Brockelmann, Geschichte der arabischen Litteratur I 143.

[4]) Maçoudi, Les prairies d'or, texte et traduction par C. Barbier de Meynard et Pavet de Courteille, tome I—IX, Paris 1861—1877. Die Ausgabe läßt philologisch viel zu wünschen übrig und verdiente eine Erneuerung.

nur seine schriftstellerischen Vorzüge entfalten könnte. Wie Ibn Qutaiba stellt er frei dar und macht von dem schwerfälligen Rüstzeug des Isnad äußerst selten Gebrauch. Von den älteren Biographen nennt er den Ibn Hišām S. 116, Ibn Isḥāq S. 144, 6. 11. 145, 4, den Wāqidī S. 144, 6. 10. 145, 1. 8, Ibn Sa'd S. 145, 8 und Tabarī S. 145, 8. Die Nachrichten über die ersten Chalifen sind ebenfalls sehr dürftig. Das Interesse des Verfassers wird erst lebhafter bei Ali, dessen kurze Regierung doppelt soviel Seiten füllt, als die seiner drei Amtsvorgänger zusammen genommen.

In der großen Weltgeschichte (al-Kāmil) des Abū 'l-Ḥasan 'Alī Ibn al-Aṯīr (gest. 630), die in der Leidener Ausgabe[1]) zwölf Bände Text umfaßt, nimmt das Leben Muhammeds nur einen kleinen Raum ein, Bd. II S. 1—252. Wie aus der Vorrede — Bd. I S. 4 — hervorgeht, betrachtet sich der Verfasser als Ergänzer und Fortsetzer des Tabarī, dessen Chronik er seiner eigenen Arbeit zugrunde legt. Doch geht er nicht, wie dieser, darauf aus, möglichst viel Traditionen über ein Ereignis vorzuführen, sondern zusammenhängend darzustellen. Zu diesem Zwecke verschmilzt er die Traditionen miteinander, läßt für den Gang der Haupthandlung nebensächliche Züge weg und sucht sich überhaupt so einfach und kurz wie möglich auszudrücken. Ebenfalls im Interesse der Geschlossenheit der Darstellung läßt er die Zeugenketten weg und führt, wenn er einmal ausnahmsweise eine Quelle nennen will, nur den Verfasser des benutzten Werkes oder eine von dessen Autoritäten an. So beruft er sich innerhalb der Prophetenbiographie auf Ibn Isḥāq nur 10 mal[2]), auf Wāqidī 8 mal[3]) und auf seine Hauptquelle Tabarī nur 1 mal[4]). Auch allgemeine Quellenhinweise wie *qīla* „es wird gesagt" sind selten[5]). Unverhältnis-

---

[1]) Ibn-el-Athiri chronicon quod perfectissimum inscribitur . . . edidit Carolus Johannes Tornberg, 12 Bände Text, 2 Bände Varianten und Indices, Upsala, bzw. Leiden 1851—1871.

[2]) Bd. II S. 29. 42. 43. 44. 86. 107. 111. 112. 144. 155.

[3]) S. 28. 36. 44. 86. 107. 111. 174. 131. [4]) S. 144.

[5]) z. B. S. 33. 34. 36. 234. 236. 237. 238. 239.

mäßig viel Autoritäten nennt er in den Kapiteln über die prophetische Sendung, die Erstbekehrten und die Personalien Muhammeds[1]), also gerade in den Abschnitten legendarischen Charakters. Carl Brockelmann, dem wir eine vortreffliche Untersuchung über das Verhältnis Ibn al-Aṯīrs zu Ṭabarī verdanken, verzeichnet zahlreiche Stellen, die ohne weitere Kennzeichnung unmittelbar dem Ibn Hišām und Wāqidī entnommen sind[2]). Alles in allem bedeutet Ibn al-Aṯīr zwar literarisch einen großen Fortschritt, aber für die Forschung kann er gegenüber den älteren Werken keinen selbständigen Wert beanspruchen. Dagegen sind in dem Abschnitt über die ersten Chalifen wichtige Materialien enthalten, die bei älteren Schriftstellern vermißt werden, z. B. die ausführliche Erzählung von den Qorānausgaben Abu Bekrs und Othmans[3]).

C. Der gesetzliche Hadith.

Von dem biographischen Hadith, dessen Entstehung und literarische Entfaltung wir im vorigen Kapitel durch die Jahrhunderte verfolgt haben, streng zu scheiden ist der gesetzliche Hadith[4]). Derselbe verzeichnet diejenigen Handlungen und Aussprüche Muhammeds, welche die für die Religionsübung und das gesetzlich-rituelle Verhalten der Muslime maßgebenden Vorbilder sind und den Ausführungen der gesetzlichen und ethischen Handbücher als grundlegendes Beweismaterial dienen konnten[5]). Für diese Gesichtspunkte boten selbstverständlich die öffentlichen Ereignisse, die in der Sīra vorherrschen, weit geringere Ausbeute als die Vorgänge in dem Privatleben des Propheten. Dieses ist zwar, nach dem Vorgange der qorānischen Offenbarung, auch für die Sīra nicht ohne jedes Interesse, tritt

[1]) S. 32—36. 41—44. 231 ff.

[2]) Dissertation Straßburg i. Els. 1890 (s. schon oben S. 122) S. 31 f.

[3]) Band III S. 85—87.

[4]) Der gesetzliche Hadith wird in der abendländischen Literatur zuweilen als „eigentlicher Hadith" oder „Hadith im engeren Sinne" genannt. Wo von Hadithliteratur im allgemeinen geredet wird, ist er gemeint.

[5]) I. Goldziher, Muhammedanische Studien Bd. II S. 5.

aber sehr in den Hintergrund. Dagegen ist der gesetzliche Hadith hier in seinem eigensten Elemente und macht selbst vor so heiklen Gegenständen wie den Geheimnissen des Geschlechtsverkehrs und der Notdurft nicht Halt. Soweit in diesem Hadith das gleiche Material wie in der Sīra benutzt wird, ist dasselbe nicht nach zeitlichen, sondern nach dogmatischen, ethischen oder rituellen Gesichtspunkten gruppiert, so daß das, was in der Sīra beieinander steht, hier weit zerstreut ist. Die öffentlichen Ereignisse im Leben Muhammeds, welche die älteren Hadithwerke noch mit berücksichtigen, treten aber allmählich immer mehr zurück und verschwinden in den Sunan-Büchern ganz. Wie man sieht, besteht der grundsätzliche Unterschied der beiden Hadithgattungen nicht im Stoffe, sondern in der Stoffbehandlung.

Obwohl die Nachrichten über das Benehmen historischer Personen in Haus und Familie wegen ihrer schweren Kontrollierbarkeit im allgemeinen höchst unzuverlässig sind, haben sich die abendländischen Gelehrten gerade von diesem Teil des gesetzlichen Hadith gewaltig imponieren lassen. Was ihnen am meisten ins Auge stach, waren die ungeheuren Massen des Traditionsstoffes, die langen Zeugenketten, die Intimität des Inhaltes sowie der vielfach rührende, naive und treuherzige[1]) Stil. Noch ein angesehener Forscher wie R. A. Dozy, der Geschichtschreiber der Mauren in Spanien, trug kein Bedenken, die Hälfte des Buḫārī als historische Quelle zu verwerten[2]). Aber wie Ignaz Goldziher, dem wir eine grundlegende Kritik des gesetzlichen Hadith verdanken[3]), nachweist, haben sich nicht nur die dogmatischen und religionsgesetzlichen, sondern auch die politischen Parteikämpfe der ersten Jahrhunderte, kurz alle Strömungen und Gegenströmungen im Leben des Islam,

---

[1]) Vergleiche z. B. die häufigen Wendungen *wa-ka'annī arā 'l-nabīja* „es ist mir, als ob ich den Propheten sähe", *wa-ka'annī wāqifun baina jadaihi* „es ist mir, als ob ich vor ihm stünde".

[2]) R. A. Dozy, Essai sur l'histoire de l'islamisme traduit du hollandais (Leiden 1863) par Victor Chauvin, 1879, S. 124.

[3]) Muhammedanische Studien Bd. II (1890).

als Hadith niedergeschlagen. Dies geschah in der Weise, daß die theologischen Verfechter von Lehrmeinungen oder Bräuchen dieselben behufs wirksamerer Einbürgerung durch frei erfundene Traditionen auf angebliche Aussprüche oder Handlungen des Propheten zurückführten. Die Öffentlichkeit sah hierin im allgemeinen keinen Schwindel, sondern nur erlaubtes schriftstellerisches Verfahren. Das Aufkommen der muslimischen Traditionskritik, die sich fast ausschließlich an die Form hielt und, wenn nur der Isnad in Ordnung war, selbst den unsinnigsten Inhalt verdaute, konnte ebensowenig hier wie bei dem biographischen Hadith eine Wendung zum Besseren herbeiführen. Damit soll nicht geleugnet werden, daß unter dem Wuste von Irrtum und Lüge auch glaubwürdige Überlieferungen stecken können. Aber von vornherein und bis zum Erweise des Gegenteils hat jeder gesetzliche Hadith als Fälschung zu gelten.

Dieser Hadith nimmt auch hinsichtlich der Behandlung des Isnad eine Sonderstellung ein. Trotz aller Wandlungen, denen, wie bei der Besprechung der einzelnen Werke noch gezeigt wird, die Beurteilung der Autoritäten im Laufe der Zeiten unterworfen war, ist er allezeit die Domäne der vollständigen und lückenlosen Zeugenkette geblieben, während diese Form innerhalb der Prophetenbiographie, wie der Chronistik überhaupt, bei Tabarī ihre höchste Vollendung erreichte, aber später allmählich in Verfall geriet, bis schließlich jede Quellenangabe wegfiel. Andererseits fällt der Isnad in dem gesetzlichen Hadith schon äußerlich weit mehr ins Auge, da hier der Traditionsstoff in viel kleinere Abschnittchen zerfetzt ist, deren jedes seine Beglaubigung an der Spitze tragen muß. So kommt es, daß der Isnad in den Hadithsammlungen mindestens ebensoviel Raum einnimmt wie der eigentliche Text (*matn*).

D. Die Hadithliteratur[1]).

Die große Wertschätzung, deren sich der Isnad, wie soeben gezeigt wurde, im gesetzlichen Hadith erfreut, veranlaßte

[1]) Die folgende Darstellung verdankt das meiste Ign. Goldzihers Muhammedanischen Studien Bd. II S. 203—274, sowie der bedeutenden

schon früh die Entstehung der sogenannten Musnad-Werke, in denen die Traditionen nach den Isnaden, genauer nach den im letzten Glied derselben namhaft gemachten „Genossen“ geordnet sind. Das älteste derselben und das einzige seiner Art, das bis jetzt in einer gedruckten Ausgabe vorliegt, ist der Musnad des Abū ʿAbdallāh Aḥmad b. Muḥammad Ibn Ḥanbal (gest. 241)[1]). Im allgemeinen Rahmen jener Anordnung werden hier noch einzelne Kategorien besonders zusammengefaßt, teils nach Verwandtschaft und Geschlecht, wie die Traditionen der Genossen aus der Familie Muhammeds, von den Anṣār, der Frauen, teils nach Wohnort oder Heimat, z. B. Traditionen der Genossen aus dem Iraq, Basra, Kufa, Mekka, Medina u. a. m. Wie man vermuten darf, ist diese Disposition nicht von dem Verfasser neu erfunden, sondern ein Überbleibsel aus älterer Zeit, in der die Hadithliteratur einst nur aus lauter solchen kleineren selbständigen Sammlungen bestand. Denn auf diese Weise erklärt sich am einfachsten die Tatsache, daß nicht nur das ganze Werk Ibn Ḥanbals, sondern auch jede der eben genannten Traditionsgruppen den Namen Musnad führt. Der Inhalt „erstreckt sich auf alle Stoffe, die je Gegenstand der Ḥadîṯ-Mitteilung gebildet haben, auf rituelle Gesetze und Regeln, juristische Normen, moralische Sprüche, Legenden und Fabeln. Auch die historische Überlieferung, Maġâzî, nimmt darin einen breiten Raum ein“ Die Kritik geht nirgends über das Maß des bei den Muslimen Üblichen, das sich nur an Äußerlichkeiten klammert, hinaus und bleibt gewöhnlich noch weit dahinter zurück. Wenn aber Ibn Ḥanbal soweit geht, Aussprüche des Propheten aufzunehmen, in denen die Freigebigkeit des ersten Abbasidenherrschers al-Saffāḥ gepriesen, die Eroberung Indiens vorausgesagt, oder der Ruhm seiner Heimatstadt Merw verkündet wird, so möchte man lieber an einen Scherz als an Urteilslosigkeit denken.

Abhandlung „Neue Materialien zur Litteratur des Ueberlieferungswesens bei den Muhammedanern“ in Zeitschr. d. Deutsch. Morgenl. Gesellsch. Bd. 50 (1896) S. 465–506.

[1]) Kairo 1896, 6 Bände in Großquart von zusammen 2888 Seiten.

Die Anlage der Musnad-Bücher erschwert die Benutzung in hohem Grade, um so mehr, als das allgemeine Prinzip der Anordnung nach den Namen der Genossen[1]), wie wir gesehen haben, wieder durch Sondergruppen durchbrochen wird, so daß eine Tradition bald an verschiedenen Stellen erscheint oder, wenn nur einmal, oft an einem Orte, an dem man sie nicht erwartet. Diese Schwierigkeiten begünstigten das Aufkommen einer anderen Gattung Hadithliteratur, der sog. Muṣannaf-Werke, in denen die Überlieferungen nach dem Inhalte geordnet in Kapiteln vereinigt sind[2]). Freilich hat auch dieses System seine Schattenseiten. Denn wenn eine Tradition inhaltlich in verschiedene Kapitel hineingehört, ist sie oft entweder ganz oder zum Teil an verschiedenen Stellen gebucht, aber, falls nebensächliche Züge für die Einreihung maßgebend waren, manchmal gerade da nicht, wo man sie erwartet.

Das angesehenste Muṣannaf-Werk ist der Ṣaḥīḥ[3]) des Abū ʿAbdallāh Muḥammad b. Ismāʿīl al-Buḫārī (gest. 256). Der Titel, „Das Korrekte“, weist vielleicht darauf hin, daß der Verfasser das Traditionsmaterial in besserer Gestalt als sein Lehrer Ibn Ḥanbal vorlegen wollte. Jedenfalls ließ er es sich angelegen sein, Traditionen mit verdächtigen Gewährsmännern oder zweifelhaftem Inhalte auszuscheiden, den Text der Überlieferungen gleich dem Isnad mit peinlicher Genauigkeit vorzuführen, Erklärungen oder Ergänzungen besonders als von ihm herrührend zu kennzeichnen und Ansichten über das Verhältnis verschiedener Parallelüberlieferungen am Schlusse unter seinem Namen anzumerken. Aber alle diese Verbesserungen beruhen ausschließlich auf Äußerlichkeiten und haben mit dem, was wir historische Kritik nennen, nicht das Geringste zu tun. Und wenn man ihm auch das Verdienst zubilligt, den Wust des Traditionsstoffes beträchtlich verringert zu haben — denn sein Buch beträgt nur etwa ein Drittel des Musnad Ibn Ḥanbals —,

---

[1]) *ʿalā ʾl-riǵāl*, wie der arabische Terminus lautet.

[2]) *ʿalā ʾl-abwāb*.

[3]) Es wird auch al-Ǵāmiʿ al-ṣaḥīḥ genannt, vgl. Qasṭallānī in der Vorrede zum Kommentar (Bulaq 1303 in 10 Bänden).

so darf man doch nicht glauben, daß das Beibehaltene mehr Wert habe als das Gestrichene. Die Lieblingsautoritäten seines Lehrers, Anas b. Mālik, die verlogene Aïscha und der übel berufene Abū Huraira, werden auch von ihm bevorzugt. Viel Historisches enthält die zweite Hälfte des Buches bad' al-ḫalq [1]) und vor allem das große maghāzī-Buch, dem kein Hadithwerk etwas Ähnliches an die Seite zu stellen hat. Hieran schließt sich ein Qorānkommentar. Alles übrige — in der von mir benutzten Ausgabe [2]) 670 von 856 Seiten — wird von gesetzlichem Hadith ausgefüllt, in dem Historisches nur hier und da eingebettet ist.

Ein anderer Schüler Ibn Ḥanbals, Abū 'l-Ḥusain Muslim b. al-Ḥaggāg al-Naisābūrī (gest. 261), hat gleichfalls unter dem Namen Ṣaḥīḥ eine hochberühmte Sammlung hinterlassen [3]). Die Reihenfolge der Kapitel ist von der Buḫārīs verschieden, auch fehlen die für diesen charakteristischen Überschriften, die jedoch Nawawī (gest. 676) [4]) später seinem Kommentare beifügte. Während Buḫārī gleiche Traditionen mit abweichendem Isnad

---

[1]) Vom Kapitel manāqib aṣḥāb al-nabī an. Die Kapitel(*bāb*)-Überschriften sind von Buḫārī selbst und bilden einen wesentlichen Teil des Werkes, nur ist deren Wortlaut nach Rezensionen verschieden. Dagegen sind die zusammenfassenden Buch(*kitāb*)-Bezeichnungen wohl erst später hinzugefügt. Vgl. I. Goldziher, Muhammedanische Studien Bd. II S. 238.

[2]) Kairo (Ḥalabī) 1309, 4 Bände. Über die zahlreichen anderen Ausgaben vgl. C. Brockelmann, Gesch. d. arab. Litteratur Bd. I S. 158. Darunter ist auch eine — noch nicht vollendete — europäische, von Ludolf Krehl, Leiden 1862—1868 in drei Bänden; dazu Bd. IV von Th. W. Juynboll, Leiden 1907/8. Seit diesem ersten Versuch hat kein christlicher Gelehrter es mehr unternommen, ein Hadithwerk zu edieren, wahrscheinlich in der richtigen Erkenntnis, daß die Orientalen das besser verstehen. Wir sollten uns auf die Herstellung alphabetischer Register zu den Traditionen beschränken.

[3]) I. Goldziher, Muhammed. Studien II 245 ff. Über die verschiedenen Ausgaben vgl. C. Brockelmann, Geschichte der arabischen Litteratur Bd. I S. 160. Ich zitiere Bücher und Kapitel nach den Bezeichnungen Nawawīs. Nur bei allzu umfangreichen wird noch Band und Seite der von mir benutzten Ausgabe — am Rande des Bulaqer Druckes des Qasṭallānī zu Buḫārī (Bulaq 1303 in 10 Bänden) — hinzugefügt.

[4]) Vgl. C. Brockelmann a. a. O. I S. 394.

häufig über die verschiedenen einschlägigen Kapitel verteilt, verzeichnet Muslim alle Varianten an der ersten in Betracht kommenden Stelle und verwertet dieses Material später nicht mehr. Der Wert des Werkes für uns ist gering, da es außer einem Teil des kitāb al-faḍā'il und zerstreuten Stellen keinen historischen Abschnitt enthält. Das am Schluß stehende Kapitel „Qorānauslegung" ist ein elender Torso, der sogar in dem von mir benutzten Randdrucke und einschließlich des ebenso umfangreichen Kommentares sich nur über zehn Seiten erstreckt. Sehr verdienstlich ist die recht umfangreiche Einleitung in das Traditionswesen, die Muslim seiner Sammlung vorangestellt hat[1]).

Noch mehr vom Interesse für das Gesetzliche und Rituelle beherrscht sind die Sunan-Werke des Abū-Dā'ūd (gest. 279), Ibn Māga (gest. 273) und Nasā'ī (gest. 303)[2]), die deshalb nur dann angeführt werden, wenn sich eine Tradition allein bei ihnen erhalten hat oder zufällig gerade bei ihnen gefunden wurde.

Abū 'Īsā Muḥammad b. 'Īsā al-Tirmiḏī (gest. 279) kann sich rühmen, drei berühmte Traditionarier, den Ibn Ḥanbal, Buḫārī und Abū Dā'ūd, zu Lehrern zu haben. Sein Werk wird zuweilen Sunan, öfter und richtiger aber al-Gāmi' al-ṣaḥīḥ[3]) genannt, da es seinem Inhalt nach mehr mit Muslim verwandt ist. Wie dieser enthält es, in den abwāb al-manāqib[4]), auch Historisches, aber einen viel umfangreicheren Qorānkommentar[5]). Bemerkenswert ist die Sonderstellung, die es in der Isnad-Kritik einnimmt. Buḫārī und Muslim lassen

---

[1]) In der von mir benutzten Ausgabe Bd. I S. 60—184.

[2]) I. Goldziher a. a. O. I 248ff. C. Brockelmann a. a. O. I 161ff.

[3]) In der von mir benutzten Ausgabe — lithographiert Dihlī 1315, 2 Bände Folio — steht auf dem Titelblatte Gāmi', dagegen über dem Texte Sunan. Die Einleitung in das Traditionswesen (al-risāla fī fann uṣūl al-ḥadīṯ), die jetzt gewöhnlich im Anfang der Ausgabe steht, stammt nicht von Tirmiḏī, sondern von dem bekannten Gelehrten 'Alī b. Muḥammad al-Gurgānī (gest. 816).

[4]) Bd. II S. 201—234.

[5]) Bd. II S. 111—172.

nur solche Zeugen zu, über deren Zuverlässigkeit unter den Gelehrten volles Einverständnis herrscht. Abū Dā'ūd und sein Schüler Nasā'ī sind schon zufrieden, wenn ein Zeuge nicht allgemein verworfen wird. Tirmidī geht noch einen Schritt weiter und nimmt jede Tradition auf, die jemals in der gesetzlichen Praxis als Beweis gegolten hat. Er fühlt sich aber andererseits verpflichtet, jeder von ihm herangezogenen Überlieferung, nach dem Grade ihrer Glaubwürdigkeit, eine bestimmte Zensur zu erteilen [1]). Indessen bezieht sich diese wie alle muslimische Kritik bekanntlich nur auf die Form der Überlieferung, so daß die dreistesten Erfindungen die glänzendste Note erhalten können.

Von dem gleichen Verfasser gibt es noch eine kleine Schrift über den Charakter und die Lebensweise Muhammeds in 56 Kapiteln. Selbständige Ausgaben scheint es gewöhnlich nur in Verbindung mit Kommentaren zu geben [2]). Das von mir benutzte Exemplar ist als Anhang zu dem Ṣaḥīḥ gedruckt, aber mit besonderer Paginierung [3]). Der Titel lautet bald einfach al-Šamā'il, bald Šamā'il al-Muṣṭafā oder al-Šamā'il al-nabawīja wa-'l-ḫaṣā'il al-muṣṭafawīja. Die Isnade sind sehr zahlreich und langgliedrig, ohne jedoch, wie im Ṣaḥīḥ, von einer Kritik begleitet zu sein. Der Inhalt erinnert lebhaft an die Kompilation, welche Muḥammad b. Sa'd am Ende seiner Sīra unter dem Titel ṣifat rasūl Allāh über den nämlichen Gegenstand veranstaltet hat [4]), und besteht gleich dieser fast ganz aus apokryphen, historisch wertlosen Nachrichten. Die Anordnung des Stoffes ist durchaus verschieden, ebenso der Wortlaut der meisten Überschriften. Dagegen stimmt die Zahl der Kapitel — Šamā'il 56, Ibn Sa'd 58 — merkwürdig überein. Das

---

[1]) z. B. gut (*ḥasan*), schwach (*ḍa'īf*), korrekt (*ṣaḥīḥ*), seltsam (*gharīb*), korrekter (*aṣaḥḥ*). Kombinierte Prädikate sind *ḥasan ṣaḥīḥ, ḥasan gharīb.*

[2]) C. Brockelmann a. a. O. I S. 162 verzeichnet mehrere.

[3]) 30 Seiten im Format der oben beschriebenen lithographierten indischen Ausgabe.

[4]) Ibn Sa'd I, II S. 87—186; s. oben S. 134f.

genauere Verhältnis der beiden Schriften würde eine besondere Untersuchung verdienen.

Die Miškāt al-Maṣābīḥ des Walīaddīn Muḥammad b. ʻAbdallāh al-Tibrīzī ist eine im Jahre 737 a. H. vollendete Umarbeitung der Maṣābīḥ al-sunna des Abū Muḥammad al-Ḥusain b. Masʻūd al-Farrā al-Baghawī (gest. 510 oder 516)[1]. Sie soll zur Belehrung für Nichtfachleute und namentlich zur Erbauung dienen. Dem entspricht die Auswahl des Stoffes. Soweit noch Sinn für Historisches vorhanden war, ist es in den Kapiteln faḍā'il al-nabī und manāqib[2]) untergebracht. Innerhalb der einzelnen Abschnitte stehen an der Spitze die dem Buḫārī und Muslim entnommenen Überlieferungen, bezeichnet mit *ṣaḥīḥ*, dann folgen die Exzerpte aus den Sunan-Werken, bezeichnet mit *ḥasan*, zuletzt stehen zuweilen noch einige seltsame (*gharīb*) oder unsichere (*ḍaʻīf*) Traditionen. Wegen dieser Anordnung gewährt das Buch eine gute Übersicht über die in den sieben hauptsächlichen Hadith-Werken zu einer bestimmten Frage vorhandenen Überlieferungen und kann daher, in Ermangelung anderer systematischer Nachschlagewerke, der Forschung gute Dienste leisten.

Allen in diesem Kapitel verzeichneten Werken zeitlich voran steht das Muwaṭṭa' des Mālik b. Anas (gest. 179)[3]. Aber dasselbe ist kein Hadithwerk, sondern ein Corpus juris, das Gesetz und Recht, Ritus und Praxis der Religionsübung nach dem Konsensus und Usus von Medina darstellt. Es zieht zwar auch Hadithe heran, aber längst nicht in jedem Kapitel und ohne ihnen ausschlaggebende Bedeutung beizumessen. Deshalb verdient dieses Werk nur dann angeführt zu werden, wenn es darauf ankommt, die Verbreitung einer bestimmten Überlieferung oder ihr Vorkommen schon in so früher Zeit darzutun.

---

[1]) Ign. Goldziher, Muhammed. Studien II 270f. C. Brockelmann a. a. O. I 363f. II 195.

[2]) In der von mir benutzten lithographierten indischen Folioausgabe, Dihlī 1310, S. 510—584.

[3]) I. Goldziher a. a. O. II 213ff. C. Brockelmann a. a. O. I 175f.

E. Die Biographien der Gefährten Muhammeds.

Die ältesten Quellen über die Gefährten Muhammeds sind die Prophetenbiographien, die Geschichtskompendien und Weltchroniken sowie die Hadithwerke, namentlich in den manāqib oder faḍā'il genannten Kapiteln. Aber nirgends in der älteren Literatur wird den „Genossen“ soviel Aufmerksamkeit geschenkt wie in dem Klassenbuch des Ibn Sa'd[1]). Auch Ṭabarī hat ein größeres Werk darüber verfaßt, von dem jedoch, wie es scheint, nur der jetzt am Ende der Annalen abgedruckte dürftige Auszug erhalten ist[2]). Bequemer zum Nachschlagen sind die alphabetisch angeordneten Werke der späteren Zeit.

Das älteste derselben, welches in einer gedruckten Ausgabe vorliegt, trägt den Titel Istī'āb fī ma'rifat al-aṣḥāb und rührt her von dem berühmten spanischen Gelehrten Abū 'Omar Jūsuf Ibn 'Abdalbarr al-Qurṭubī (gest. 463)[3]). Umfangreicher ist das unter dem Namen Usd al-ghāba („Löwen des Dickichts“) gehende Werk[4]) des Ibn al-Aṯīr, des Verfassers der Weltchronik (gest. 630)[5]). Wie dieser in der Vorrede bemerkt, steht er auf den Schultern des oben genannten Ibn 'Abdalbarr sowie drei anderer — alle aus Isfahan in Persien gebürtiger — Gelehrter, des Abū 'Abdallāh b. Minda (gest. 395)[6]), des Abū Nu'aim Aḥmad b. 'Abdallāh (gest. 430)[7]) und des Abū Mūsā Muḥammad b. abī Bekr b. abī 'Īsā (gest. 581)[8]). Darum versieht er die Artikel, welche einem oder mehreren dieser Autoren entlehnt sind, am Anfang mit entsprechenden Buchstaben (د, ع, ب, س). Sehr merkwürdig ist es, daß er die Grundsätze der alphabetischen Folge so weitläufig und naiv entwickelt[9]), als ob es sich um eine Neuerung handelte, ob-

---

[1]) Vgl. oben S. 136.

[2]) Vgl. M. J. de Goeje in der Introductio zur Leidener Ausgabe der Annalen des Ṭabarī S. XIIIf.

[3]) Brockelmann I 363f. Gedruckt Haiderābād 1318 a. H.

[4]) Kairo 1280 in 5 Bänden.

[5]) Vgl. oben S. 143f.

[6]) Brockelmann I S. 167.

[7]) Brockelmann I S. 362.

[8]) A. a. O. I S. 355 unten.

[9]) Bd. I S. 5, 20—6, 11.

wohl schon der 150 Jahre früher lebende Ibn ʿAbdalbarr diese Anordnung hatte[1]. Von Geschichtswerken, die Ibn al-Aṯīr benutzte, erwähne ich nur die Maghāzī des Ibn Isḥaq, die ihm in der Überlieferung des Jūnus b. Bukair[2]) vorlagen, so daß hier ein neues Hilfsmittel zur Wiederherstellung des originalen Wortlautes dieses wichtigen Buches gewonnen ist[3]). Während in dem Klassenbuch des Ibn Saʿd alles in allem gegen 1860 Genossen behandelt werden, ist die Zahl derselben bei Ibn al-Aṯīr auf 7554 angeschwollen[4]). Dies war dadurch zu erreichen, daß außer den Gefährten des Propheten noch weitere Kreise der Zeitgenossen berücksichtigt wurden.

Von diesem großen Werke verfertigte Šamsaddīn Abū ʿAbdallāh b. ʿAlī al-Ḏahabī (gest. 748) unter dem Titel Tagrīd asmā al-ṣaḥāba einen kurzen Auszug[5]), benutzte aber daneben noch andere Bücher, die er in der Vorrede sorgfältig aufzählt und auf die er jeden neu aufgenommenen Artikel als auf seine Quelle durch bestimmte Buchstaben zurückführt. Für die Frauen ist besonders der letzte Teil von Ibn Saʿd's berühmtem Klassenbuch ausgebeutet. Auf diese Weise scheint es ihm gelungen zu sein, die Zahl der verzeichneten Personen gegenüber Ibn al-Aṯīr um 400—500 zu vermehren[6]). Wegen seiner großen Kürze ist das Buch nur als Register zu dem von ihm benutzten Werke zu verwerten.

Die umfangreichste aller bekannten Sammlungen ist die Iṣāba fī tamjīz al-ṣaḥāba des aus Askalon in Palästina gebürtigen Abū 'l-Faḍl Muḥammad b. ʿAlī Ibn Ḥagar[7]) (gest. 852).

---

[1]) Von anderen seiner Vorläufer deutet es Bd. I S. 6, 22. 23 an („und ich sah eine Menge der Neueren, sobald sie ein Buch nach den Buchstaben anordneten, . . .)“.

[2]) Vgl. Bd. I S. 11, 9 f. Dieselbe Rezension ist auch stellenweise von Wāḥidī in den Asbāb al-nuzūl benutzt, vgl. ed. Kairo 1315 S. 165, 12.

[3]) Vgl. oben S. 130. [4]) Nach Ibn Ḥagar, Iṣāba Bd. I S. 3.

[5]) 2 Bände, Ḥaiderābād 1315.

[6]) Vgl. die Vorrede Bd. I S. 4, 3, wo die Gesamtzahl auf 8000 geschätzt wird.

[7]) Vgl. C. Brockelmann a. a. O. II S. 67 f.

Die Zahl der behandelten Personen ist hier noch weiter vermehrt, weil, wie es in der Vorrede Bd. I S. 4 heißt, auch alle diejenigen Aufnahme fanden, die gerade noch den Propheten gesehen haben konnten, sei es kurz vor ihrem Tode oder in den ersten Jahren ihres Lebens. Die Kalkuttaer Ausgabe[1]) weist trotz ihres gewaltigen Umfanges doch nicht unbeträchtliche Lücken auf, da keine ganz vollständigen Handschriften aufzutreiben waren.

Während in der späteren historischen Literatur der Araber, wie oben gezeigt wurde, Zeugenketten nur noch selten vorkommen und eine zusammenhängende Darstellung angestrebt wird[2]), nehmen die Isnade in den großen biographischen Sammlungen des Ibn al-Aṯīr und Ibn Ḥagar einen breiten Raum ein. Der Grund dieser auffallenden Erscheinung liegt darin, daß diese Werke nicht aus einem unabhängigen geschichtlichen Interesse hervorgegangen sind, sondern ganz im Dienste der Traditionskritik stehen[3]). Die Überlieferungen, um welche sich die Entscheidung der Urteilssprüche und die Kenntnis des Erlaubten und Verbotenen sowie anderer Gegenstände der Religion drehen, sind erst zuverlässig, wenn die Kenntnis der Glieder ihrer Isnade und ihrer Tradenten vorausgeht. Die ersten und vornehmsten derselben sind aber die Genossen des Gottgesandten. Wenn einer diese nicht kennt, so wird seine Unkenntnis gegenüber anderen noch größer sein. Deshalb ist es notwendig, „ihre Abstammung und Lebensverhältnisse festzustellen, sonst kann man nicht wissen, ob das Operieren mit dem, was die Autoritäten überliefern, korrekt und der Beweis gesichert ist. Überlieferungen unbekannter Personen dürfen in dieser Hinsicht nicht verwandt werden“[4]). Daß ein Buch, das sich als Hilfs-

[1]) Calcutta 1856—1873 (Bibliotheca Indica), 4 Bände von zusammen 4800 Seiten.

[2]) Vgl. oben S. 143.

[3]) Hiermit hängt es auch zusammen, daß das kleine biographische Kompendium Ma'āl fī asmā al-rigāl des Muḥammad al-Tibrīzī (gest. 737) speziell für sein Miškāt al-Maṣābīḥ genanntes Hadithwerk bestimmt und der indischen Ausgabe desselben angehängt ist. Vgl. oben S. 152.

[4]) Usd al-Ghāba Bd. I S. 3, 14—19.

mittel für die Kritik der Isnade ausgibt, auch bei seiner eigenen Darstellung diese Form beobachtet, kann nicht weiter verwunderlich erscheinen.

F. Die Eigenart der muslimischen Qorānauslegung. Der exegetische Hadith.

Zur Kenntnis der Art der muslimischen Qorānauslegung bietet die Analyse der Suren im ersten Teil dieses Werkes hunderte von Beispielen[1]. Hier bedarf es einer systematischen Zusammenfassung der Fehler, die, wie es scheint, schon in der ältesten Zeit hervortraten. Die hauptsächlichsten derselben sind folgende:

1. Ereignisse, bei denen Muhammed, nach einer älteren Tradition, bereits früher geoffenbarte Verse vortrug, werden als deren Veranlassung hingestellt[2].

2. Ungenügende Beachtung des Wortsinnes führt dazu, das Zunächstliegende zu übersehen. So werden z. B. die Worte *qad iqtaraba agaluhum* Sure 7, 184, die deutlich auf das Schicksal hinweisen, das die Menschen überhaupt nach dem Tode trifft, bei Wāqidī (Kremer S. 132) auf die Schlacht von Bedr bezogen[3], während man Verse, die fraglos einen kriegerischen Erfolg verheißen, wie Sure 110, von einer Todesankündigung an Muhammed versteht[4].

3. Die Herkunft vieler Aussprüche und Gesetze aus jüdischen oder christlichen Quellen wird nicht erkannt, was zu schiefen Erklärungen wie zur Annahme unmöglicher Situationen führt[5].

---

[1]) Vgl. oben Teil I S. 74—234.

[2]) z. B. a. a. O. S. 149 zu Sure 16, 126 ff., S. 205 f. zu Sure 65, 1.

[3]) Eine ähnliche falsche Übertragung wird in Sure 17, 82 von den Auslegern mit den Imperativen *adḫilnī* und *aḫrignī* vorgenommen, vgl. die Kommentare.

[4]) Die Kommentare. Ibn Qutaiba 82. Anmerkung zu Ibn Hišām 933. Itqān 45. 910.

[5]) z. B. oben Teil I S. 199 f. zu Sure 4, 46.

4. Die Manier, unter Verkennung des allgemeinen Sinnes der meisten Qorānstellen womöglich jede einzelne Offenbarung auf ein bestimmtes Ereignis der Zeitgeschichte zurückzuführen.

Dieser Fehler hat als der schwerwiegendste und verhängnisvollste von allen zu gelten, nicht nur weil er am häufigsten vorkommt und das eigenartigste Merkmal der muslimischen Kommentare ist, sondern auch deshalb, weil er den für uns wichtigsten Teil von deren Inhalt, nämlich die Nachrichten über das Leben Muhammeds, einschließt. Denn wie A. Sprenger einmal bemerkt hat, sind die in den Kommentaren enthaltenen Traditionen so zahlreich und ausführlich, daß es, abgesehen von der Genealogie und den Feldzügen, fast leichter wäre, das Leben des Propheten ohne die Biographien als ohne die Kommentare zu schreiben[1]).

Die einigermaßen sicheren Traditionen der Kommentare zerfallen in zwei Gruppen. Zur ersten gehören diejenigen, welche Verse mit bedeutenden öffentlichen Ereignissen in Verbindung bringen, z. B. Teile von Sure 8 mit der Schlacht von Bedr, von Sure 3 mit der Schlacht am Uḥud, Sure 59 mit der Vertreibung des jüdischen Stammes der Naḍīr, Sure 48, 1–7 mit dem Vertrage von Ḥudaibija, Sure 49, 1–5 mit der Gesandtschaft der Tamīm, Sure 9, 1ff. mit der Pilgerfahrt des Jahres 9 und Sure 5, 1ff. mit der Abschiedswallfahrt des Jahres 10. Die zweite Gruppe fußt auf solchen privaten Begebenheiten, die auf den Ruf des Propheten oder seiner Hausgenossen ein ungünstiges Licht werfen und die aus diesem Grunde für besonders zuverlässig gelten. Hierher gehören die Ursprungserzählungen von Sure 24, 11ff. — Abenteuer der Aïscha[2]) mit Ṣafwān b. Mu'aṭṭal; Sure 33, 37 — Verheiratung Muhammeds mit Zainab, der Frau seines Adoptivsohnes Zaid; und

---

[1]) Aloys Sprenger, Leben und Lehre des Mohammad Bd. III S. CXX.

[2]) Nach einer Überlieferung wird Aïscha noch auf ihrem Sterbebett liebevoll an die früheren Beschuldigungen erinnert, aus denen sie so glänzend gerechtfertigt hervorgegangen sei. Aber die Alte will nicht viel davon wissen. Vgl. Ibn Sa'd Bd. VIII ed. Brockelmann S. 52.

Sure 66,1ff. — Umgang Muhammeds mit seiner Sklavin Marjam in der Kammer seiner Frau Ḥafṣa[1]). In der Tat wird man die Zuverlässigkeit der Traditionen zu diesen Stellen im allgemeinen nicht in Frage ziehen dürfen, wenn auch im einzelnen manches romanhaft ausgeschmückt sein wird. Dagegen ist der Sinn des ersten Satzes von 3,155 allzu unbestimmt, als daß auf eine der dazu mitgeteilten Traditionen irgendwelcher Verlaß wäre[2]). Die Begegnung Muhammeds mit dem blinden Ibn Umm Maktūm, der einer angesehenen mekkanischen Familie angehörte, kann nicht gut den Hintergrund von Sure 80 bilden, da der Blinde, wegen dessen schnöder Behandlung hier der Prophet von Gott zurechtgewiesen wird, ein armer Mann niederen Standes war. Die Überlieferung, die dem Propheten vorwirft, die heidnischen Göttinnen vorübergehend zum islamitischen Kultus zugelassen zu haben, muß noch immer zweifelhaft bleiben, obwohl bisher für die Unechtheit keine triftigen Beweise beigebracht worden sind. Solange aber die damaligen Zeitumstände nicht besser bekannt sind, und die Entscheidung schließlich allein von den beiden Fragen abhängt, ob Muhammed ein so grober Rückfall in den Polytheismus oder den Muslimen die Erdichtung einer solchen Beschuldigung zuzutrauen ist, Fragen, die sich mit demselben Schein des Rechtes ebenso gut verneinen wie bejahen lassen, wird die Forschung niemals zu einem Einverständnis gelangen[3]). Soweit die unter den beiden Gruppen verzeichneten Erklärungen zutreffend sind, beruhen sie nicht allein auf begleitenden Traditionen, sondern auch auf qorānischen Andeutungen, die deutlich genug waren, um einerseits diese Traditionen vor dem Erlöschen zu bewahren und ihnen andererseits als Bestätigung zu dienen.

---

[1]) Oben Teil I S. 211. 207. 217. [2]) A. a. O. S. 193f.

[3]) A. a. O. S. 100—103. Für die Tradition haben sich bis jetzt, außer L. Caetani, alle Forscher ausgesprochen, zuletzt noch Th. Nöldeke, Der Islam Bd. 5 (1914) S. 164. Bedenken habe ich nur noch bei L. v. Ranke angetroffen, der Weltgeschichte Teil 5, I S. 64 sagt: „Die Erzählung steht in so schneidendem Widerspruch mit allem, was wir authentisch über Mohammed wissen, daß ich sie nicht anzunehmen wage“.

Dagegen ist die überwiegende Mehrzahl der Ursprungserzählungen höchst zweifelhaft. Denn wie der Augenschein lehrt, sind die meisten Offenbarungen des Qorāns ganz allgemein gehalten und deuten durch nichts an, daß sie eine gelegentliche Veranlassung haben, obwohl dies von den muslimischen Exegeten nur in den allerseltensten Fällen zugegeben wird[1]). Daß hier von begleitender Tradition keine Rede sein kann, beweist schon allein das Nebeneinander der widersprechendsten Traditionen, für das im ersten Teil dieses Werkes zahlreiche Beispiele gesammelt sind[2]), sowie die schablonenhafte Manier der Erfindung. Darnach ist es beliebt, immer dieselben Personen als Typen vorzuführen, z. B. den Ṭuʿma b. Ubairiq als Dieb[3]), den Ibn Umm Maktūm als Blinden[4]) oder den ʿAbdallah b. Ubai als Zweifler.

Sonst ist die Zahl der Personen, über die angeblich Offenbarungen erschienen sind, außerordentlich groß. Sie gehören den verschiedensten Ständen und Kreisen an, Freien und Sklaven, Mekkanern und Medinensern, Muhādschir und Anṣār, Gläubigen und Zweiflern, Juden und Heiden. Ali wird der Ausspruch zugeschrieben, es habe keinen Koraischiten gegeben, über den nicht eine Offenbarung vorhanden sei[5]). Man hat dies daraus erklären wollen, daß die Schöpfer der Qorānauslegung zum großen Teil Sklaven oder Freigelassene waren, die zur Erhöhung des Ansehens ihrer Patrone oder zur Herabsetzung von deren Feinden die entsprechenden Namen in ältere Hadithe einsetzten oder frischweg neue Hadithe schmiedeten.

Die Manier, von jeder Offenbarung um jeden Preis eine bestimmte zeitgeschichtliche Veranlassung ausfindig zu machen, ist, wie es scheint, nicht von außen her beeinflußt, da die jüdische Bibelexegese von den Ereignissen der Entstehungszeit

---

[1]) z. B. a. a. O. S. 138 zu Sure 17, 32.

[2]) Vgl. oben Teil I S. 86. 91. 92. 124. 125. 127. 128. 131. 145. 146. 148. 155. 162f. 185. 192. 193. 196—198. 201. 202. 203. 204. 205. 210. 214. 218. 221. 225. 228. 229. 230f. 231. 233.

[3]) A. a. O. S. 202f. 230 zu Sure 4, 106ff. und 5, 141.

[4]) A. a. O. S. 97 zu Sure 80. [5]) Itqān 822.

zu weiten Abstand hatte, um intime Situationsschilderungen wagen zu können, sondern sie ist ein echt arabisches Gewächs, dessen Wurzeln mit denen des Hadith innig verflochten sind. Da der Qorān eine gewisse Anzahl unbedingt sicherer zeitgeschichtlicher Anspielungen enthält, die mit einwandfreien begleitenden Traditionen in Verbindung stehen, wurde hieraus ein allgemeines exegetisches Prinzip abgeleitet. Demgemäß fahndeten die Ausleger einerseits nach Hadithen, die eine Offenbarung am besten aufhellen konnten, und halfen, wenn nötig, dadurch nach, daß sie Worte der bezüglichen Qorānstellen in den Hadith hineinarbeiteten. Andererseits schreckte man, falls diese Bemühungen keinen Erfolg hatten, auch nicht davor zurück, geeignete Situationen frei zu erfinden (exegetischer Hadith im weiteren Sinn). Wo die eine oder die andere Voraussetzung zutrifft, ist schwer zu entscheiden, so lange keine genaueren Untersuchungen vorliegen. Das hat aber nicht viel zu sagen, da es sich in beiden Fällen um unhaltbare und geschichtlich wertlose Kombinationen handelt. Zu größerer Sicherheit erhebt sich unser Urteil erst dann, wenn eine Legende sich aus dem Wortlaute einer Qorānstelle in befriedigender Weise ableiten läßt (exegetischer Hadith im engeren Sinne), wie dies namentlich bei einigen Traditionen über die Kindheit Muhammeds und die Anfänge seiner prophetischen Tätigkeit zutrifft. Ich erinnere an die Legenden von der Herzensreinigung Muhammeds, der Mondspaltung, sowie die Umstände bei der Offenbarung von Sure 74, die wahrscheinlich aus Sure 94, 1, 54, 1 und 74, 1 erschlossen sind[1]. Aber diese sicheren Fälle sind sehr selten. Es schießt deshalb weit über das Ziel hinaus, wenn Henri Lammens[2] den ganzen auf Muhammeds Leben und Auftreten bezüglichen Hadith auf Grund qorānischer Andeutungen entstanden sein läßt; ist es doch schon von vorn-

[1] Vgl. oben Teil I S. 94. 121. 86.

[2] Qoran et Tradition, comment fut composé la vie de Mahomet in Recherches de Science religieuse Nr. 1, Paris 1910 nach C. H. Becker im Jahresbericht „Islam“ des Archives für Religionswissenschaft Bd. 15 (1912) S. 540f.

herein unwahrscheinlich, daß eine nach Inhalt, Form und Tendenz so mannigfaltige Literatur aus einer Wurzel entsprossen ist.

Während die Masse der exegetischen Hadithe, so elende Erfindungen sie auch sein mögen, immer noch auf dem Boden der Zeitgeschichte fußt, finden sich hin und wieder andere, welche die Schranken der Zeit und des Raumes unbedenklich durchbrechen und die Veranlassung von Qorānversen in den Zuständen einer fernen Zukunft sehen. Es handelt sich bei diesen also streng genommen gar nicht um Gelegenheitsoffenbarungen, sondern um Weissagungen. Hierher gehört z. B. die feierliche Aussage des Abū Umāma Ṣudaij al-Bāhilī, selbst gehört zu haben, wie Muhammed erklärte, daß Sure 54, 47–49 über die Sekte der Qadariten offenbart sei[1]). Ob die dem Ibn al-Kalbī zugeschriebene Behauptung, Sure 6, 100 gehe auf die Zendīq[2]), nur die persönliche Auffassung dieses Gelehrten wiedergibt oder durch ein Hadith gedeckt war, kann ich nicht sagen. Diese Auslegungen stehen auf derselben Stufe, wie die zahlreichen Prophezeiungen über die Zukunft des muhammedanischen Reiches, die Muhammed in der Hadithliteratur in den Mund gelegt werden[3]).

Die Formel, mit der die Ursprungslegenden eingeleitet zu werden pflegen, lautet *nazalat al-āja fī* „der Vers ist offenbart über". Wenn Sujūṭī meint, daß hierdurch die erzählte Begebenheit zuweilen nur in eine ungefähre Beziehung zum Qorāntext gesetzt wurde[4]), so ist diese Auffassung unhaltbar. Denn

---

[1]) Wāḥidī, Asbāb al-nuzūl zur Stelle, Kairo, Hindīja, 1315, S. 300. Vgl. auch Faḫraddīn al-Rāzī in seinem Kommentar zur St. Der alte persische — nicht schiitische — wahrscheinlich aus dem Ende des dritten Jahrhunderts d. H. stammende Qorānkommentar der Universitätsbibliothek zu Cambridge in England — früher im Besitze des holländischen Arabisten Thomas van Erpe (Erpenius, gest. 1624) — erklärt Vers 53 derselben Sure von den Qadariten, vgl. Edward G. Browne in Journal of the Royal Asiatic Society 1894 S. 504.

[2]) A. a. O. S. 165.

[3]) I. Goldziher, Muhammedanische Studien Bd. II S. 125—130.

[4]) Itqān S. 70 gegen Ende.

sie widerspricht nicht nur dem Wortlaut der Phrase, sondern würde auch dem Sinne nach befremden, indem es im allgemeinen nicht die Art dieser Literatur ist, Vorbehalte oder Einschränkungen zu machen, vielmehr werden in ihr selbst die dreistesten Lügen einfach und ohne Umschweife als Tatsachen vorgeführt. Wir sind aber auch noch imstande, die zugrunde liegende Tendenz Sujūṭīs aufzuzeigen, die anscheinend darauf hinausläuft, die Verantwortlichkeit der ältesten Autoritäten, also meistens die von Genossen, für seiner Meinung nach falsche Erklärungen in milderem Lichte erscheinen zu lassen.

Daß Autoritäten Angaben über den Ursprung von Qorānversen nur als ihre subjektive Meinung hinstellen oder sonst einschränken, kommt äußerst selten vor. Schon Sujūṭī hebt einen solchen Fall hervor, wo der bekannte Zubair in bezug auf Sure 4, 68 sagt: „Bei Gott, ich meine (*aḥsibu*), daß der Vers nur über jene Sache geoffenbart ist“ [1]). Ibn ʿAbbās zu Sure 2, 278 sagt: „Zu uns ist die Nachricht gelangt — aber Gott weiß es am besten —, daß dieser Vers über die Banū ʿAmr b. ʿUmair geoffenbart wurde“ [2]). Eine ebenso große Seltenheit scheint es zu sein, wenn die Gewährsmänner ihre Wahrhaftigkeit betonen. Der einzige Beleg, der mir hierfür bekannt ist, betrifft die abgeschmackte Tradition, welche Sure 54, 47–49 auf die Sekte der Qadariten deutet, wobei jedes der neun Glieder des Isnad seine Aussage durch ein feierliches *ašhadu billāhi* „ich bezeuge bei Gott“ bekräftigt [3]).

Wenn dem Propheten Erklärungen von Qorānversen in den Mund gelegt werden, so verdienen dieselben ebensowenig Vertrauen wie seine angeblichen Aussprüche im Hadith überhaupt. Manche muslimische Gelehrte sind der Ansicht, daß er, abgesehen von dem zuletzt geoffenbarten Verse Sure 2, 276, den ganzen Qorān fortlaufend erklärt habe, nach anderen erstreckte

---

1) Itqān 70. Wāḥidī, Asbāb al-nuzūl zur Stelle (S. 122). Sujūṭī, Lubāb al-nuqūl fī asbāb al-nuzūl am Rande von Galālain, Kairo 1301, Bd. I S. 3. Buḫārī, musāqāt § 7. Tirmiḏī im tafsīr z. St.

2) Wāḥidī, Asbāb al-nuzūl S. 65, 2. 3) Vgl. oben S. 161 Anm. 1.

sich diese Tätigkeit nur auf eine gewisse Anzahl von Versen [1]). Die ziemlich umfangreiche Liste, welche Sujūṭī im Itqān (S. 918—954) zusammenstellt, enthält auch nicht eine einzige Bemerkung, die über die Gemeinplätze der Kommentare hinausragte. Wie wenig erschöpfend diese Liste ist, kann man daraus ersehen, daß von den vier Auslegungen Muhammeds, die Wāḥidī zu Sure 2, 275, 5, 71, 54, 47 ff., 73 mitteilt, keine einzige im Itqān gebucht ist.

G. Die Schöpfer der Exegese. Ibn ʻAbbās und seine Schüler.

Die nahe Verwandtschaft des exegetischen Hadith mit dem biographischen und gesetzlichen sowie die in weitem Umfange vorhandene Gleichheit des Traditionsstoffes bringen es mit sich, daß die Träger der Qorānauslegung zum großen Teil mit den führenden Persönlichkeiten der beiden anderen Hadithgattungen identisch sind. Demgemäß treten die ältesten Gefährten Muhammeds hier ebenfalls weit zurück hinter den Angehörigen der jüngeren Generation wie Aïscha, ʻAbdallāh b. ʻOmar, Abū Huraira, Anas b. Mālik und Ibn Masʻūd [2]). Aber niemand erscheint häufiger als ʻAbdallāh b. ʻAbbās.

Er war ein leiblicher Vetter Muhammeds und zählte bei dessen Tode 13 oder 15, nach anderen 10 Jahre [3]). Politisch spielte er nie eine Rolle. Die Statthalterschaft von Basra, die er a. H. 39 unter Ali erhielt, fiel ihm wohl nur als einem Verwandten des regierenden Chalifen zu [4]). Aber schon nach

[1]) Itqān 955.

[2]) Itqān 908 sagt, daß sich vor allem zehn „Genossen" in der Exegese hervorgetan hätten, und rechnet dazu die vier ersten Chalifen, die Bearbeiter der vier vorothmanischen Qorānrezensionen, Ibn Masʻūd, Ubai b. Kaʻb, Abū Mūsā und Zaid b. Ṯābit, außerdem noch ʻAbdallāh b. al-Zubair und Ibn ʻAbbās. Diese Auswahl ist aber keine glückliche, da Aïscha, Abū Huraira, Ibn ʻOmar und Anas unendlich häufiger als Quellen exegetischer Auffassungen erscheinen als die acht von Sujūṭī an erster Stelle genannten Personen.

[3]) Maçoudi, Prairies d'or V 232. Ibn Qutaiba 32. Nawawī. Usd al-ghāba. Ibn Ḥagar. Ḏahabī, Ḥuffāẓ.

[4]) Ṭabarī, Annales I 3449.

einem Jahre verließ er diesen Posten und zog sich nach Ṭāif im Hedschas zurück, sei es im heimlichen Einverständnis mit Mu'āwija, dem Statthalter von Syrien, der seine Hand nach dem Chalifate ausstreckte, oder um sich beizeiten der Gunst der aufkommenden Dynastie zu versichern. Hier lebte er noch zwanzig bis dreißig Jahre im Genuß der großen Einkünfte, die ihm die Omaijaden für seinen Verrat an der Familie des Propheten zuwendeten. Er widmete sich jetzt ganz der Wissenschaft, der Auslegung des Qorāns, den damit zusammenhängenden historischen, antiquarischen und philologischen Studien und ward auf diesen Gebieten zu einer Berühmtheit ersten Ranges [1]). Trotz seiner hohen gesellschaftlichen Stellung verschmähte er es doch nicht, Unterricht zu erteilen. Wie es heißt, trug er an jedem Tage eine besondere Materie vor, an dem einen religiöses Recht [2]), an den anderen Auslegung oder Feldzüge Muhammeds oder Poesie oder Schlachttage der heidnischen Araber. Schließlich sind noch die Genealogie und die vorislamische Zeit Arabiens zu nennen, die er in eigentümlicher Weise mit dem Qorān und biblisch-apokryphischen Elementen verquickte und bis in die Patriarchenzeit zurückverfolgte [3]). Als seine Hauptdomäne wird indessen immer die Qorānauslegung und der damit verbundene Hadith angegeben. Muhammed selbst soll Allah gebeten haben, ihn den Ta'wīl zu lehren. Kein Wunder daher, daß er sich darin auszeichnete und mit dem Beinamen „Qorān-Dolmetscher" geehrt wurde [4]).

---

1) Die Einzelheiten der Skizze beruhen im allgemeinen auf Ibn Sa'd II, II ed. Schwally S. 119—124, Usd al-ghāba, Ibn Ḥagar und Nawawī.

2) Als Teile desselben werden noch hervorgehoben Erbrecht, Erlaubtes und Verbotenes, sowie Wallfahrtszeremonien.

3) In den Biographien findet sich, soweit ich sehe, nichts hierüber. Doch steht die Tatsache fest durch die Traditionen über die sagenhafte Geschichte des alten Arabiens bei Ṭabarī Bd. I und im Götzenbuch des Ibn al-Kalbī bei Jāqūt, deren Isnade großenteils den Namen des Ibn 'Abbās an der Spitze tragen. Vgl. auch Jul. Wellhausen, Reste arabischen Heidentums, 2. Ausg. S. 15.

4) Ibn Sa'd a. a. O. Itqān 709f.

Sobald aber die Biographen näher auf Art und Umfang dieser exegetischen Tätigkeit eingehen, zeigen sie nicht geringe Widersprüche. So heißt es bald, daß er die zweite Sure Vers für Vers interpretierte, bald, daß er dies mit dem ganzen Qorān tat[1]. Andere lassen ihn sogar die Verse und Buchstaben des heiligen Buches zählen[2]. Seine große Traditionskenntnis erwarb er sich durch beharrliches Ausfragen der alten „Genossen“, die, so wortkarg und mürrisch sie sonst waren, dem Vetter des Propheten bereitwillig Auskunft erteilten. Andere Stoffe bezog er von Juden, die oft in seinem Hause angetroffen wurden[3]. Unter seinen Gewährsmännern erscheint auch der gelehrte jemenische Rabbiner Ka'b[4], doch wissen wir nicht, ob er persönlich mit ihm zusammengetroffen ist. Ibn 'Abbās werden von einigen nicht weniger als 1660 Hadithe zugeschrieben, von denen Buḫārī und Muslim 95 gemeinsam und daneben noch 120 bzw. 49 für sich hätten. Exegetische Hadithe sollen ihm etwa 100 angehören[5].

Er unterstützte sein Gedächnis durch Niederschriften auf Blättern, die schließlich eine ganze Kamellast ausmachten[6]. Doch hat er keine eigentlichen Werke hinterlassen. Vielmehr stecken die Ergebnisse seiner sammelnden und forschenden Tätigkeit in den Büchern seiner Schüler und deren Nachfolger. Wenn wir es jedoch unternehmen wollten, aus den Äußerungen derer, die sich auf Ibn 'Abbās berufen, die Auffassung ihres Herrn und Meisters herzustellen, so würde dieser Versuch scheitern, da diese Personen fast bei der Erklärung jedes Verses einander widersprechen. Um diese auffallende Tatsache begreiflich zu machen, stehen verschiedene Wege offen. Man könnte annehmen, daß die Ansichten des Lehrers von den Schülern aus Irrtum oder Absicht in großem Umfange falsch

---

[1] Ḏahabī, Ḥuffāẓ Bd. I S. 80, 11. Ibn Sa'd, Ṭabaqāt Bd. V S. 343, 22. Nawawī 541.

[2] Itqān 157. 164.

[3] Ṭabarī, Annales I 62f. 424. Wāḥidī, Asbāb S. 141, 10.

[4] Nawawī 523, 7. [5] Nawawī 353.

[6] Ibn Sa'd, Ṭabaqāt Bd. V S. 216, 16.

wiedergegeben wären, oder daß Ibn 'Abbās selbst seine Ansichten fortwährend geändert hätte. Aber das eine ist so unwahrscheinlich wie das andere, da sich auf keiner Seite Beweggründe für ein so sinnloses und willkürliches Verfahren entdecken lassen. Deshalb bleibt kein anderer Ausweg übrig, als das Hervorheben der Autorität des Ibn 'Abbās größtenteils für eine Fiktion zu halten. Es entspricht nämlich einer in jenem Zeitalter verbreiteten literarischen Gepflogenheit, wenn die Exegeten, auch wenn sie nicht Schüler jenes Meisters waren, sei es aus Bescheidenheit, oder um das älteste und angesehenste Haupt der Zunft zu ehren, auf ihr eigenes Urheberrecht verzichteten und jenem zuschrieben, was sie selbst ersonnen hatten.

Die Notwendigkeit, an der muslimischen Tradition über Ibn 'Abbās eine so einschneidende Korrektur vorzunehmen, ergibt sich noch aus einer anderen Erwägung. Es ist nämlich ganz undenkbar, daß er alle die ihm zugeschriebenen Gebiete — religiöses Recht, vorislamische Geschichte und Altertümer, Philologie und Poesie — wirklich beherrscht und durch Forschung und Lehre gepflegt hat. Das würde nicht nur weit über die Kraft eines Menschen hinausgehen, sondern auch Wissenszweige betreffen, die teils damals noch gar nicht begründet waren, teils erst in den Anfängen staken. Wir werden deshalb zu dem Schlusse gedrängt, daß hier vielfach die Leistungen jüngerer Literaten in tendenziöser Absicht in die Vergangenheit zurückverlegt und auf die Schultern eines Mannes gelegt worden sind. Natürlich hätte die Tradition diesen Weg nicht einschlagen können, wenn nicht Ibn 'Abbās auf einem oder mehreren der genannten Gebiete einen Ruf besessen hätte, obwohl derselbe, infolge der hohen gesellschaftlichen Stellung seines Inhabers, gewiß das Maß des wirklichen Verdienstes übertraf. Daß sein Hauptgebiet die Exegese war, scheint durch die Übereinstimmung der Biographien, Kommentare und literarhistorischen Werke gesichert zu sein, während der Umfang dieser Tätigkeit, über den die Überlieferung selbst schwankt, einstweilen dahingestellt bleiben muß.

Während die Autorität des Ibn 'Abbās innerhalb des Islams bis auf den heutigen Tag unangetastet und unerschüttert dasteht, ist es seit A. Sprenger[1]) üblich geworden, ihn für einen Lügner zu halten. Dieses Urteil würde selbst dann nicht zu billigen sein, wenn alle Unwahrheiten und Ungereimtheiten, die unter seinem Namen gehen, wirklich auf sein Konto kämen. Denn es dürfte in den meisten Fällen ebenso schwierig sein, den Beweggrund der Fälschung aufzudecken, wie die Gutgläubigkeit ihres Urhebers zu bestreiten. Andererseits war die Begründung einer Ansicht durch den fingierten Ausspruch des Propheten oder eines „Genossen" in jener Zeit eine erlaubte Form, subjektive Wahrheiten auszusprechen[2]).

Von den unmittelbaren Schülern des Ibn 'Abbās werden am häufigsten genannt[3]): Sa'īd b. Gubair (gest. 95 a. H.)[4]), Mugāhid b. Gabr (gest. 103)[5]), 'Ikrima (gest. 106)[6]), 'Aṭā b. abī Rabāḥ (gest. 114)[7]) und Abū Ṣāliḥ Bāḏām[8]), die außer Sa'īd alle aus dem Sklavenstande hervorgegangen sind. Von diesen scheinen nur 'Ikrima und Sa'īd selbständige Werke hinterlassen zu haben[9]), während die Vorträge der übrigen erst durch spätere Bearbeiter Buchgestalt erhielten. So gibt es verschiedene Kommentare, die auf Ḍaḥḥāk b. Muzāḥim (gest. 105)[10]), einen Schüler Sa'īds[11]), oder auf Ibn Guraig (gest. 150)[12]),

---

1) Journal of the Asiatic Society of Bengal Bd. 25 (Jahrg. 1856) S. 72.

2) Vgl. oben S. 125. 146.

3) Eine umfangreichere Liste findet sich Usd al-ghāba III 194. Vgl. auch Itqān 909 ff.

4) Ibn Sa'd Bd. VI S. 178—187. Ḏahabī, Ḥuffāẓ ed. Ḥaiderābad Bd. I S. 65—67.

5) Ibn Sa'd Bd. V S. 343 f. Ḥuffāẓ Bd. I S. 80 f.

6) Ibn Sa'd V S. 212—216. II, II S. 133. Ḥuffāẓ Bd. I S. 83 f. Nawawī.

7) Ibn Sa'd II, II S. 133 f. V S. 344—346. Ḥuffāẓ I 85—87. Nawawī.

8) Ibn Sa'd Bd. VI S. 207, aber ohne Angabe des Todesjahres.

9) Fihrist ed. G. Flügel S. 34, l. 7. Über spätere Rezensionen des 'Ikrima vergleiche A. Sprenger, Moḥammad Bd. III S. CXIII Nr. 1.

10) Ibn Sa'd VI S. 210 f.

11) Fihrist S. 33 u. Itqān 914. A. Sprenger a. a. O. S. CXVI Nr. 2.

12) Ibn Sa'd V S. 361. Ḥuffāẓ Bd. I S. 152.

einen Schüler des ʿAṭā, zurückgehen [1]). Großen Ansehens muß sich die Auslegung Mugāhids erfreut haben, da allein der Fihrist drei verschiedene Rezensionen derselben kennt [2]).

Von Kommentatoren des ersten Jahrhunderts seien nur noch einige genannt, deren Studiengang zweifelhaft ist. Ḥasan al-Baṣrī (gest. 110) [3]) hat keine nachweisbaren Beziehungen zur Schule des Ibn ʿAbbās, aber sein Kommentar wird oft zitiert und ist in der Rezension des ʿAmr b. ʿUbaid stark von Muḥammad b. Ibrāhīm al-Ṯaʿlabī (gest. 427) benutzt [4]). Hinsichtlich des Qatāda b. Diʿāma (gest. 112, 117 oder 118), der blind geboren war, aber ein vorzügliches Gedächtnis hatte, schwanken die Biographen, ob er Schüler des Ibn ʿAbbās wie ʿIkrima [5]), Saʿīd b. Gubair und Mugāhid [6]) gehört hat oder nicht. Sein Kommentar kam in mehreren Rezensionen in Umlauf [7]). Dagegen soll Muḥammad b. Kaʿb al-Quraẓī, also ein Mann jüdischer Herkunft (gest. 117, 119 oder 120), dessen Kommentar von Abū Maʿšar (gest. 170) und anderen Biographen des Propheten viel herangezogen wurde [8]), den Ibn ʿAbbās gehört haben [9]).

Als wichtigste Vertreter einer jüngeren Generation verdienen genannt zu werden Muḥammad b. Sā'ib al-Kalbī (gest. 146) [10]), Sufjān b. ʿUjaina (gest. 198) [11]), Wakīʿ b. al-Garrāḥ (gest. 197) [12]), Šuʿba b. al-Ḥaggāg (gest. 160) [13]), Jazīd b. Hārūn (gest.

---

[1]) A. Sprenger a. a. O. S. CXIV. Zahlreiche Isnade bei Wāḥidī, Asbāb al-nuzūl bestätigen das.

[2]) Fihrist ed. Flügel S. 33, 21—23. Sprenger a. a. O. S. CXV f.

[3]) Ibn Saʿd, Ṭabaqāt Bd. VII S. 114—129. Nawawī 409 f.

[4]) C. Brockelmann, Gesch. d. arab. Litteratur Bd. I S. 67.

[5]) Nawawī S. 509, 15. [6]) Ḏahabī, Ḥuffāẓ I S. 110, 6.

[7]) Fihrist S. 34, 3. 4. Sprenger, Moḥammad Bd. III S. CXVI Nr. 7.

[8]) z. B. Ṭabarī, Annales Bd. I S. 575, 4. 1195, 2. 1721, 14.

[9]) Nawawī 116, 12.

[10]) Fihrist 95. Ibn Saʿd Bd. VI S. 249 f. Bei der Auswahl der folgenden Namen folge ich Sujūṭī, Itqān 916 Mitte.

[11]) Ibn Saʿd Bd. V S. 364. Ḥuffāẓ Bd. I S. 238 ff. Nawawī 289.

[12]) Ibn Saʿd Bd. VI S. 275. Ḥuffāẓ Bd. I S. 280 ff. Nawawī 614 ff.

[13]) Ḥuffāẓ Bd. I S. 174 ff. Nawawī 315 f.

206)[1], ʻAbdarrazzāq b. Hammām (gest. 211)[2], Ādam b. abī Ijās (gest. 220)[3] u. a. m. Mit Ausnahme des zweiten und letzten sind auch diese Gelehrten alle Sklaven oder Freigelassene. Daß sie selbständige Werke hinterlassen haben, obwohl deren keines auf uns gekommen ist, wird teilweise auch sonst bezeugt[4].

Da die ersten einigermaßen sicheren Spuren grammatischer Studien bei den Arabern in die Mitte des zweiten Jahrhunderts weisen[5], kann selbst in den jüngsten der erwähnten Kommentare noch nicht viel von dieser Wissenschaft zu verspüren gewesen sein. Älter als die eigentliche Grammatik scheint die Wortforschung zu sein. Deshalb ist es durchaus möglich, daß die lexikalischen Bemerkungen im tafsīr Buḫārīs mit Recht dem Mugāhid zugeschrieben werden. Dagegen ist es keineswegs ausgemacht, daß schon Ibn ʻAbbās auf diesem Gebiete tätig war.

Im Gegensatze zu Ibn ʻAbbās, dessen Ansehen zu allen Zeiten turmhoch über jeder Verdächtigung stand, mußten seine Schüler und deren Nachfolger oft sehr absprechende Urteile über sich ergehen lassen. Das ist jedoch für uns ohne Bedeutung. Denn, wie schon oben bei der Besprechung des Hadith gezeigt worden ist[6], beruht die muslimische Kritik teils auf persönlicher Voreingenommenheit, teils auf der Zugehörigkeit zu anderen politischen oder religiösen Parteien, teils auf Äußerlichkeiten im Aufbau des Isnads. So wird zwar ʻIkrima als ausgezeichneter Kenner des Buches Gottes ausgegeben[7], aber

---

[1] Ḥuffāẓ Bd. I S. 290ff. Nawawī 636f.

[2] Ibn Saʻd Bd. V 399. Ḥuffāẓ Bd. I S. 333.

[3] Ḥuffāẓ Bd. I S. 375.

[4] Ob sich von dem Kommentar des Jazīd b. Hārūn wirklich eine persische Übersetzung in einer Bibliothek zu Konstantinopel befindet — Nuri Osmanije Nr. 474 — ist noch zu untersuchen. Fihrist S. 34 führt von den hier Genannten nur die Kommentare des al-Kalbī und des Wakīʻ an.

[5] C. Brockelmann, Geschichte d. arab. Litteratur Bd. I S. 99.

[6] Vgl. oben S. 125f. 146.

[7] Ḥuffāẓ Bd. I S. 84, 7. Ibn Saʻd Bd. V S. 212, 19 ff.

trotzdem seine Glaubwürdigkeit in Abrede gestellt[1]), was wahrscheinlich dahin zu verstehen ist, daß sein Hadith nicht als Beweismaterial für die Gesetzeskunde verwandt wurde, weil er als Chāridschite galt[2]). Den Abū Ṣāliḥ schätzte man gering, weil er kein „Qorānleser" war[3]). Sogar al-Kalbī, die große Autorität für Genealogie und vorislamische Geschichte, gilt in der Überlieferung (*riwāja*) für schwach[4]), ja geradezu für einen Lügner[5]), der Isnad „Muḥammad b. Marwān al-Suddī von al-Kalbī von Abū Ṣāliḥ" heißt die Lügenkette[6]). Gleichfalls ohne nähere Begründung wird der Vorwurf der Lügenhaftigkeit gegen Muqātil b. Sulaimān (gest. 150) erhoben, der von Ḍaḥḥāk, nach manchen auch von Mugāhid überlieferte[7]), und dessen Kommentar als selbständiges Werk aufgeführt wird[8]).

H. Die erhaltenen Kommentare.

Die ältesten Überbleibsel der exegetischen Literatur finden sich in den Geschichtswerken des Ibn Isḥāq (gest. 151) und Wāqidī (gest. 207), die nicht nur, wie Ibn Sa'd, bei der Erzählung von Ereignissen die darauf anwendbaren oder eigens dafür geoffenbarten Qorānstellen angeben, sondern auch ganze Suren eingehend erläutern[9]). Diese Erläuterungen bestehen aber in der Regel aus kurzen Paraphrasen und Ursprungs-

---

1) Ibn Qutaiba 224, 5. 231f. Ibn Sa'd S. 213, 9. 12.

2) Ibn Sa'd S. 216, 6. 10. 12.

3) Otto Loth in Zeitschr. d. Deutsch. Morgenl. Gesellsch. Bd. 35 (1881) S. 598.

4) Ibn Sa'd Bd. VI S. 250, 9.   5) Qurṭubī.

6) *silsilat al-kaḏib* Itqān 914 Anfang. Ebenso kräftig drückt sich Sujūṭī im Lubāb al-nuqūl fī asbāb al-nuzūl zu Sure 2, 13 aus. „Dieser Isnad ist gebrechlich (*wāhin*), denn Suddī, der Jüngere, ist ein Lügner und ebenso al-Kalbī, und Abū Ṣāliḥ ist schwach (*ḍa'īf*)."

7) Nawawī 574f. Ḫulāṣa 386.   8) Fihrist 34, 5.

9) z. B. Sure 2 (Ibn Hišām S. 363—380); Sure 3 (Ibn Hiš. S. 403—411. 592—607, Wāqidī Kremer S. 310—317 = Wellhausen S. 145); Sure 8 (Ibn Hiš. S. 476—485, Wāq. Krem. S. 126—132, Wellh. S. 77f.); Sure 9 (Ibn Hiš. S. 919—929, Wāq. Wellh. S. 415f.); Sure 18 (Ibn Hiš. S.193—202); Sure 48 (Ibn Hiš. S. 749—751, Wāq. Wellh. S. 260).

legenden. Nur ab und zu — bei Wāqidī häufiger als bei Ibn Isḥāq — werden zu seltenen Wörtern bekanntere Synonyme nachgewiesen. Aber lexikalische Noten philologischer Art treten zum erstenmal in den meistens sehr weitläufigen Zusätzen des Ibn Hišām (gest. 213) auf und sind da fast immer von Belegen aus der poetischen Literatur begleitet.

Ein in der Berliner Handschrift Sprenger 404[1]) unter dem Namen al-Kalbīs zum Teil erhaltener Kommentar bietet im ganzen nur eine Umschreibung des Textes und nimmt auf das Historische nur wenig, auf Lesarten und Grammatisches gar keine Rücksicht. Er ist nach Ausweis der Isnade im dritten Jahrhundert d. H. verfaßt. Ob er aber wirklich auf jenen berühmten Gelehrten zurückgeht, bedarf noch genauerer Untersuchung. Jedenfalls sind die Überlieferungen al-Kalbīs, die in anderen exegetischen Werken mitgeteilt werden, meistens länger als hier.

Die beiden ältesten der auf uns gekommenen systematischen Hadithsammlungen, die des Buḫārī[2]) (gest. 256) und des Tirmiḏī[3]) (gest. 279), enthalten je einen verhältnismäßig umfangreichen Qorānkommentar. Derselbe hat ganz den Charakter der Exegese des Ibn Isḥāq und Wāqidī.

Ein Wendepunkt in der Auslegungsgeschichte wird bezeichnet durch das große Werk Ṭabarīs[4]) (gest. 310). Es

---

[1]) Andere Handschriften Aja Sofja 113—118 und Nuri Osmanije 167—183. C. Brockelmann, Gesch. d. arab. Litteratur Bd. I, S. 190 verzeichnet auch eine gedruckte Ausgabe — Bombay 1302, die ich nicht habe auftreiben können.

[2]) Kairo 1309, Bd. 3 S. 63—144.

[3]) Dihli 1315, Folio, Bd. 2 S. 119—172. Während bei Buḫārī alle Suren berücksichtigt sind, fehlen bei Tirmiḏī nicht weniger als 21 ganz, nämlich Sure 45, 65, 67, 71, 73, 76, 77, 78, 79, 82, 86, 87, 90, 100, 101, 103, 104, 105, 106, 107, 109.

[4]) Gewöhnlich Tafsīr genannt. In der Weltchronik desselben Verfassers Bd. I S. 87, a erscheint als Titel Ǧāmiʿ al-bajān fī ta'wīl al-qurān, vgl. M. J. de Goeje, Introductio S. XII. Das ist eines der ältesten, mir bekannten, Beispiele eines schwülstigen und in Prosareim gesetzten Buchtitels. Die Mode, die sich vom fünften Jahrhundert an in der ara-

beschränkt sich nicht darauf, wie jene Vorgänger, den Sinn des Textes durch erleichternde Umschreibungen, lexikalische Erklärungen — und zwar als erstes nach Ibn Hišām auch vermittels dichterischer Belegstellen — und Ursprungslegenden dem Verständnis näher zu bringen, sondern erörtert auch grammatische Fragen sowie die Beziehungen zu der Dogmatik und dem religiösen Recht. Andererseits will es eine Zusammenfassung der Arbeiten der früheren Generationen sein und führt deshalb bei den einzelnen Offenbarungen alles an, was an verschiedenen Auffassungen vorliegt, indem es auch unbedeutende Abweichungen der Traditionen verzeichnet und dabei die uns schon aus der Chronik bekannte peinliche Genauigkeit in der Wiedergabe der Zeugenketten beobachtet. „Die Isnade sind im Ganzen dieselben wie in den Annalen. Als Hauptgrundlage lassen sich die Traditionen der Schule des Ibn ʻAbbās, innerhalb welcher Mugāhid eine selbständige Stellung einnimmt, des Qatāda, des Suddī, des Ibn Isḥāq (für Legenden) bezeichnen." Am Schlusse gibt der Verfasser dann sein eigenes Urteil über die richtige oder wahrscheinlichste Auslegung ab [1]). In der Einleitung zum Kommentar (Bd. I S. 1 ff.) behandelt Ṭabarī den ihm vorschwebenden Plan, die Sprache des Qorāns, die „sieben Lesarten", die Sammlungen, Quellen und Geschichte der Auslegung, Namen des Qorāns und seiner einzelnen Teile wie Suren, Verse, sowie die Monogramme. Ganz außer acht gelassen hat er die Lesarten, vermutlich deshalb, weil er dieselben in einem besonderen Buche behandelt hat, das leider verloren zu sein scheint. Bei den Muslimen gilt der Kommentar

---

bischen Literatur fest einbürgerte, stammt wohl aus Persien. Die erste Drucklegung des Werkes erfolgte in Ägypten, Kairo (Maimūnīja) 1321, in 30 Bänden, eine verbesserte Auflage wurde einige Jahre später von dem Buchhändler ʻOmar Ḥosēn al-Ḫaššāb veranstaltet.

[1]) Eine vortreffliche Charakterisierung des Werkes rührt von Ibn ʻAsākir her und ist von M. J. de Goeje in der Introductio zu der Ausgabe der Annalen S. LXXIX abgedruckt. Von Europäern hat zuerst Otto Loth auf Grund handschriftlicher Studien in der Vizeköniglichen Bibliothek zu Kairo die Anlage des Kommentares dargelegt, vgl. Zeitschr. d. Deutsch. Morgenl. Gesellsch. Bd. 35 (1881) S. 588 ff.

Ṭabarīs als eine unvergleichliche Leistung[1]. Er ist in der Tat durch die Reichhaltigkeit, Vielseitigkeit und Zuverlässigkeit des mitgeteilten Stoffes das lehrreichste Auslegungswerk, das die muhammedanische Welt hervorgebracht hat. Doch muß gleich die Einschränkung hinzugefügt werden, daß dieses für uns nur den Wert einer Materialsammlung hat. Denn es steht so vollständig im Bann dogmatischer Vorurteile, daß es sich nicht zu einer objektiven geschichtlichen Betrachtungsweise aufschwingen kann. Historische Kritik haben die Muslime auch in der Folgezeit — bis zum heutigen Tage — nicht gelernt.

Wie Ṭabarī die Leistungen der früheren Exegetengeschlechter zusammenfaßte, ward sein Thesaurus die unerschöpfliche Quelle, aus der die Späteren ihre Weisheit holten. Ein solches Riesenwerk, von dem immer nur wenig vollständige Exemplare existiert haben können, fordert geradezu zur Veranstaltung von Auszügen heraus. Zu den bekanntesten derselben gehört der Tafsīr des Abū 'l-Lait̲ Naṣr b. Muḥammad al-Samarqandī, der im letzten Drittel des vierten Jahrhunderts starb[2]. Das Buch ist nur handschriftlich erhalten, meistens fragmentarisch, und hat noch keinen Herausgeber gefunden. Nicht allein auf Ṭabarī, sondern der Benutzung von insgesamt hundert Werken beruht der Kašf wa-'l-bajān 'an tafsīr al-qurān des Abū Isḥaq Aḥmad b. Muḥammad al-T̲a'labī (gest. 427)[3]. Von seinen Vorgängern behauptet er in der Vorrede[4], daß sie teils neuerer und verkehrter Richtung oder unkritisch seien und sich nur auf die Riwāja beschränkten, teils den Isnad wegließen und damit die Sicherheit ihrer An-

---

1) Ḥuffāẓ Bd. II S. 278, 10f. *allad̲ī lam juṣannaf mit̲luhu.* Itqān 916, Mitte *agallu 'l-tafāsīr wa-a'ẓamuhā.*

2) Als Todesjahr wird 375, 383 oder 393 angegeben, vgl. C. Brockelmann, Geschichte d. arab. Litteratur Bd. I S. 196.

3) C. Brockelmann a. a. O. I 350.

4) Vgl. Wilh. Ahlwardt in seinem Katalog der arabischen Handschriften der Königlichen Bibliothek in Berlin Bd. I zu Cod. Sprenger 409 (Nr. 739).

gaben in Frage stellten. Andere brächten allerlei Überflüssiges vor und schreckten durch Überladung ab wie Ṭabarī und Abū Muḥammad ʻAbdallāh b. Ḥāmid al-Iṣbahānī[1]). Wieder andere gäben bloße Erklärungen, ohne auf die Lösung obwaltender sachlicher Schwierigkeiten einzugehen. Wegen der Verständigkeit dieser Grundsätze dürfte der Kommentar, der auch mit dichterischen Belegen nicht spart und einen mäßigen Umfang besitzt — etwa den doppelten des Baiḍāwī — einer der brauchbarsten sein, so daß man sich wundert, warum er im Orient noch nicht gedruckt worden ist.

Die Maʻālim al-tanzīl des Ḥusain b. Masʻūd al-Farrā al-Baghawī (gest. 510 oder 516)[2]), der uns schon als Verfasser eines übersichtlichen Hadithkompendiums begegnet ist[3]), soll ein Auszug aus Ṯaʻlabī sein. ʻAlāaddīn ʻAlī b. Muḥammad al-Baghdādī (gest. 727), der in seinem Kommentar die Maʻālim stark benutzt, widmet diesem Werke begeisterte Lobsprüche[4]).

Von Abū ʼl-Qāsim Maḥmūd b. ʻOmar al-Zamaḫšarī (gest. 538), dem Verfasser ausgezeichneter grammatischer, lexikalischer und stilistischer Werke[5]), kann es nicht Wunder nehmen, daß er den darin behandelten Fragen auch in seinem

---

1) Dieser Autor ist mir nicht weiter bekannt.

2) C. Brockelmann a. a. O. I 363f. Das Buch ist 1269 a. H. in Bombay lithographiert worden.

3) Vgl. oben S. 152.

4) Ed. Kairo (Ḫairīje) 1309 in 4 Bänden. Bd. I S. 3 lin. 9—12 heißt es von den Maʻālim: من اجلّ المصنفات فى علم التفسير، واعلاها، وانبلها واسناها، جامعا للصحيح من الاقاويل، عاريا عن الشبه والتصحيف والتبديل، محلى بالاحاديث النبويّه، مطرزا بالاحكام الشرعيّه، موشى بالقصص الغريبه، واخبار الماضين العجيبه، مرصعا باحسن الاشارات، مخرجا باوضح العبارات، مفرغا فى قالب الجمال، بافصح المقال.

5) C. Brockelmann a. a. O. I S. 289ff.

Qorānkommentar Kaššāf[1]) viel Aufmerksamkeit schenkt und die Lesarten beachtet. Für die Worterklärungen beruft er sich, wie Tabarī, nicht selten auf Dichterstellen (*šawāhid*)[2]). Dagegen hat er für Ursprungslegenden wenig Interesse. Wenn er solche anführt, geschieht es in großer Kürze und mit Weglassung der Isnade, gewöhnlich nur mit der nichtssagenden Formel „es wird überliefert" (*ruwija*). Seltener, besonders da, wo verschiedene abweichende Traditionen einander gegenübergestellt werden, bezeichnet er die einzelnen gern mit dem Namen eines hervorragenden Gliedes ihrer Zeugenkette[3]). Nach einem Teile, in dem wie bei Ṭabarī Einleitungsfragen erörtert werden, sucht man vergebens, der Verfasser gibt nicht einmal über das Verhältnis zu seinen Vorgängern eine Andeutung. Das Hauptaugenmerk richtet er auf theologische und philosophische Dinge, die er mit Scharfsinn und Geist zu behandeln weiß. Leider haben diese den größten Raum einnehmenden Ausführungen für die Auslegung keinen Wert, da sie Gedanken einer viel späteren Zeit in den Qorān eintragen. Aber gerade hierdurch und das blendende dialektische Verfahren[4]) erlangte das Kaššāf bald hohe Berühmtheit und verdrängte die früheren Kommentare, obwohl sein Verfasser kein Orthodoxer, sondern ausgesprochener Mu'tazilit war. Daher ward es vielfach bearbeitet, ausgezogen und glossiert[5]). Die Orthodoxen scheuten sich so-

---

[1]) Genauer al-Kaššāf 'an ḥaqā'iq al-tanzīl. Es gibt eine indische (Calcutta 1856) und viele ägyptische Ausgaben.

[2]) Deshalb wurden der Ausgabe des Kaššāf gern besondere Bücher angehängt, welche diese Dichterverse erläutern und ihre Stelle in den betreffenden Diwanen nachweisen.

[3]) Vergleiche z. B. zu Sure 17 Vers 1.

[4]) Eine sehr beliebte Einkleidungsformel — auch bei Auseinandersetzung über Fragen anderer Art — ist *fa-in qulta . . . qultu.*

[5]) C. Brockelmann a. a. O. verzeichnet allein 16 Glossen und fünf Auszüge. Wegen der nicht geringen Schwierigkeiten, die das sophistische Beweisverfahren des Verfassers nicht selten bietet, setzt man die Glossen gern an den Rand der Ausgaben. So ist die von mir benutzte Ausgabe, Kairo 1308, mit der Glosse des 'Alī b. Muḥammad al-Gurgānī (gest. 816) versehen.

gar nicht, in den Text des Werkes einzugreifen, um die sektiererische Gesinnung des gefeierten Meisters zu verdecken und der gegen ihn gerichteten literarischen Polemik den Boden zu entziehen. So wurde z. B. im Anfang des Kommentars, den Zamaḫšarī als waschechter Muʿtazilit mit den Worten „Preis sei Gott, der den Qorān erschaffen hat" begonnen hatte, später „erschaffen" in „herabgesandt" korrigiert[1]). Für Ibn Ḫaldūn ist Zamaḫšarīs Werk vorbildlich und steht turmhoch über dem sog. tafsīr naqlī, der mit Traditionsstoff beladenen Exegese[2]).

Der Kommentar des ʿAbdallāh b. ʿOmar al-Baiḍāwī (gest. 685, 692 oder 710)[3]) ist sehr stark von Zamaḫšarī abhängig, doch benützt er offenbar noch viele andere Quellen, so daß ihn Ḥāggī Ḫalīfa[4]) etwas zu stark als einen bloßen Epitomator bezeichnet. Leider nennt er dieselben nicht, weder in dem kurzen und sich nur in allgemeinen Redensarten ergehenden Vorworte, noch sonst irgendwie innerhalb des Buches. Die Frage kann demnach erst durch eingehende literarhistorische Untersuchung aufgehellt werden. Die Fülle des behandelten Stoffes ist erstaunlich und erstreckt sich eigentlich auf alle Fächer, die herkömmlicherweise in einem Qorānkommentar zu berücksichtigen sind. Jedoch läßt die Genauigkeit ebensoviel zu wünschen übrig wie die Vollständigkeit. Auf die Lesarten und das Grammatische geht Baiḍāwī mehr ein als Zamaḫšarī, das Sprachliche nimmt bei ihm vielleicht sogar den meisten Raum ein. Dagegen ist er bei der Mitteilung von Traditionen kürzer und flüchtiger und führt Autoritäten aus den Zeugenketten weit seltener an. Deshalb kann die Ansicht der Muslime, welche diesen Kommentar für den besten[5]) und fast für heilig halten, nicht als gerechtfertigt gelten.

---

[1]) Vgl. Kaššāf ed. Kairo 1308 Bd. I S. 2 in der Glosse des Gurgānī.

[2]) Muqaddima ed. Beirut 1886, S. 384f.

[3]) Vgl. C. Brockelmann a. a. O. I S. 416. Der Titel des Werkes lautet: Anwār al-tanzīl wa-asrār al-taʾwīl, kürzer Tafsīr al-qāḍī.

[4]) ed. Gust. Flügel Bd. V S. 192.

[5]) Ḥāggī Ḫalīfa a. a. O. nennt ihn „eine glänzende Sonne am Mittag".

Das Verdienst, die erste Druckausgabe des Werkes besorgt zu haben, gebührt einem Christen, dem großen Leipziger Arabisten H. O. Fleischer[1]), während die Bulaqer (1282 a. H.) und Stambuler (1296) Ausgaben Nachdrucke zu sein scheinen. Es ist aber doch schade, daß jener seine glänzende Sprachkenntnis an eine Aufgabe gewandt hat, die ein ägyptischer oder indischer Gelehrter mittlerer Begabung ebenso gut bewältigt hätte. Denn ebenso wie auf dem Gebiete des Hadith[2]) ist die muhammedanische Wissenschaft auch auf dem der herkömmlichen Tafsīr-Literatur in ihrem eigensten Elemente, während sie bei der Herausgabe profaner Werke (Geschichte, Geographie, Poesie) völlig versagt.

Die späteren Kommentare sind zwar alle lehrreich für die Geschichte der Auslegung oder der Theologie überhaupt, aber neuen und unbekannten Traditionsstoff dürfen wir in ihnen kaum erwarten. Unter diesen ist der Ǧāmiʿ aḥkām al-qurān des Muḥammad b. Aḥmad al-Qurṭubī (gest. 671 oder 668)[3]) wohl der umfangreichste[4]). Aber keine der bekannten Handschriftensammlungen scheint ein vollständiges Exemplar zu besitzen. Zwei große Werke liegen jetzt in orientalischen

---

[1]) 2 Bände, Leipzig 1846—1848. Sehr wertvoll für die Benutzung sind die alphabetischen Register, welche Winand Fell 1878 beigesteuert hat.

[2]) Siehe oben S. 149 Anm. 2.

[3]) C. Brockelmann a. a. O. I S. 415.

[4]) Vielleicht das größte Kommentarwerk aller Zeiten war der Tafsīr des nicht weiter bekannten, a. H. 488 in Ägypten gestorbenen Abū Jūsuf ʿAbdarraḥmān b. Muḥammad al-Qazwīnī. Denn dasselbe soll 300 oder 400, nach anderen gar 700 Bände (*mugallad*) umfaßt und sich als Waqf im Mausoleum des Abū Ḥanīfa bei Kairo befunden haben. Vgl. Abū 'l-Maḥāsin b. Taghrībardī ed. Popper S. 313 oben. Nach Ibn Aṯīr, Kāmil ed. Tornberg Bd. X S. 173 starb der Verfasser a. H. 486. Sehr bezeichnend für die Art, wie die Muslime über die Größe von Qorānkommentaren denken, ist der angebliche Ausspruch Alis, er sei imstande, allein mit dem Tafsīr über die erste Sure siebzig Kamele zu beladen. Sujūṭī im Itqān S. 906f. hält das nicht einmal für eine Übertreibung, da die Auslegung dieser Sure zu zahlreichen und weitläufigen Exkursen geradezu herausfordere.

Drucken vor. Das eine, mit dem Titel „Der große Tafsīr“[1]) oder „Die Schlüssel des Geheimnisses“[2]), rührt von dem Perser Faḫraddīn Muḥammad b. ʿOmar al-Rāzī (gest. 606)[3]) her. Nach dem Urteile des Itqān S. 917 ist es voll von Aussprüchen der Weisen und Philosophen und kommt vom Hundertsten ins Tausendste, so daß der Leser in Verwunderung gerät, weil er die Übereinstimmung der Darlegungen mit den Qorānversen vermißt. Wie Abū Ḥaijān (gest. 654) bemerkt, hat der Imām Rāzī in seinem Kommentar zahlreiche weitläufige Gegenstände vereinigt, die aber keine Beziehung zur Exegese haben. Andere behaupten sogar, es sei alles mögliche in diesem Buche zu finden, nur kein Tafsīr. Gegenüber diesen spekulativen Auswüchsen brachte der ägyptische Gelehrte Galāladdīn al-Sujūṭī (gest. 911)[4]) wieder die alte, von Traditionsstoff lebende Exegese zu Ehren. Das Riesenwerk Targumān al-qurān fī 'l-tafsīr al-musnad scheint verloren zu sein. Aber der Auszug daraus, der den Titel al-Durr al-manṯūr fī 'l-tafsīr al-ma'ṯūr führt, teilt an Stelle der Isnade nur die Titel der benutzten literarischen Quellen mit. Trotzdem umfaßt er in der einzigen mir bekannten Kairiner Ausgabe (a. H. 1314) immer noch sechs Bände. Am meisten verbreitet im heutigen muhammedanischen Orient, namentlich in den Kreisen der gebildeten Laien, ist ein Kompendium, das den Namen „Tafsīr der beiden Galāle“[5]) trägt. In diesem rührt die Auslegung der Suren 18 bis 114 sowie 1 von Galāladdīn Muḥammad b. Aḥmad al-Maḥallī (gest. 864)[6]) her, der Rest (Sure 2 bis 17) ist von dessen Schüler, dem bekannten Galāladdīn al-Sujūṭī, ergänzt. Die merkwürdige Stellung der Fātiḥa am Schlusse des Buches erklärt sich aus dem Bestreben, die Anteile des älteren Ver-

---

[1]) al-Tafsīr al-kabīr. [2]) Mafātīḥ al-ghaib.

[3]) C. Brockelmann a. a. O. I S. 506. Das Werk ist öfter im Orient gedruckt, zuletzt Kairo 1307—1309 in 8 Bänden.

[4]) C. Brockelmann a. a. O. II S. 145.

[5]) Tafsīr al-Galālain. Es gibt viele orientalische Drucke. Die von mir benutzte Ausgabe ist Kairo 1301 in zwei Bändchen erschienen.

[6]) C. Brockelmann II 114.

fassers nicht voneinander zu trennen. Das Buch ist wertvoller, als man wegen seiner großen Kürze — sein Umfang entspricht etwa zwei Fünfteln des Kommentars Baiḍāwīs — erwarten sollte. Da es nicht nur eine fortlaufende Paraphrase und grammatische, namentlich syntaktische Erklärungen gibt, sondern auch Ursprungslegenden und Lesarten berücksichtigt, ist es — zumal angesichts der Unübersichtlichkeit der großen Kommentare — ein vorzügliches Hilfsmittel, um sich über die muslimische Auffassung einer Qorānstelle zu orientieren.

I. Die Kommentare der Schiiten.

Der älteste schiitische Gelehrte, dem ein Qorānkommentar zugeschrieben wird, ist Muḥammad b. ʿAlī b. Ḥusain b. ʿAlī b. abī Ṭālib, genannt al-Bāqir (gest. 114, 117 oder 118)[1]. Doch ist es nicht gewiß, ob dieses Buch jemals selbständig existierte oder nur in der Rezension seines Schülers Abū 'l-Gārūd Zijād b. al-Mundir[2], der blind geboren war[3]. Etwas jünger ist Abū Ḥamza Ṯābit b. Dīnār abī Ṣafīja[4], der unter der Regierung des Abbasidenchalifen Manṣūr starb[5]. In diesen Werken war von der schiitischen Gesinnung ihrer Verfasser vermutlich nicht viel mehr zu merken als etwa in den Maghāzī des Wāqidī, der ja auch des tašaiju' bezichtigt wurde[6]. Die eigentliche schiitische Tendenz, welche nur die ahl al-bait für die wahre Quelle aller Überlieferung hält und den halben Qorān zu der alidischen Familie und den Glaubensanschauungen der Sekte in Verbindung setzt, drang erst später in die Exegese ein oder taucht wenigstens erst später in der Literatur auf. So deutet z. B. der dem vierten Jahrhundert

---

1) Nawawī 113. Fihrist ed. G. Flügel S. 33. Ibn Sa'd, Ṭabaqāt Bd. V S. 235ff.

2) Fihrist S. 33. Šahrastānī übersetzt von Haarbrücker I S. 178. Túsy's List of Shy'ah Books ed. A. Sprenger usw., Calcutta 1853, Nr. 308.

3) Tusy. Fihrist S. 178.

4) Fihrist S. 33. Ḥāggī Ḫalīfa II S. 357. Tusy S. 71. Ibn Sa'd Bd. VI S. 253.

5) Ḫulāṣa s. v. Tusy Nr. 308. 6) Fihrist S. 98.

angehörende Kommentar des 'Alī b. Ibrāhīm al-Qummī[1]) in Sure 2, 1 die Worte *ḏālika 'l-kitābu* auf Ali, schreibt in der Erzählung von der Schlacht am Uḥud dem Ali Taten zu, die tatsächlich von Omar verrichtet sind, und versteht die im Qorān so häufige Bezeichnung *munāfiqūn* („Zweifler") von den ersten Chalifen, weshalb Th. Nöldeke das Buch „ein elendes Gewebe von Lüge und Dummheiten" nennt. Ein von Sujūṭī mitgeteiltes schiitisches Hadith deutet im Anfang von Sure 91 die Sonne auf Muhammed, den Mond auf Ali, den Tag auf Hasan und Hosein, dagegen die Nacht auf die Omaijaden[2]). Andere erklären die „Anverwandten" Sure 42, 22. 59, 7 von der alidischen Familie, aber den „verfluchten Baum" (Sure 17, 22) von dem Hause Omaija[3]), in Sure 16, 78 die Wörter *ḫair* und *'adl* von Ali, *gibt* und *ṭāghūt* Sure 4, 54 von Abu Bekr und Omar, schließlich die religiösen Pflichten der Gebetsliturgie, Almosen und Wallfahrt von Leistungen an die Imame[4]).

Hat sich schon der Wert der sunnitischen Kommentare für das geschichtliche Verständnis der Offenbarung als ein beschränkter erwiesen, so ist der der schiitischen, wie diese Proben zeigen, gleich Null. Angesichts ihrer ausschweifenden, den Zusammenhang der Texte völlig ignorierenden Allegoristik (*ta'wīl*)[5]) könnte man vielleicht geneigt sein, die Frage aufzuwerfen, ob die Dreistigkeit der Lüge einen größeren Anteil daran habe als die Dummheit. Indessen steckt in den Extravaganzen der Schia allzu viel System und Methode, als daß man ihre Intelligenz verdächtigen dürfte. Ebenso schwer dürfte zu erweisen sein, daß die schiitischen Exegeten weniger aufrichtig waren als ihre sunnitischen Konkurrenten, die in der

---

[1]) Tusy S. 209. Cod. Sprenger (Berlin) 406. C. Brockelmann I S. 192.

[2]) al-La'ālī al-maṣnū'a fī 'l-aḥādīṯ al-mauḍū'a, Kairo 1317, I 184 nach I. Goldziher, Vorlesungen über den Islam, 1910, S. 261.

[3]) I. Goldziher, Muhammedanische Studien II S. 113f.

[4]) Isr. Friedländer, Heterodoxies of the Shiites I 35. Vergleiche auch oben S. 93—112 über die schiitischen Vorwürfe gegen den othmanischen Qorān und die apokryphe Zweilichter-Sure.

[5]) Dschordschâni, Definitiones ed. Gust. Flügel, 1845 S. 52.

Erfindung von Traditionen keineswegs schüchtern waren. Wenn trotzdem die Sunna die Tatsachen nicht in so verzerrter Gestalt darbietet, so liegt das nicht an Charaktervorzügen ihrer Literaten, sondern an den besseren geschichtlichen Grundvoraussetzungen der ganzen Richtung, während der Ausgangspunkt der schiitischen Auffassung von vornherein dem wirklichen Sachverhalt ins Gesicht schlug, ein Mangel, den die Vertreter dieser Sekte durch um so fanatischere Vertretung ihres Standpunktes auszugleichen suchten.

Muḥammad b. Murtaḍā al-Kāšī (um 911)[1]) in seinem Al-Ṣāfī fī tafsīr al-qurān behandelt mit Vorliebe die Lehre vom vielfachen Sinn der Qorānstellen, worin sich die Schia aufs engste mit dem Sufismus berührt, dessen Qorānbehandlung schon von Sujūṭī jeder exegetische Wert abgesprochen wird[2]). Der große mystische Dichter Galāladdīn Rūmī (gest. 1273 a. D.) kleidet diese Theorie in folgende Worte:

„Wisse, die Worte des Qorāns sind einfach, jedoch jenseits des äußerlichen bergen sie einen inneren, geheimen Sinn.

„Neben diesem geheimen Sinn ist noch ein dritter, der die feinste Vernunft verblüfft.

„Die vierte Bedeutung hat noch niemand erkannt als Gott der Unvergleichliche und Allgenügende.

„So kann man bis zu sieben Bedeutungen vorwärtsschreiten, einer nach der anderen.

„So beschränke denn, mein Sohn, deine Betrachtung nicht auf den äußerlichen Sinn, sowie die Dämonen in Adam nur Ton sahen.

„Wie Adams Körper ist der äußerliche Sinn; denn nur seine Erscheinung ist sichtbar, aber seine Seele ist verborgen.“[3])

---

[1]) C. Brockelmann a. a. O. II 200. Die Handschrift Cod. Petermann I 653 (Berlin) ist unvollständig und enthält nur die Auslegung von Sure 1—17.

[2]) Itqān 901: *ammā kalām al-ṣūfīja fī 'l-qurān fa-laisa bi-tafsīr.*

[3]) Nach I. Goldziher, Vorlesungen über den Islam (1910) S. 252.

Einer der ältesten sufischen Kommentare ist unter dem Titel Ḥaqā'iq al-tafsīr von Abū 'Abdarraḥmān al-Sulamī aus Naisābūr (gest. 412)[1]) verfaßt, der älteste im Druck erschienene ist der Tafsīr des Muḥjīaddīn ibn' al-Arabī aus Murcia (gest. 638)[2]). Die Lehre vom vielfachen Schriftsinn war im Mittelalter auch für die christliche Bibelerklärung maßgebend und hat bis in die Reformationszeit hinein das Feld behauptet[3]). Sie findet sich auch in jüdischen Schriften des dreizehnten Jahrhunderts, z. B. in dem Pentateuchkommentar des Baḥjā ben Ascher aus Saragossa und dem Buche Zohar[4]). Es ist erstaunlich, welche Fülle von Geist und Scharfsinn die Menschheit zuweilen aufgewandt hat, um sich den Sinn alter Religionsurkunden zu verbauen.

K. Besondere Werke über die Veranlassung der Offenbarungen.

Die unter dem Namen Asbāb al-nuzūl gehenden Werke unterscheiden sich von den Kommentaren dadurch, daß sie nur das auf die Veranlassung der Offenbarungen bezügliche Material enthalten. Da dieses aber den religionsgeschichtlich wie literargeschichtlich wichtigsten Teil der Kommentare ausmacht und hier, alles störenden Beiwerkes entkleidet, besonders leicht zu übersehen ist, begreift es sich leicht, wie groß der Wert dieser Bücher für die Forschung ist. Die Muslime haben, wie es

---

[1]) I. Goldziher a. a. O. S. 192 Anm. 1. C. Brockelmann I S. 201.

[2]) I. Goldziher a. a. O.

[3]) Die hermeneutischen Handbücher fassen diese Weisheit gewöhnlich in folgendem Gedächtnisvers zusammen:

„littera gesta docet,
quid credas, allegoria,
moralis, quid agas,
quid speres, anagogia".

Hiernach bedeutet z. B. Jerusalem eigentlich die Stadt, allegorisch die Kirche, moralisch oder topologisch ein geordnetes Gemeinwesen, anagogisch das ewige Leben.

[4]) Jewish Encyclopædia Bd. III S. 171.

scheint, weniger Verständnis dafür gehabt, sonst würde die Zahl der einschlägigen Werke, von denen wir Kunde haben, nicht so gering sein. Der Fihrist[1]) weiß nur von zweien. Der Verfasser des ersten, Ḥusain b. abī Ḥusain, ist sonst nicht bekannt, doch darf man auf die Treue der handschriftlichen Überlieferung bei solchen Namen nicht viel geben. Das zweite Werk soll ʻIkrima nach dem Vortrage des Ibn ʻAbbās verfaßt haben. Aber bei der zweifelhaften Rolle, die der Vetter des Propheten in der arabischen Literaturgeschichte spielt[2]), ist diese Angabe mit dem größten Mißtrauen zu betrachten. Sujūṭī kennt anscheinend kein älteres Buch als das des ʻAlī b. al-Madīnī (gest. 234)[3]), einer der Autoritäten Buḫārīs[4]). Das berühmteste seiner Gattung rührt nach ihm von ʻAlī b. Aḥmad al-Wāḥidī aus Naisābūr (gest. 468)[5]) her, es ist auch das älteste, das in einer gedruckten Ausgabe vorliegt[6]). Wie der Verfasser in der Vorrede (S. 3f.) auseinandersetzt, hält er die Kenntnis der Veranlassungen der Offenbarungen für die Grundlage der ganzen Exegese und verfolgt er den Zweck, dem in seiner Zeit überhandnehmenden Schwindel gegenüber wieder die auf Studium der Tradition begründete Sachkenntnis zu Ehren zu bringen. Die Quellen, auf die er sich gewöhnlich bezieht, sind biographische, exegetische und Hadith-Werke. Ob er daneben noch eigentliche Asbāb-Bücher benutzt hat, kann nur durch eine genaue Untersuchung der zahlreichen Zitate aufgehellt werden. Wo er sich auf literarische Quellen stützt, geschieht es fast nie, ohne ihre jedesmaligen Zeugenketten in ganzer Länge mitzuteilen. Auf den Schultern Wāḥidīs steht Galāladdīn al-Sujūṭī (gest. 911) mit seinem Lubāb al-nuqūl fī asbāb al-nuzūl[7]). Wie die Einleitung rühmt, zeichnet sich dieses Buch durch bemerkenswerte Vorzüge aus. Es läßt von

---

[1]) ed. G. Flügel S. 38. [2]) Siehe oben S. 165f. [3]) Nawawī S. 443f.
[4]) Qasṭallānī zu Buḫārī Bd. I S. 33, 6.
[5]) C. Brockelmann Bd. I S. 411f.
[6]) Kairo, Hindīje, 1315, 334 Seiten.
[7]) Gedruckt am Rande des Qorānkommentares Galālain, Kairo 1301, Bd. I (152 S.). Bd. II S. 1—144.

dem Material Wāḥidīs alles weg, was nicht streng zum Gegenstande gehört. Dafür nimmt es neuen Stoff aus anderen Quellen auf, aus Hadith wie Kommentaren, aber — was sehr beachtenswert ist — aus keinem Asbāb-Werke. Es legt mehr Wert auf die Kenntlichmachung der benutzten literarischen Quellen als auf die Isnade und enthält auch Urteile über den Inhalt der angeführten Traditionen. Es ist demnach nicht zu verkennen, daß dieses Werk eine recht nützliche Ergänzung zu dem Wāḥidīs darstellt. Dagegen würden wir auf den letzten der behaupteten Vorzüge, die Harmonisierung widersprechender Traditionen, gerne verzichten.

L. Die Einleitungen in den Qorān.

Wärend die meisten Kommentare nach dem üblichen Lobeshymnus auf den Propheten und einer kurzen Darlegung des Planes gleich zur eigentlichen Aufgabe schreiten, gibt es andere, die noch Kapitel qorānwissenschaftlichen Inhaltes einschalten. So behandelt Ṯaʿlabī[1]) auf wenigen Seiten die Vorzüge des Qorāns und der Wissenschaft von ihm, sowie den Unterschied zwischen einfacher und allegorischer Exegese. ʿAlāaddīn[2]) erörtert außerdem die Sammlung des Qorāns, die sog. sieben Lesarten und das bei der Rezitation von Offenbarungen gebrauchte Zufluchtsgebet. Der älteste Kommentar, der, soweit unsere Kunde reicht, den mit dem Qorān zusammenhängenden Wissenschaften eine auf Vollständigkeit ausgehende, zusammenfassende Darstellung angedeihen ließ, ist der des Ṭabarī[3]). Hierauf folgt das Kitāb al-Mabānī li-naẓm al-maʿānī[4]), das nach seinem eigenen Zeugnis im Jahre 425 a. H. begonnen wurde und viel Brauchbares enthält, so daß eine Druckausgabe höchst erwünscht wäre. Ebenso wertvoll ist die

---

[1]) Siehe oben S. 173f. [2]) Bd. I S. 3—11. Vgl. oben S. 174 Anm. 4.

[3]) Bd. I S. 1ff.; s. oben S. 172.

[4]) Cod. Wetzstein I 94 (Berlin). Die Einleitung umfaßt in dieser Handschrift fol. 1—89r in 10 Abschnitten (*faṣl*); hieran schließt sich der Kommentar von Sure 1—15. Das übrige fehlt.

Einleitung zum Kitāb al-Gāmi' al-muharrar al-ṣaḥīḥ al-wagīz fī tafsīr al-qurān al-'azīz des 'Abdalḥaqq b. Abī Bakr b. 'Abdalmalik al-Muḥāribī al-Gharnāṭī Ibn 'Aṭīja (gest. etwa 542)[1], während Qurṭubī[2]) sich ziemlich eng, teilweise fast wörtlich daran anschließt.

Solche enzyklopädische Abhandlungen wurden aber zuweilen auch selbständig, d. h. ohne Verbindung mit Qorānauslegung, veröffentlicht. Wenn in dem Fihrist S. 34, 14f. verzeichneten Madḫal ilā 'l-tafsīr des Ibn al-Imām al-Miṣrī, der nicht jünger als das vierte Jahrhundert sein kann, wirklich ein solches Werk vorliegt, so hat es jedenfalls die Produktion der Folgezeit anscheinend nicht beeinflußt. Sujūṭī[3]) spricht geradezu seine Verwunderung darüber aus, daß die ältere Zeit kein Buch über die Arten (*anwā'*) der Qorānwissenschaft hervorgebracht habe, während der Hadithwissenschaft soviel Aufmerksamkeit geschenkt worden sei. Von Werken des fünften, sechsten und siebenten Jahrhunderts a. H. vermag Sujūṭī nur solche zu nennen[4]), die eine sehr entfernte Ähnlichkeit mit dem Itqān haben. Es sind dies die Funūn al-afnān fī 'ulūm al-qurān des 'Abdarraḥmān b. 'Alī al-Gauzī (gest. 597)[5]), der Gamāl al-qurrā des 'Alamaddīn 'Alī b. Muḥammad al-Saḫāwī (gest. 643)[6]), al-Muršid al-wagīz li-'ulūm tata'allaq bi-'l-qurān al-'azīz des 'Abdarraḥmān b. Ismā'īl Abū Šāma (gest. 665)[7]) und al-Burhān fī muškilāt al-qurān des Abū 'l-Ma'ālī 'Azīzī b. 'Abdalmalik Šaidala (gest. 494)[8]). Dagegen betrachtet er[9]) als seine eigentlichen Vorläufer viel jüngere Er-

---

[1]) C. Brockelmann I S. 412. Die Einleitung nimmt in der Berliner Handschrift, Sprenger 408, fol. 1—92ᵃ ein.

[2]) Berlin Cod. Sprenger 436 fol. 2ᵃ—36ᵃ. Vgl. oben S. 177.

[3]) Itqān S. 2. [4]) Itqān S. 13.

[5]) C. Brockelmann I 504 kennt einen Auszug aus diesem Werke.

[6]) C. Brockelmann weist eine Handschrift des Werkes in Kairo (I 94) nach.

[7]) C. Brockelmann I 317. Das Werk scheint verloren zu sein.

[8]) C. Brockelmann I S. 433. Das Werk ist wohl verloren.

[9]) Itqān S. 2—10.

scheinungen, nämlich die Mawāqi' al-'ulūm min mawāqi' al-nugūm des Galāladdīn al-Bulqīnī (gest. 824)[1], eines Bruders seines Lehrers 'Alamaddīn al-Bulqīnī (gest. 868)[2], und ein Buch ohne Titelangabe des Abū 'Abdallāh Muḥjīaddīn al-Kāfīgī, den ich sonst nicht erwähnt gefunden habe. Keines der genannten Werke scheint auf uns gekommen zu sein. Um so erfreulicher ist es, daß Sujūṭī von jedem das Inhaltsverzeichnis und von den drei ersten einen Teil der Vorrede mitteilt. Darnach hatte das letztgenannte Werk nur zwei Kapitel (*bāb*), während das erste 47 Abschnitte (*nau'*) umfaßte. Als sich Sujūṭī durch seinen literarischen Ehrgeiz dazu treiben ließ, auch in der Qorānenzyklopädie mit einem eigenen Werke vor die Öffentlichkeit zu treten, benutzte er die oben genannten Bücher als Vorarbeiten. Von dem so — im Jahre 872[3]) — entstandenen Werke Taḥbīr fī 'ulūm al-tafsīr kennen wir nur die Überschriften der 102 Abschnitte (*nau'*), in die es eingeteilt war[4]). Als Sujūṭī später den Plan faßte, ein zweites Buch über den Gegenstand herauszugeben, den Itqān fī 'ulūm al-qurān, zog er noch die Arbeit eines andern Zeitgenossen, den Burhān fī 'ulūm al-qurān des Badraddīn Muḥammad b. 'Abdallāh al-Zarkašī (gest. 794)[5]) zu Rate. Der Itqān ist in zahlreichen Handschriften erhalten und liegt sogar in mehreren Druckausgaben vor[6]). Soweit ein Vergleich der verschiedenen Inhaltsverzeichnisse ein Urteil zuläßt, hält er sich nicht nur im Rahmen der durch die Vorgänger üblich gewordenen Stoffauswahl, sondern folgt ihnen auch zum Teil in der Anordnung.

---

[1]) C. Brockelmann II S. 112 nennt ihn Gamāladdīn.

[2]) A. a. O. S. 96.

[3]) Itqān S. 7 gegen Ende. [4]) Itqān S. 4—7.

[5]) C. Brockelmann II S. 91.

[6]) Die indische Ausgabe, Calcutta 1852—1854 (8°, 952 Seiten) ist auf Anregung Aloys Sprengers entstanden. Am Schlusse derselben findet sich eine, aus einer anderen Quelle stammende, Bemerkung Sujūṭīs, nach der er den Itqān am 13. Schauwāl a. H. 878 vollendet hat. Nach dieser Ausgabe zitiere ich. Ein anderer, mir bekannter, Druck ist Kairo 1306 in zwei Bänden erschienen.

Über das Größenverhältnis läßt sich natürlich nichts feststellen, da wir nur die Zahl, aber nicht den Umfang der Abschnitte kennen. Die Disposition des Itqān ist als eine sachgemäße zu bezeichnen, da die Zahl der 80 Abschnitte (*nau'*) sich leicht in größere Gruppen einteilen läßt, nämlich: 1. Äußere Umstände der Offenbarung n. 1—17; 2. Sammlung und Redaktion des Textes n. 18—19; 3. Qorānlesen und Qorānlesung n. 20—42; 4. Stilistik, Rhetorik und Schrift n. 43—76; 5. Exegese und Exegeten n. 77—80. Wie aus der Vorrede (S. 13—17) und den Zitaten hervorgeht, hat Sujūṭī außer jenen Enzyklopädien noch eine Masse von Spezialwerken über Geschichte, Tradition, Exegese, Grammatik und anderes mehr herangezogen. Die Stoffmassen, welche seine Gelehrsamkeit vor dem Leser ausbreitet, sind ungeheuer und können eigentlich erst dann voll ausgeschöpft werden, wenn einmal ein alphabetisches Verzeichnis der Namen und Sachen mit biographischen und bibliographischen Nachweisen vorliegt. Von dem, was in einem derartigen Werke zu erwarten ist, fehlt nur weniges, z. B. nähere Angaben über Einzelheiten der älteren Textgeschichte, die im neunten Jahrhundert ganz unbekannt geworden sein muß. Das Urteil des Verfassers ist im allgemeinen vernünftiger, als man es von einem muslimischen Theologen annehmen sollte, wenn er auch nicht imstande war, über die scholastische Methode und die dogmatische Befangenheit seiner Zeit hinauszukommen. In jedem Falle hat der Islam kein besseres Handbuch der Qorānwissenschaften hervorgebracht, so daß das Lob, das sich der eitle Gelehrte in dem Nachwort (S. 955) selbst spendet, nicht unberechtigt ist. Obwohl der Itqān ursprünglich als besonderes Buch herausgegeben wurde, bestimmte der Verfasser ihn dennoch als Einleitung (*muqaddima*) zu seinem Qorānkommentar Magma' al-baḥrain wa-maṭla' al-badrain[1]).

[1]) Da C. Brockelmann II S. 145f. diesen Kommentar nicht kennt, ist er wohl als nicht erhalten zu betrachten. Vielleicht ist er überhaupt niemals vollendet worden. Dagegen trägt eine Glosse zu den Galālain von al-Karhī den gleichen Titel.

M. Gedichte als Geschichtsquelle. Die dichterischen Belege in der biographischen und exegetischen Literatur.

Eine Eigentümlichkeit der arabischen Geschichtsbücher, die, soweit bekannt, in keiner anderen Literatur angetroffen wird[1]), sind die zahlreichen eingestreuten Verse. Diese werden teils den handelnden Personen in den Mund gelegt, teils vom Schriftsteller ganz lose eingeschaltet und dienen nicht nur zum Schmucke der Rede, sondern auch zur Bestätigung des Inhaltes. Unter den Biographen Muhammeds ist der reichste an poetischen Einlagen Ibn Isḥāq. Obwohl Ibn Hišām in seiner Ausgabe einen beträchtlichen Teil gestrichen hat, beträgt der Rest noch immer etwa ein Fünftel des ganzen Werkes, wenn man die abgesetzten Verszeilen als voll rechnet[2]). Die Nachfolger legten sich in dieser Beziehung größere Beschränkung auf. Vom Verfahren Wāqidīs kann man sich kein rechtes Bild machen, da von den Maghāzī noch keine vollständige Ausgabe vorliegt und die Streichung vieler Gedichte späteren Rezensenten zur Last zu fallen scheint. Ibn Sa'd hat in der Sīra noch nicht einmal 300 Zeilen Verse. Davon sind die meisten — ungefähr 200 — Trauerlieder auf den Tod Muhammeds und am Ende in einem besonderen Kapitel vereinigt[3]). In dem Maghāzī-Kapitel des Buḫārī nehmen die Verse nur 19 Zeilen ein. Wiederum viel reichhaltiger ist Ṭabarī, doch stehen die Verse, die er in dem die medinische Periode Muhammeds behandelnden Teile seiner Chronik mitteilt (314), an Zahl noch weit hinter denen zurück, die sich bei Ibn Hišām allein auf die Schlacht von Bedr beziehen.

Was die Beweiskraft der poetischen Zitate anbelangt, so sind Verse, die zufällig und unreflektiert auf eine Begebenheit

---

1) Andererseits hält es schwer, an eine originale Erfindung der Araber zu denken. Die Frage ist von der nach der Entstehung der historischen Prosa nicht zu trennen, worüber man oben S. 127f. vergleiche.

2) Darunter sind fast ein Drittel Trauerlieder, nämlich Ibn Hišām ed. Wüstenfeld S. 108—114, 516—539, 611—638, 704—714, 1022—1026.

3) Ibn Sa'd Bd. II, ii ed. Schwally S. 89—98.

anspielen, unleugbar ein sehr wertvolles Zeugnis. Indessen kommt es gar nicht selten vor, daß Verse mit den erzählten Tatsachen nichts zu tun haben. Mit Fälschungen großen Umfanges ist besonders auf dem Gebiete der Trauerpoesie zu rechnen. Besonders großes Vertrauen hinsichtlich der Echtheit darf man den teilweise höchst boshaften Versen der Gegner Muhammeds, wie des ʿAbdallāh b. al-Zibaʿrā schenken, welche die älteste Biographie mit anerkennenswerter Offenheit aufbewahrt hat[1]).

Von größerem Werte als kurze Fragmente sind naturgemäß vollständige Gedichte oder gar selbständige Sammlungen der poetischen Produktion eines Dichters (Dīwāne). Das weitaus wichtigste Dokument, der Diwan des Medinensers Ḥassān b. Tābit[2]), der bei Muhammed die Stellung eines Hofpoeten bekleidete, ist außerordentlich reich an geschichtlichen Anspielungen. Deren Verhältnis zu den Deutungen des Qorāns und den Angaben der Chronistik festzustellen, sowie die Echtheit der überlieferten Gedichte zu prüfen, sind Aufgaben, die noch immer der Lösung harren.

Von Nichtmedinensern, die mit Muhammed in persönliche Berührung traten, haben sich besonders drei einen Namen gemacht. Labīd traf im Jahre 9 mit einer Gesandtschaft seines Stammes, der Kilāb, bei Muhammed in Medina ein und nahm den Islam an[3]). Kaʿb b. Zuhair, ein Sohn des be-

---

[1]) Vgl. Th. Nöldeke in „Der Islam" Jahrg. 1914 S. 165f. Ibn al-Zibaʿrā wird viel von Ibn Isḥāq zitiert, andere Fragmente finden sich Aghānī Bd. XIV S. 11—25.

[2]) Die älteste Druckausgabe erschien in Tunis 1281 a. H. Die indische Lithographie, Bombay 1281, scheint ein Nachdruck der ersten und die Jahreszahl fingiert zu sein. Über die Ausgabe Kairo 1904 weiß ich nichts. Die europäische Ausgabe durch Hartwig Hirschfeld (E. J. W. Gibb Memorial Vol. XIII, 1910) läßt viel zu wünschen übrig. Die Textbehandlung ist ungenügend. Die in der Literatur zerstreuten Fragmente und ihre Varianten sind nicht gesammelt. Die Echtheitsfrage ist gar nicht in Angriff genommen.

[3]) Um die Herausgabe seines Dīwāns haben sich verdient gemacht Chālidī (Wien 1880), A. Huber und Carl Brockelmann 1891.

kannten Mu'allaqa-Dichters, hatte sich anfangs in Spottversen über Muhammed lustig gemacht. Als er aber von der Todesgefahr hörte, in der sein Leben seitdem schwebte, ging er in sich und erlangte die Verzeihung des Gottgesandten. Das hinreißende Loblied, das er hierauf vortrug (Bānat Su'ād), gefiel Muhammed so, daß er den Dichter mit seinem Mantel beschenkte. Von A'šā aus der Landschaft Jemāma, der dem Christentum nahe stand, gibt es ebenfalls ein berühmtes Loblied auf den Propheten, ohne daß wir über die Umstände seiner Entstehung etwas Sicheres wüßten[1]).

Für die kulturellen Grundlagen, auf denen die merkwürdige Erscheinung des Islams beruht, ist überhaupt die ganze Dichtung des Heidentums — die gleichzeitige ebensowohl wie die frühere — eine der wesentlichsten Quellen. Die Heidenzeit hat ja sonst nichts hervorgebracht, das den Namen einer Nationalliteratur verdiente. Der religionsgeschichtliche Inhalt dieser Literatur ist aber bis jetzt noch nicht genügend ausgeschöpft worden, da er wenigstens in den großen Kunstdichtungen oder Qaṣīden mit weitläufigen und schwerverständlichen Naturschilderungen verquickt erscheint. Das gilt z. B., um nur die berühmtesten Namen zu nennen, für Nābigha, 'Antara, Ṭarafa, 'Alqama und Imruulqais[2]).

Einzig in ihrer Art ist die Stellung des Umaija b. abī 'l-Ṣalt, der aus Ṭāif bei Mekka gebürtig war. Er zeigt nicht nur eine außerhalb des Qorāns sonst unerhörte Vorliebe für biblische und nachbiblische Stoffe, sondern bekennt sich auch zum Glauben an den einzigen Gott und das Jenseits. Darum hat er, wie kein anderer, in der letzten Zeit die Aufmerksamkeit der Forschung auf sich gezogen[3]), so daß wir schon seit

[1]) Über die poetische Hinterlassenschaft Ka'bs und A'šās vergleiche C. Brockelmann, Gesch. d. arab. Litteratur I S. 37—39.

[2]) The Divans of the six ancient Arabic poets edited by W. Ahlwardt, London 1870.

[3]) A. Sprenger, Leben und Lehre des Moḥammad Bd. I S. 76—81, 110—119. Cl. Huart, Une nouvelle source du Qorān (Journal Asiatique 1904) hält die in dem arabischen Werke Livre de la Création

einigen Jahren eine vortreffliche Ausgabe der von ihm erhaltenen Fragmente nebst Übersetzung und religionsgeschichtlichem Kommentar besitzen [1]. Auch die Feststellung seines Verhältnisses zum Qorān ist bereits in Angriff genommen worden. [2]. Weitere Fortschritte in der Erkenntnis sind aber erst dann zu erwarten, wenn auch die anderen Dichtungen der Zeit in dieser Richtung durchforscht sind.

Soweit der geistige Nachlaß der einzelnen Dichter nicht schon von den Alten zu besonderen Sammlungen vereinigt ist, muß er aus der ganzen — historischen, belletristischen und grammatischen — Literatur zusammengelesen werden. Die hauptsächliche Fundgrube bilden aber die bei den Arabern so beliebten Anthologien [3]. Unter diesen sind am berühmtesten die Ḥamāsa des Abū Tammām und die Buḥturīs, die Mufaḍḍalījāt, die Gamhara, sowie der Diwan der Hudhailiten. Die hervorragendste Stelle gebührt aber wohl dem Kitāb al-Aghānī des Abū 'l-Farag al-Iṣfahānī (gest. 356). Doch ist nicht zu übersehen, daß in dieser unschätzbaren Sammlung die Nachrichten über die Lebensumstände der Dichter einen viel breiteren Raum einnehmen als die Gedichte, weshalb die prosaischen Teile im allgemeinen lehrreicher als die poetischen sind. Dagegen haben die geschichtlichen Mitteilungen über Muhammed keinen Wert mehr, da uns die zugrundeliegenden Quellen jetzt alle im Original bekannt sind [4].

---

et de l'Histoire des Moṭahhar b. Ṭāhir al-Maqdisī mitgeteilten 130 Verse Umaijas alle für echt, was keinesfalls richtig ist. Fr. Schulthess, in der Festschrift für Th. Nöldeke 1906, Bd. I S. 71—89, hat das Verdienst, zuerst den Grund für eine historische Kritik gelegt zu haben.

[1]) Umajja ibn Abi ṣ Ṣalt, die unter seinem Namen überlieferten Gedichtfragmente gesammelt und übersetzt von Friedrich Schulthess, 136 S., Leipzig 1911.

[2]) J. Frank-Kamenetzky, Untersuchungen über die dem Umajja b. Abi ṣ Ṣalt zugeschriebenen Gedichte zum Qorān, Dissertation Königsberg 1911.

[3]) C. Brockelmann a. a. O. Bd. I S. 17—21.

[4]) Zwei große historische Abschnitte über die Schlachten von Bedr und Uhud sind wörtlich der Chronik Ṭabarīs entnommen und zwar ein-

Neben der historischen Verwendung von Gedichten oder Gedichtfragmenten einher geht die Anführung einzelner Verse, die den Zweck hat, seltene Wörter, Wortformen oder Wortbedeutungen des Qorāns aus der Sprache der Poesie zu erklären. Das geschieht nicht deshalb, weil die Ausleger den Propheten, entgegen seiner ausdrücklichen Verwahrung (Sure 21, 5. 36, 69. 52, 30. 69, 41), als Dichter ansahen, sondern beruht auf der schon wiederholt festgestellten Tatsache, daß die alten Araber außer der Poesie keine maßgebende Nationalliteratur besaßen[1]). Wer das Verfahren zuerst angewandt hat, wissen wir nicht. Die Tradition, die mit Bestimmtheit behauptet, daß schon Ibn ʿAbbās Dichterstellen zur Erläuterung des Qorāns herangezogen habe[2]), verdient, nach dem was oben über die Persönlichkeit dieses Mannes vorgebracht wurde[3]), jedenfalls kein unbedingtes Vertrauen.

Obwohl Ibn Hišām (gest. 218) bei der Bearbeitung der Sīra des Ibn Isḥāq viele Verse gestrichen hat[4]), sind doch alle auf Dichterstellen gegründeten lexikalischen Erläuterungen zum Qorān gerade von ihm eingefügt. In den exegetischen Einlagen der späteren Prophetenbiographien ist dieses Verfahren, soweit meine Kenntnis reicht, nicht nachgeahmt worden, wohl aber bürgerte es sich in den selbständigen Kommentarwerken ein, wie man z. B. aus Ṭabarī, Zamaḫšarī und Baiḍāwī leicht ersehen kann. Im Anschluß hieran entstanden wieder besondere Bücher, welche die Belegverse (*šawāhid*) aus den Kommentaren auszogen, sowie philologisch und historisch erläuterten (*šarḥ*).

---

schließlich der Überlieferungsketten: Aghānī Bd. IV S. 17, 23—34, 14 = Ṭabarī I 1291, 14—1348, 5; Agh. Bd. XIV S. 12, 1—25, 6 = Ṭabarī I 1383, 17—1430, 12. Die ausgelassenen Stellen Ṭabarīs und einige Umstellungen sind hierbei nicht berücksichtigt.

1) Vgl. oben S. 127 f. 190.

2) „Erzählt haben mir Saʿīd b. Gubair und Jūsuf b. Mihrān: Ibn ʿAbbās wurde oft nach dem Qorān gefragt. Da pflegte er zu sagen: Die Sache verhält sich so und so; habt ihr denn nicht den Dichter gehört, der sich so und so ausdrückt?“ Ibn Saʿd II, II ed. Schwally S. 121, 2—5.

3) Vgl. oben S. 165 f. 4) Vgl. oben S. 188.

2. Die neuere christliche Forschung.

A. Die Kritik des Traditionswesens.

Wenn auch die christlichen Gelehrten während des ganzen Mittelalters und teilweise bis in die Neuzeit hinein den Stifter des Islams für einen Schwindler, Betrüger oder falschen Propheten hielten, so fiel es doch keinem von ihnen ein, die Glaubwürdigkeit der muhammedanischen Überlieferung als solcher in Zweifel zu ziehen. Der erste Europäer, der sich nicht allein eine genaue Kenntnis der gewaltigen Stoffmassen der arabischen Überlieferung aneignete, sondern auch an die kritische Sichtung des Inhaltes erfolgreich Hand anlegte, ist Aloys Sprenger. Dessen bahnbrechende Arbeiten erschienen alle während des Jahres 1856 in verschiedenen Zeitschriften[1]. Später trug er seine Ideen noch einmal vor in der Einleitung zum dritten Band des großen Werkes über das Leben Muhammeds[2]. Hiernach enthält die systematische Prophetenbiographie in ihrem ersten Teile fast nur Legenden und Romane, die nicht immer aus naivem Glauben, sondern auch aus dreisten Schwindeleien hervorgegangen sind. Hier sind die Nachrichten über die Gefährten Muhammeds zuverlässiger als die über ihn selbst. Die Feldzüge, die den zweiten Teil ausmachen, sind durchschnittlich nicht wie jene in der Absicht zu unterhalten und erbauen zusammengestellt, sondern aus unbefangenem Interesse an dem Gang der Ereignisse. Die wichtigsten der erhaltenen Werke werden zutreffend charakterisiert und die wertvollsten ihrer Materialien mit sicherem Urteile herausgehoben. Schließlich wird der Forschung die Aufgabe zugewiesen, die dogmatische Biographie zu vernichten[3]. Der

---

[1]) Journal of the Asiatic Society of Bengal Vol. 25 S. 53—74. 199—220. 303—329. 375—381. Zeitschr. d. Deutschen Morgenl. Gesellschaft Bd. X S. 1—17.

[2]) Leben und Lehre des Mohammad Bd. III (1865, 2. Ausg. 1869) S. I—CLXXX.

[3]) Vgl. a. a. O. S. LVIII. LXI. LXIV. LXXXVI.

gesetzliche Hadith oder die Sunna wurde nach Sprenger erst durch die Bürgerkriege begründet, machte aber zwischen den Jahren 40 und 80 so rasche Fortschritte wie früher die Eroberungen. Man könne annehmen, daß am Ende des ersten Jahrhunderts d. H. bei weitem der größte Teil des Schatzes der Traditionen in den Händen von Fachmännern und schon formuliert war. Obwohl die Tätigkeit von Fälschern wie Ibn ʻAbbās und Abū Huraira nicht gering anzuschlagen sei, enthalte die Sunna doch mehr Wahres als Falsches und sei — nach dem Qorān und den Dokumenten — die zuverlässigste Geschichtsquelle [1]).

Auf den Schultern von Sprenger steht William Muir, der gleich jenem damals im anglo-indischen Zivildienst tätig war. Er legte in der Einleitung zum ersten Band seines Life of Mahomet [2]) mit großer Klarheit die Beweggründe dar, die bei der Entstehung und Umbildung der Traditionen maßgebend waren oder sein konnten. Am meisten Gewicht legt er auf die Tendenzen, welche in Partei-, Stamm- oder Familienpolitik, in nationalistischen Interessen, dogmatischen Vorurteilen, Wundersucht, christlichen oder jüdischen Einflüssen ihren Ursprung hatten. Was ihm seinem großen Vorgänger gegenüber an Genialität, Phantasie und Belesenheit gebrach, ersetzte er durch nüchternes Urteil, bessere historische Methode und geordnetere Darstellung, so daß er die Quellen schon mit viel kritischeren Augen betrachtete und vieles verwarf, woran jenem nicht der leiseste Zweifel gekommen war. Nichtsdestoweniger ist das Vertrauen, das Muir der Überlieferung entgegenbringt, noch immer sehr beträchtlich, und diese Stimmung erhielt sich als Gemeingut der Forscher fast bis zum Ende des 19. Jahrhunderts. Dem bedeutenden holländischen Arabisten und Historiker R. P. A. Dozy galt noch im Jahre 1879 die gute Hälfte des Buḫārī als historische Urkunde [3]). Eine entschei-

---

[1]) Vgl. a. a. O. S. LXXXII f. LXXXVII. LXXXIX. CIV.

[2]) Life of Mahomet Vol. I (1858) S. XXVII—CV.

[3]) R. P. A. Dozy, Essai sur l'histoire de l'Islamisme, traduit du hollandais par V. Chauvin S. 124.

dende Wendung und völlige Neuorientierung wurde erst herbeigeführt durch den zweiten Band der „Muhammedanischen Studien“ [1]) des genialen ungarischen Forschers Ignaz Goldziher, der sogar Sprenger an Belesenheit übertraf und die Staaten-, Kultur- und Dogmengeschichte des Islams wie keiner vor ihm beherrschte. Von diesem breiten Boden aus gelang es ihm nicht nur, unsere Kenntnis von der tendenziösen Natur des Hadith zu vertiefen und durch eine Fülle schlagender Beispiele zu beleuchten, sondern auch der theoretischen und praktischen Entwicklung des Überlieferungswesens durch die Jahrhunderte nachzugehen. Jede Strömung und Gegenströmung im Leben des Islams habe ihre Ausprägung in Form des Hadith gefunden. Dies gelte sowohl hinsichtlich der politischen Parteien und sozialen Richtungen, wie auch in bezug auf die religionsgesetzlichen Differenzen und dogmatischen Streitigkeiten. Bis zu einem gewissen Grade gäben die Muhammedaner des zweiten Jahrhunderts das Vorhandensein und die Berechtigung falscher Hadithe zu, indem sie der Überzeugung seien, daß man zum moralischen Besten des Volkes und zur Beförderung der Frömmigkeit Aussprüche des Propheten ersinnen und in Verkehr bringen dürfe. Sonst sei aus dem reichen Inhalt des epochemachenden Werkes noch hervorgehoben die ausführliche Darlegung der Grundsätze der muhammedanischen Traditionskritik, die an den Äußerlichkeiten des Isnad hängen bleibt, sowie die anschauliche Charakterisierung der hauptsächlichsten Traditionssammlungen, eine Aufgabe, an die sich noch keiner vor ihm

---

[1]) Halle 1890, S. 1—274 unter dem besonderen Titel „Über die Entwickelung des Ḥadîth“. Der Gang der Untersuchung ergibt sich aus den Kapitelüberschriften: 1. Ḥadîth und Sunna. 2. Umejjaden und ʿAbbâsiden. 3. Das Ḥadîth in seiner Beziehung zu den Parteikämpfen im Islam. 4. Reaction gegen die Erdichtung der Ḥadîthe. 5. Das Ḥadîth als Mittel der Erbauung und Unterhaltung. 6. Ṭalab al-ḥadîth. 7. Die schriftliche Aufzeichnung des Ḥadîth. 8. Die Ḥadîth-Literatur. Eine wertvolle Ergänzung hierzu bildet desselben Verfassers Aufsatz „Neue Materialien zur Litteratur des Ueberlieferungswesens bei den Muhammedanern“ in Zeitschr. d. Deutschen Morgenl. Gesellsch. Bd. 50 (1896) S. 465—506.

herangewagt hatte[1]). Obwohl die Aufmerksamkeit Goldzihers fast ganz dem gesetzlichen Hadith zugewandt war, konnten seine Methoden leicht auf die geschichtliche Überlieferung übertragen werden, wirkten hier außerordentlich fruchtbar und hatten eine völlige Umwälzung der seitherigen Betrachtungsweise zur Folge. Galt früher jede Überlieferung von vornherein und bis zum Erweis des Gegenteils als echt, so mußte sich die Forschung nunmehr allmählich daran gewöhnen, den umgekehrten Standpunkt einzunehmen.

Der erste, welcher die Methode Golzihers auf die Beurteilung der Nachrichten über hervorragende Persönlichkeiten der Frühzeit des Islams anwandte, war Theodor Nöldeke[2]). In den Prolegomena zum ersten Bande der Annali dell' Islam baute Leone Caetani die Grundsätze Goldzihers mit Rücksicht auf die historischen Quellen weiter aus. Besondere Aufmerksamkeit schenkte er dem Isnad, indem er diesen eigentümlichen Überlieferungs-Leitvermerk durch die wichtigsten Quellenwerke hin verfolgte und die Individualitäten der tradierenden Gewährsmänner, namentlich der im Rufe von Schwindlern stehenden Ibn ʻAbbās und Abū Huraira, als Sammler und Literaten zu erfassen suchte[3]). Auf Grund dieser Vorarbeiten unterzog er dann zahlreiche Einzelheiten der Prophetenbiographie einer originellen und scharfen, wenn auch manchmal etwas zu weit gehenden[4]) Kritik.

Am radikalsten auf diesem Gebiete geht der jüngste Forscher vor, Henri Lammens S. J., der an Goldziher wie

---

[1]) Vgl. S. 131. 158. 140—152. 203—274.

[2]) „Zur tendenziösen Gestaltung der Urgeschichte des Islām's" in Zeitschr. d. Deutsch. Morgenl. Ges. Bd. 52 (1898) S. 16—33.

[3]) Annali dell' Islām Vol. I (1905) S. 28—58.

[4]) Viele dieser Übertreibungen hat Th. Nöldeke beleuchtet in seiner Besprechung der Bände I. II des Caetanischen Werkes, Wiener Zeitschr. f. d. Kunde d. Morgenlandes Bd. 21 S. 297—312. Ich selbst habe zu einigen der bemerkenswertesten Ergebnisse Caetanis oben S. 20f. und S. 84 Stellung genommen. Siehe auch oben Teil I S. 101ff. zu Sure 53, 19ff. bzw. 22, 51.

Caetani anknüpft und enorme Belesenheit mit blendendem Scharfsinn verbindet. Er legt seine Auffassung in folgenden Sätzen nieder:

1. Der Qorān liefert die einzige geschichtliche Grundlage der Sīra.
2. Die Tradition bietet hierzu nicht eine Ergänzung, sondern apokryphe Weiterentwicklung.
3. Der Wert einer Tradition entspricht dem Maße ihrer Unabhängigkeit vom Qorān.
4. Für die medinische Periode ist das Vorhandensein einer vagen mündlichen Tradition zuzugeben [1]).

Diese Thesen sind einseitig und übertrieben, da der Kreis der echten Überlieferungen weiter zu ziehen ist, da es doch auch begleitende Traditionen zu qorānischen Offenbarungen gibt [2]), und da die erfundenen Traditionen so mannigfaltiger Art sind, daß ihre Herkunft aus der einzigen Wurzel des Qorāns höchst unwahrscheinlich anmutet. Die Prüfung der von Lammens beigebrachten Beweismittel gereicht dem nur zur Bestätigung. Denn unter den verschiedenen Gruppen, in die er die Erzählungsstoffe einteilt, ist nur eine vorhanden — die ersten Offenbarungen Muhammeds —, die man ausschließlich auf qorānische Andeutungen zurückführen möchte, bei anderen — Kindheitsgeschichte, Lebensalter [3]), Zahl der Söhne, Feldzüge — sind noch alle möglichen außerqorānischen Quellen in Erwägung zu ziehen, oder es ist wie bei den Namen, Frauen und Personalien (*šamā'il*) des Propheten kaum eine Beziehung zum Qorān zu erkennen. Der Hauptfehler des Verfassers besteht darin, daß er richtige, teilweise schon von anderen gemachte, Einzelbeobachtungen ohne zwingenden Grund ver-

---

[1]) H. Lammens, Qoran et Tradition, comment fut composée la vie de Mahomet, Extrait des Recherches de Science religieuse, Nr. 1 (29 S.), Paris 1910.

[2]) Siehe oben S. 157f.

[3]) Dieses Thema hat Lammens etwas später noch einmal in einem besonderen Aufsatze behandelt, L'âge de Mahomet et la chronologie de la sîra, Journal Asiatique 1911 S. 209ff.

allgemeinert und als Prinzip zu Tode hetzt[1]). Schon in dem ersten Teile dieses Werkes habe ich wiederholt auf Ursprungserzählungen hingewiesen, die nicht, wie sie selbst glauben machen wollen, auf begleitender Tradition beruhen, sondern Resultate gelehrter Qorānexegese sind[2]).

B. Die christlichen Biographen des Propheten.

Entsprechend dem Wandel in der Beurteilung der arabischen Tradition, den wir soeben kennen gelernt haben, kann man die abendländischen Werke über das Leben Muhammeds in drei Perioden zerlegen: 1. die ungebrochene Herrschaft der Tradition bis Mitte des 19. Jahrhunderts (Sprenger), 2. die Zeit der beginnenden Kritik an einzelnen Teilen der Überlieferung, und 3. die Zeit der systematischen Kritik der gesamten Tradition.

I.

Die erste Periode umspannt das ganze Mittelalter bis in die Mitte des 19. Jahrhunderts. Eine zusammenfassende Darstellung derselben würde kulturhistorisch äußerst lohnend sein. Für uns kommen nur diejenigen Schriftsteller in Betracht, welche Zugang zu den orientalischen Quellen hatten und bestrebt waren, sich ein sachliches und von Vorurteilen freies Urteil zu bilden. Zu den ältesten derselben gehören der Züricher J. H. Hottinger (1651, 2. Aufl. 1660), der Italiener Marracci (1698) und der Holländer H. Reland (1704, 2. Aufl. 1711). Aber keiner ist, trotz aller Befangenheit seines persönlichen Standpunktes — indem er Muhammed für den verbrecherischsten Menschen und den größten Todfeind Gottes

[1]) C. H. Becker im islamischen Jahresbericht des Archives für Religionswissenschaft Bd. 15 (1912) S. 540f. befürchtet von Lammens' zu weit gehender Skepsis geradezu eine Selbstauflösung der historischen Kritik. Ausführlicher geht auf die Übertreibungen jenes Forschers ein Th. Nöldeke, Die Tradition über das Leben Muhammeds, Zeitschrift „Der Islam“ Bd. 5 (1914) S. 160—170.

[2]) Vergleiche auch oben S. 156ff.

hält — objektiver verfahren als der Franzose J. Gagnier[1]). Dieser gedachte der Wahrheit am besten zu dienen, wenn er die Europäer mit dem bekannt machte, was die Muhammedaner selbst von dem Propheten erzählen, und begnügte sich deshalb mit der Aneinanderreihung von Übersetzungen aus arabischen Quellen, von denen ihm freilich nur sehr späte, wie Abulfidā (gest. 732) und Gannābī (gest. 999) zugänglich waren. Aus Eigenem tat er nichts hinzu, weder Lob noch Tadel, weder Zweifel noch Mutmaßung, nur die Sätze, durch die er die Aussagen der verschiedenen Berichterstatter miteinander verbindet, sind sein Eigentum. Aus dieser Fundgrube schöpften fast vier Generationen von Schriftstellern, indem jeder ihr entnahm, was nach seiner subjektiven Meinung richtig war, und anderes, was seinen Ansichten oder Vorurteilen widersprach, beiseite ließ. — Der Essai sur l'histoire des Arabes[2]) von A. P. Caussin de Perceval kann als eine Modernisierung Gagniers betrachtet werden. Abgesehen davon, daß er sich die Grenzen weiter steckt, nicht nur die vorislamische Zeit ausführlicher behandelt, sondern auch die Bekehrung Arabiens bis in die Regierungszeit Abu Bekrs hinein verfolgt, zeichnet er sich vor Gagnier noch dadurch aus, daß er reicheres und älteres Quellenmaterial heranzieht und dasselbe zwar freier, aber doch mit treuer Bewahrung des Eigentümlichen reproduziert. — Der erste, welcher die historisch-kritische Methode in die Prophetenbiographie eingeführt hat, ist der Heidelberger Orientalist Gustav Weil[3]). Wenn ich ihn trotzdem noch der ersten Periode zuweise, so geschieht dies deshalb, weil er die arabischen Quellen

---

[1]) La vie de Mahomet, traduite et compilée de l'Alcoran, des traditions authentiques de la Sonna, et des meilleurs auteurs arabes, 2 tomes, Amsterdam 1732. Mir liegt nur vor die deutsche Übersetzung von C. F. R. Vetterlein, Cöthen 1802—1804, 2 Bde. kl. 8°, 454 u. 404 S.

[2]) Essai sur l'histoire des Arabes avant l'islamisme, pendant l'époque de Mahomet, et jusqu'à la réduction de toutes les tribus sous la loi musulmane, 3 vols. Paris 1847—1848 (anastat. Neudruck Paris 1902).

[3]) Mohammed der Prophet, sein Leben und seine Lehre, XXVIII, 460 S. Stuttgart 1843.

nur zum kleinsten Teil kennt, von der muslimischen Traditionskritik keine Ahnung hat und deshalb auch nicht auf den Gedanken kommen konnte, zu ihr und den Quellen selbst eine prinzipielle Stellung einzunehmen. Die von ihm benutzten Hauptquellen sind drei spätere arabische Werke, ein Auszug aus Ibn Hišām von ʿImādaddīn al-Wāsiṭī (711)[1]), ferner der Taʾrīḫ al-Ḫamīs (982)[2]) und die Ḥalabīja (1043)[3]), von denen aber die beiden letzteren viele alte und gute Nachrichten enthalten. Sein bleibendes Verdienst besteht darin, den Qorān in seiner großen Bedeutung als Geschichtsquelle für das Leben des Propheten erkannt und verwertet zu haben. Sonst ist das Buch, einen so großen Fortschritt es auch darstellt, auffallend rasch veraltet. Das liegt daran, daß nicht lange hernach andere Biographien des Propheten erschienen, deren Verfasser bessere Quellen zur Verfügung hatten, nicht nur die berichteten Fakta, sondern auch die Quellen selbst zum Gegenstand der Kritik machten und schließlich dem selbstgefälligen Heidelberger an Wissen, Begabung und historischem Sinn weit überlegen waren.

II.

Diese Vorzüge zeigen sich gleich in Aloys Sprengers Life of Moḥammad[4]), obwohl es nur die Zeit bis zum Einzug Muhammeds in Medina behandelt. Denn außer den Originalen von Ibn Hišām und Ṭabarī kennt er bereits fast alle wichtigeren arabischen Werke, die oben aufgezählt sind, und noch vieles andere, teils handschriftlich, teils, darunter besonders die Hadith-Sammlungen, in lithographischen Ausgaben. Mit einer beispiellosen Belesenheit in den Quellen verbindet er eine eindringende Kritik dieser Literatur, in deren Entstehung und Wesen er wie keiner vor ihm hineingeleuchtet hat. Während das genannte englische Buch unvollendet blieb, trat Sprenger zehn Jahre später mit einem viel größeren und vollständigeren

---

1) Wüstenfeld, Ibn Hischâm S. XLVI und Brockelmann, Gesch. d. arab. Litt. II, S. 162. 2) s. Brockelmann a. a. O. II, S. 381.
3) s. Brockelmann a. a. O. II, S. 307. 4) 210 S. Allahabad 1851.

Werk in deutscher Sprache hervor[1]), das eine neue Periode der Prophetenbiographie einleitet. Seine epochemachende Bedeutung besteht darin, daß es zum erstenmal den Versuch macht, nicht nur die einheimische Tradition in ihrer ganzen Ausdehnung zu verwerten, sondern auch ihren Wert als Geschichtsquelle festzustellen. Aber auch abgesehen hiervon stellt das Werk nach Inhalt wie Form alles bisher Geleistete in Schatten. Da er die Entstehung des Islams in erster Linie dem Einflusse des Zeitgeistes zuschreibt, ist er bestrebt, soviel Einzelheiten beizubringen, wie er nur vermag, und möglichst viele der handelnden Personen in ihren Worten und Taten vorzuführen. Das einzige, was er anscheinend von Weil gelernt hat, ist die Benutzung des Qorāns als Hauptquelle für die Biographie Muhammeds. Doch geht er noch weit über ihn hinaus und schaltet fast zwei Drittel des heiligen Buches in Übersetzung ein. Die Bedeutung der vollständig allein bei Ibn Isḥāq erhaltenen Gemeindeordnung von Medina (Ibn Hišām 341 ff.) für die Entstehung des Gottesstaates, sowie der Wert der Abschnitte über die diplomatischen Verhandlungen Muhammeds mit den arabischen Stämmen in der Sīra des Ibn Saʿd für die Geschichte der islamischen Mission sind zum ersten Male von ihm erkannt worden (III 20 ff. 359—475). Hierzu kommt noch sein natürlicher Instinkt für die treibenden Kräfte des Lebens und der Geschichte, seine eminente Fähigkeit der Anempfindung an die Seele der handelnden Personen der Vergangenheit, seine überraschenden genialen Einfälle und sein lebendiger geistreicher Stil. Diesen glänzenden Vorzügen stehen, wenn auch nicht gleich große, so doch immerhin erhebliche Mängel gegenüber. Vor allem stört das bunte Durcheinander von Erzählung und kritischer Erörterung, ein deutlicher Beweis dafür, daß der Verfasser des Stoffes noch nicht ganz Herr geworden ist. Sein lebhafter Geist durchkreuzt beständig den Gang der

[1]) Das Leben und die Lehre des Mohammad nach bisher größtentheils unbenutzten Quellen bearbeitet. Bd. I (XXIV u. 582 S.), Bd. II (548 S.), Bd. III (CLXXX u. 599 S.) (also zusammen 1933 Seiten) Berlin 1861—1865. Eine zweite (Titel-)Ausgabe erschien 1869. S. schon oben S. 193.

methodischen Untersuchungen. Seine fabelhafte Vertrautheit mit den Quellen verleitet ihn dazu, sich mehr als erlaubt bei den Grundsätzen der muslimischen Traditionskritik zu beruhigen. Sein Rationalismus ist nicht imstande, das naive religiöse Selbstbewußtsein Muhammeds zu erfassen. Schließlich läßt auch seine philologische Genauigkeit bei der Interpretation der arabischen Texte zu wünschen übrig. — Die ungeheure Belesenheit, über die Sprenger schon bei der Veröffentlichung des Life of Moḥammad (1851) verfügte, konnte er nur erwerben in einem Lande, wo ihm so reiche Handschriftenschätze zur Verfügung standen wie in Indien, und wo bereits die angesehensten Hadith-Sammlungen in lithographierten Ausgaben verbreitet waren. Seinem Spürsinn gelang es, so wichtige Werke wie Wāqidī, Ibn Sa'd und Teile von Ṭabarīs Annalen aus dem Staub der Bibliotheken ans Licht zu ziehen, andere allein oder in Verbindung mit einheimischen Gelehrten zum Druck zu befördern[1]) und die Herausgebenden anzuregen. Als er schließlich im Jahre 1858 wieder nach Europa zurückkehrte, brachte er wohl die planmäßigste und vollständigste Sammlung von orientalischen Handschriften und Druckwerken mit, die je aus dem Osten gekommen war und die nach dem Übergang in das Eigentum der Königlichen Bibliothek zu Berlin eine neue Epoche der Islamforschung in Deutschland herbeiführen half.

In demselben Jahre, in dem der erste Band von Sprengers deutscher Biographie Muhammeds herauskam, erschien der letzte — vierte — Band eines englischen Werkes gleichen Inhalts[2]), dessen Verfasser, William Muir, ebenfalls der anglo-indischen Verwaltung angehörte. Er fußt natürlich auf der älteren Arbeit Sprengers, dem er auch den Hinweis auf die klassischen Quellen Wāqidī, Ibn Hišām und Ṭabarī verdankt. Sonst untersucht er völlig selbständig und verläßt sich

---

[1]) Itqān 1852—1854, Ṭūsī, Fihrist 1855, Iṣāba 1856—1893.

[2]) William Muir, The Life of Mahomet, London 1858—1861, 4 Bde. S. schon oben S. 194.

nur auf sein eigenes Urteil. An Belesenheit, Scharfsinn und Geist kann er es mit seinem Vorgänger nicht aufnehmen. Dafür besitzt er mehr Ruhe in der Beweisführung, mehr Methode und ein großes Maß des bei den Gelehrten angeblich so seltenen gesunden Menschenverstandes, so daß er sich über viele Ereignisse und über die Glaubwürdigkeit der Tradition richtigere Vorstellungen macht als Sprenger[1]). Deshalb ist Muir für den Nichtfachmann der empfehlenswertere Führer. Seine dogmatische Befangenheit, die ihn sogar dazu verleitet, allen Ernstes zu behaupten, daß Muhammed nicht vom Geiste Gottes, sondern von dem des Satans getrieben worden sei, ist nicht weiter störend, da er ihr im Laufe der Darstellung wenig Rechnung trägt und die widerspruchsvollen Handlungen des Propheten im allgemeinen zutreffend beurteilt. — Das kurze und populäre Büchlein von Theodor Nöldeke[2]) beruht auf eigener und selbständiger Quellenforschung, deren wissenschaftliche Grundlagen in der ersten Auflage dieses Werkes niedergelegt sind. In der glücklichen Vereinigung von kritischem Sinn mit schlichtem anmutigem Stil ist es noch heute unübertroffen. Wie Wellhausen seinerzeit meinte[3]), würde der, welcher sich mit der Geschichte Muhammeds zu beschäftigen hat, ohne zu den arabischen Quellen herabsteigen zu können, bei diesem kleinen Buche unter Hinzunahme seiner verkürzten deutschen Wiedergabe des Wāqidī besser fahren als bei dem großen Werke Sprengers. Daß nach mehr als fünfzig Jahren manche der vorgetragenen Auffassungen veraltet sind, versteht sich bei den großen Fortschritten unserer Erkenntnis, namentlich in der Kritik der Tradition, von selbst und bedarf keiner Entschuldigung. — R. Dozy[4]) zeigt manch guten Blick für das Charakteristische in der Persönlichkeit der handelnden Personen,

---

[1]) Vgl. Muir I S. LII und Sprenger, Leben I S. XIV.

[2]) Das Leben Muhammed's nach den Quellen populär dargestellt, VIII, 191 S. kl. 8°. Hannover 1863 (Vorrede vom Dezember 1862).

[3]) Vaqidi, Vorbemerkungen S. 20.

[4]) Essai sur l'histoire de l'Islamisme traduit du hollandais (Leiden 1863) par Victor Chauvin, 1879, S. 1—132.

geht aber doch zu wenig in die Tiefe und läßt sich allzu oft von der Überlieferung betören, die er deshalb auch gern wörtlich in seine Erzählung einflicht. Er wundert sich unaufhörlich, daß es soviel authentische Nachrichten in den Hadith-Sammlungen gibt und behauptet, daß auch für strengste kritische Maßstäbe die Hälfte des Buḫārī dazu gehöre (s. schon oben S. 145). Dagegen hat er beste Quellen, wie den damals schon längst gedruckten Ibn Hišām, keineswegs hinlänglich ausgebeutet. — Ludolf Krehl[1]) folgt von seinen Vorgängern am meisten Sprenger und Weil. Einen unverhältnismäßig breiten Raum verwendet er auf psychologische Betrachtungen über die Beweggründe, welche den Propheten bei seinen Handlungen leiteten. Er zeigt sich jedoch dem Gegenstand in keiner Weise gewachsen. — Leopold von Ranke[2]) zieht nicht nur die beste Literatur, sondern auch die Quellen, soweit sie in Übersetzungen vorlagen, in großer Vollständigkeit heran und entwirft im allgemeinen ein zutreffendes Bild. Doch war bei der Knappheit der Darstellung selbst unser großer Historiker nicht imstande, die Forschung vorwärtszubringen, und bei der Eigenart des Gegenstandes konnte auch die welthistorische Betrachtungsweise keinen Gewinn abwerfen. Zu welchen falschen Vorstellungen allzu große Kürze führen kann, zeigt S. 84f., wo das erbarmungslose Abschlachten des jüdischen Stammes Qoraiẓa als Typus für Muhammeds Behandlung der Juden überhaupt erscheint. — Die von Muhammed handelnden Kapitel (2—4) in August Müllers bekanntem Werke „Der Islam im Morgen- und Abendland"[3]) beruht weniger auf eindringenden Quellenstudien, sondern ist vielmehr eine geistreiche und geschmackvolle Zusammenfassung der früheren Forschungen. Doch bot

---

[1]) Das Leben des Muhammed, VIII, 384 S. kl. 8°. Leipzig 1884. Der in Aussicht genommene zweite Teil über die Lehre Muhammeds ist niemals erschienen.

[2]) Weltgeschichte, 5. Teil, 1. Abteilung, Leipzig 1884, S. 49—103.

[3]) Bd. I S. 44—207 (Kapitel 2—4), Berlin 1885 (Allgemeine Geschichte in Einzeldarstellungen herausgegeben von Wilh. Oncken, 2. Hauptabteilung, 4. Teil).

sich dabei dem hellen Kopfe des Verfassers mehrmals eine Gelegenheit, alte Tatsachen in neue und überraschende Beleuchtung zu rücken. — Die selbständige Quellenforschung, welche dem Buche von Hubert Grimme[1]) zugrunde liegt, beschränkt sich mehr auf den Qorān, während die Tradition selbst bei wichtigen und umstrittenen Problemen wenig Berücksichtigung findet. Das Bestreben, sich in Urteil und Auffassung von den Vorgängern so unabhängig wie möglich zu machen, verdient die höchste Anerkennung. Es ist nur schade, daß seine originellen Auffassungen nicht alle gleich gut begründet sind. Dies gilt besonders von der Hauptthese, daß „der Islam keineswegs als ein Religionssystem ins Leben getreten ist, sondern als ein Versuch sozialistischer Art, gewissen überhandnehmenden irdischen Mißständen entgegenzutreten"[2]). Die Tatsache, daß Muhammeds Predigt in Mekka von vornherein und ausschließlich religiös orientiert war und daß die Zakāt (= *ṣadaqa* Sur. 9,60) als Gemeindesteuer erst in Medina zur Einführung kam, aber auch da nicht in erster Linie der Armenpflege, sondern zur Bestreitung der Kriegsausgaben diente, wird hier geradezu auf den Kopf gestellt. Der von dem Verfasser als Ergänzung der Biographie gleich in Aussicht genommene zweite Teil hätte sich die Aufgabe stellen müssen, die Entstehung und Entwicklung der religiösen Gedanken Muhammeds durch sein Leben hin zu verfolgen und die inneren wie äußeren Ursachen zu erklären. Statt dessen erhalten wir nach einem kurzen Überblick über die Entstehung des Qorāns ein System der qorānischen Theologie[3]). In einer anderen, zehn Jahre

---

[1]) Mohammed, I. Teil. Das Leben, XII, 164 S. Münster 1892 (Darstellungen aus dem Gebiete der nichtchristlichen Religionsgeschichte, Nr. VII; ein katholisches Sammelwerk).

[2]) Grimme, S. 14. Vgl. überhaupt S. 14—21. 29—31. 39f. Das Buch ist von Chr. Snouck Hurgronje, Revue de l'histoire des religions, Bd. 30 (1894), S. 48—70. 149—178 einer einschneidenden Kritik unterzogen worden.

[3]) Mohammed, II. Teil. Einleitung in den Koran. System der koranischen Theologie. XII, 186 S. Münster 1895. (Davon sind S. 1 bis 29 der Einleitung in den Qorān gewidmet.)

später erschienenen Monographie[1]) hält Grimme an jener irrigen Auffassung von Muhammed als sozialem Reformer unentwegt fest (S. 48. 54. 58. 64. 73). Dieselbe tritt aber diesmal ganz zurück hinter der neuen Entdeckung vom südarabischen Ursprunge des Islams. Auf Grund eines ebenso subjektiven wie phantastischen Bildes, das er sich von den Kulten Südarabiens zurechtmacht, betrachtet er die älteren, in Mekka verkündigten Lehren Muhammeds als Reflex südarabischen Geistes (S. 48), sein Gottesbegriff stehe auf der Stufe der südarabischen Monotheisten (S. 49), deren Selbstbezeichnung in den „Sabiern" des Qorāns erhalten sei (S. 49), seine Vorstellungen vom Jenseits — Paradies, Hölle — seien nicht jüdisch oder christlich, sondern knüpften an die südarabische Idee der „fernen Welt" an (S. 50), Islām, Hingebung, als Frömmigkeitsideal sei die Erneuerung der südarabischen Gottessklavenschaft (S. 60), die Zakāt gehe auf südarabische Tempelabgaben (S. 60), das Gebetsritual auf ebensolche Tempelzeremonien zurück (S. 50). Auch sonst seien dem ältesten Islam christliche und jüdische Einflüsse völlig fremd (S. 53), weshalb es auffällig erscheine, daß Muhammed die bedrängten Gläubigen seinerzeit nach Abessinien und nicht nach dem monotheistisch angehauchten Südarabien dirigiert hätte (S. 55). Für keine dieser gewagten Behauptungen hat der Verfasser einen Beweis erbracht. Gewiß hat es Jahrhunderte vor dem Auftreten Muhammeds in Jemen christliche und jüdische Siedlungen gegeben und haben namentlich jüdische Vorstellungen hier und da im Heidentum Spuren hinterlassen. Es ist aber doch so unwahrscheinlich wie möglich, daß jüdische und christliche Ideen auf Muhammed nicht unmittelbar eingewirkt haben, sondern nur in der Verdünnung, die sie beim Übergang ins jemenische Heidentum erlitten. Ebenso unverständlich würde es sein, wenn Mekka in dieser Beziehung ausschließlich von Süden her beeinflußt gewesen wäre. Denn es gab in Arabien

[1]) Mohammed, 92 S. gr. 8°, München 1904 (Weltgeschichte in Karakterbildern; gleichfalls ein katholisches Sammelwerk).

doch noch viele andere jüdische und christliche Zentren, die den Mekkanern bei der Lebhaftigkeit ihres Handels teilweise noch leichter zugänglich waren, gar nicht zu reden von Syrien und dem zu See so bequem erreichbaren Abessinien. Die Kanäle, durch welche die Kenntnis von der älteren Offenbarungsreligion nach Mekka gelangte, waren so zahlreich und mannigfaltig, wie die vielverschlungenen Wege des Verkehrs dieses berühmten Handels- und Wallfahrtsortes. Der Versuch Grimmes, diese Mannigfaltigkeit zugunsten der einen „südarabischen Fährte" auszuschalten, ist durch nichts gerechtfertigt und als völlig mißlungen zu betrachten. — Frants Buhl[1]) zieht mit großer Sorgfalt die europäische Literatur sowie die wichtigsten arabischen Quellen heran und bildet sich auf Grund kritischer Nachprüfung und teilweise tief eindringender, ebenso scharfsinniger wie besonnener Untersuchungen eine eigene Meinung. Das erste Drittel ist dem arabischen Heidentum gewidmet, den Schluß bildet eine sachgemäße Übersicht über die originalen Quellen. Hervorgehoben sei z. B. die gelungene Entwirrung der widerspruchsvollen Nachrichten über die Schlacht von Bedr und die Auswanderung nach Abessinien. Ein so objektives und zusammenfassendes Buch hatte bisher gefehlt, doch wird das dänische Gewand seiner Verbreitung immer im Wege stehen. — D. S. Margoliouth[2]) begeht den Fehler, nicht alle wichtigen Probleme nach Gebühr zu berücksichtigen. Die Aufnahme neuer Materialien aus bisher noch nicht verwerteten Quellenwerken bietet dafür keinen Ersatz, da die kritische Durcharbeitung zu wünschen übrig läßt. Dagegen ist es ein unleugbares Verdienst, daß er — soweit ich sehe als der erste — den Mormonismus zum Vergleiche herangezogen hat.

III.

Der dritten Periode der Prophetenbiographien, die durch das Erscheinen des II. Bandes von I. Goldzihers Muhammeda-

---

[1]) Muhammeds Liv, København 1903.

[2]) Mohammad and the Rise of Islam, London-New York 1905.

nischen Studien (1890) inauguriert ist, kann von den nach 1890 herausgekommenen Biographien zuerst der auf Muhammed bezügliche Teil der Annali dell' Islām des Fürsten von Teano, Leone Caetani, zugerechnet werden. Dieses Riesenwerk[1]), bisher neun gewaltige Quartbände von zusammen 5642 Seiten, hat eine ganz eigenartige Anlage, die gewissermaßen die Objektivität eines Gagnier oder Caussin de Perceval mit dem originellen und kritischen Geiste Sprengers vereinigt. Der Verfasser führt nämlich zuerst fast alle Quellen, gedruckte wie handschriftliche, in Übersetzung vor und verzeichnet die Parallelen samt den wichtigen Abweichungen. Diese gewaltige Materialsammlung begleitet er sodann mit sachlichen Erläuterungen und vor allem mit tief eindringenden kritischen Erörterungen aller Art, die von seinem Scharfsinne nicht weniger Zeugnis ablegen als von seiner historischen Begabung. Daß auf diesem schwankenden Boden nicht zu lauter einwandfreien Resultaten zu gelangen war, versteht sich von selbst. Die durch I. Goldziher begründete systematische Theorie der Traditionskritik hat er, wie oben S. 196 genauer dargelegt, durch selbständige Beobachtungen ergänzt und weitergeführt. Streng genommen liegt hier gar keine Biographie vor, sondern nur die Vorarbeiten zu einer solchen. Es ist aber nicht zu vergessen, daß wir eben erst in den Anfängen der dritten Periode der europäischen Prophetenbiographien stehen.

C. Einzeluntersuchungen zur Geschichte und Auslegung[2]).

Die neuere Forschung über das Verhältnis des Qorāns zum Judentum setzt ein mit der bahnbrechenden Schrift Abraham Geigers[3]). Ihre Ergebnisse wurden rasch All-

---

[1]) Annali dell' Islām, Vol. I, XVI, 740 S. Vol. II I. II, LXXVIII, 1567 S. Vol. III I. II, LXXXIII, 973 S. Vol. IV, XXXV, 701 S. Vol. V, XXXVI, 532 S. Vol. VI, VIII, 218 S. Vol. VII, LV, 600 S. Milano 1905—1914.

[2]) Angesichts des mannigfaltigen Inhaltes der hier zu besprechenden Schriften ist eine genauere stoffliche Einteilung unmöglich. Deshalb habe ich mich im allgemeinen an die chronologische Reihenfolge gehalten.

[3]) Was hat Mohammed aus dem Judenthume aufgenommen? XII, 215 S., Bonn 1833.

gemeingut, aber die jüdischen Theologen der nächsten Generation haben sich dadurch leider nicht zur Weiterführung dieser Studie anregen lassen, sei es, daß ihnen das Interesse, oder die arabistische Schule, oder beides fehlte. Der erste, welcher mit Bewußtsein in die Fußtapfen Geigers treten wollte — es sollte fast ein halbes Jahrhundert dauern — ist Hartwig Hirschfeld[1]). Von der Sammlung aller haggadischen Elemente des Qorāns, welche I. Schapiro plant, ist bis jetzt nur das erste Heft herausgekommen, welches die Josefsure behandelt[2]). Aber alles, was er beibringt, dient nicht zur Aufhellung des Qorāns selbst, sondern nur seiner Auslegungen. Eine zeitgemäße Umarbeitung der Geigerschen Schrift wäre dringend notwendig. Der (1902) erschienene, fälschlich als „revidierte" Ausgabe bezeichnete Neudruck derselben ist ein bedauerlicher Mißgriff.

Noch schlimmer steht es mit den christlichen Elementen des Qorāns, die überhaupt noch keine zusammenfassende gründliche Bearbeitung erfahren haben. Karl Friedr. Gerocks Darstellung der Christologie des Qorāns vom Jahre 1839[3]), die nach den Fortschritten der kirchengeschichtlichen Forschung jetzt nicht mehr genügen kann, hätte schon längst ersetzt sein müssen. Aber den Theologen ist es noch nicht genügend zum Bewußtsein gekommen, daß der Islam zur Kirchengeschichte gehört.

Einen gewaltigen Fortschritt nach allen Seiten bedeuten die Arbeiten des Holländers Christian Snouck Hurgronje, die gleich ausgezeichnet sind durch ausgebreitete Kenntnis der Quellen, geschichtlichen Sinn, tiefeindringende Kritik und unerbittliche Folgerichtigkeit der Beweisführung. In der Dissertation über das Wallfahrtsfest in Mekka[4]) weist er überzeugend

---

[1]) Jüdische Elemente im Ḳorân, 71 S. Berlin 1878.

[2]) Die haggadischen Elemente im erzählenden Teile des Korans, Leipzig 1907.

[3]) Versuch einer Darstellung der Christologie des Koran, Hamburg u. Gotha 1839, wahrscheinlich die Umarbeitung seiner Dissertation Al-Coranus prophetici muneris Christi laudator. Argentorati 1833.

[4]) Het Mekkaansche Feest, Leiden 1880, S. 28—48. Vgl. auch oben Teil I, S. 146f. 177. 181.

nach, daß alle Qorānstellen, in denen der Islam als „Religion Abrahams“ bezeichnet wird, erst aus der medinischen Zeit verständlich sind. Als Muhammed damals die Enttäuschung erlebte, daß die „Schriftbesitzer“, mit deren Religion er seine eigene seither identifiziert hatte, ihn nicht anerkennen wollten, sah er sich nach einer Instanz um, die einerseits seiner früheren, mekkanischen Verkündigung nicht grundsätzlich widersprach, andererseits aber von den Schriftbesitzern nicht so leicht angefochten werden konnte, als seine Ausführungen über Moses und Jesus. So klammerte er sich an die Religion des Abraham, der wegen seiner Gerechtigkeit und seines Glaubensgehorsams bei Juden wie Christen in gleich hohem Ansehen stand, über dessen Religion aber bei diesen höchst unklare und verschwommene Vorstellungen herrschten. In einer anderen wichtigen Abhandlung[1]) legt er die Bedeutungsentwickelung des Wortes Zakāt dar, das ursprünglich den allgemeinen Sinn „Wohltätigkeit“ habe und erst in Medina für die neu geschaffene Einrichtung der „Gemeindesteuer“ gebraucht wurde. In der ausführlichen Besprechung von H. Grimmes Muhammed[2]) beschränkt er sich nicht darauf, die Irrtümer dieses Buches zu widerlegen, sondern zieht noch zahlreiche andere Probleme der Prophetenbiographie in den Bereich seiner Erörterung. — Ignaz Goldzihers[3]) epochemachende Muhammedanische Studien sowie andere Arbeiten, in denen die Grundsätze der neueren Traditionskritik erschlossen sind, sind schon oben, im Zusammenhang mit Untersuchungen über die Zuverlässigkeit der arabischen Quellen, gewürdigt worden[4]). — Zu den Klassikern der Forschung gehört auch der kürzlich heimgegangene Göttinger Meister Julius Wellhausen, in dem eine geniale Intuition

---

[1]) Nieuwe Bijdragen tot de Kennis van den Islam in Bijdragen tot de Taal-, Land- en Volkenkunde van Nederlandsch-Indië, 4e volgr., deel VI (Haag 1882) S. 357—421.

[2]) Une nouvelle biographie de Mohammed in Revue de l'histoire des religions Bd. 30 (1894) S. 48—70. 149—178 (s. schon oben S. 205, Anm. 2).

[3]) Muhammedanische Studien, zweiter Teil, Halle 1890.

[4]) Oben S. 145 ff. 195 f.

mit allen nur denkbaren Vorzügen der Forschung und glänzender Darstellungsgabe auf das glücklichste vereinigt sind. Schon seine erste arabistische Arbeit, die Verdeutschung des Wāqidī[1]), verrät in den Vorbemerkungen eine erstaunliche Sicherheit des Urteils über den Wert der Quellen wie ihrer europäischen Bearbeiter und die Fähigkeit, auch über so heikle Materien wie die Chronologie fruchtbare Bemerkungen auszustreuen. In den letzten Kapiteln der „Reste arabischen Heidentums"[2]) liefert er eine anschauliche Skizze der kulturellen und religiösen Voraussetzungen für die Entstehung des Islams und schließt mit dem Nachweis, daß die entscheidendsten Einflüsse auf Muhammed in Mekka nicht von jüdischer, sondern von christlicher Seite ausgegangen sind. Das vierte Heft der Skizzen und Vorarbeiten[3]) enthält drei grundlegende Abhandlungen. In der ersten — Medina vor dem Islam — werden die höchst verwickelten Wohnungsverhältnisse und politischen Zustände der Stämme in und um Medina entwirrt. Die beiden anderen Abhandlungen — Muhammads Gemeindeordnung von Medina; Ibn Sa'd, Die Schreiben Muhammads und die Gesandtschaften an ihn — weisen die Echtheit der genannten Urkunden nach und setzen die Bedeutung der staatsrechtlichen und diplomatischen Mittel, deren sich Muhammed bei dem Ausbau der medinischen Theokratie bediente, ins rechte Licht. Diese bahnbrechenden Arbeiten würden wahrscheinlich noch stärker gewirkt haben, wenn nicht seine ausgesprochene Neigung, künstlerisch-ästhetisch abzurunden, ihn dazu geführt hätte, lieber Darstellungen als Untersuchungen zu geben. — Otto Pautz, der es unternommen hat, Muhammeds Lehre von der Offenbarung darzustellen[4]), zeigt peinliche Gewissenhaftigkeit, aber wenig Geist. Er versteht es weder, des Stoffes Herr zu werden, noch

[1]) Muhammed in Medina, das ist Vaqidi's Kitab al Maghazi in verkürzter deutscher Wiedergabe, 472 S. Berlin 1882. Vgl. auch oben S. 133.

[2]) 1. Ausgabe (1887) S. 171—212. 2. Ausgabe (1897) S. 208—242.

[3]) 194, 78 S. Berlin 1889.

[4]) Muhammeds Lehre von der Offenbarung quellenmäßig untersucht VII, 304 S. Leipzig 1898.

Probleme herauszuarbeiten. Beachtung verdient die Schrift als Materialsammlung. — Herman Theodorus Obbink[1]) schildert die mannigfaltigen Phasen, welche der Gihād-Begriff durchlaufen hat, indem er sie zu den wechselnden Stimmungen in der Bekehrungs- und Kriegspolitik Muhammeds in Beziehung setzt, und betont schließlich, daß das Eindringen des Gebotes des heiligen Krieges in die heilsnotwendigen Pflichten erst in den jüngsten Qorānstellen zu beobachten ist. — Hartwig Hirschfeld[2]) ist der erste, welcher seit G. Weil[3]) und nach Th. Nöldeke[4]) den Aufbau, Inhalt und Stil der Suren ebenso selbständig wie gründlich untersucht hat, doch artet sein Scharfsinn gewöhnlich in Spitzfindigkeit aus, die keinen Sinn mehr für das Einfache und Natürliche hat. Leider ist außerdem an seiner Arbeit ein auffallender Mangel an historischem Sinn wahrzunehmen, so daß die von mir im ersten Teil und in dem vorliegenden zweiten Teil dieses Werkes vorgenommenen Nachprüfungen fast überall zur Ablehnung seiner Ergebnisse führten[5]). Trotzdem darf kein zukünftiger Forscher an einem so ernsthaften Buche vorübergehen, das auch, wo es irrt, immer lehrreich ist. — Charles Torrey[6]) sammelt die theologischen Ausdrücke des Qorāns, die aus der Kaufmannssprache stammen, und sucht religionsgeschichtliche Schlüsse daraus zu ziehen. Da aber dieser Sprachgebrauch, wie der Verfasser selbst feststellt, gleichmäßig über den Qorān verteilt ist, ließen sich weder für die Entwicklung qorānischer Gedanken noch für die Chronologie der Suren auf diesem Wege Anhaltspunkte

---

[1]) De heilige oorlog volgens den Koran, XI, 118 S. Leiden 1901 (Utrechter Dissertation).

[2]) New Researches into the Composition and Exegesis of the Qoran. III, 155 S. 4°. London 1902 (Asiatic Monographs Vol. III).

[3]) Historisch-kritische Einleitung in den Koran, 1. Aufl., 12°, XXI, 121 S. Bielefeld 1844. 2. Aufl., 12°, VIII, 135 S. 1878.

[4]) Geschichte des Qorâns, Göttingen 1860.

[5]) Vgl. Teil I S. 10. 31. 73f. 81. 96. 108. 126. 155. Teil II S. 77f.

[6]) The Commercial-Theological Terms in the Koran, 51 S. Leiden 1892 (Straßburger Dissertation).

gewinnen. — Die Untersuchung des Familien-, Sklaven- und Erbrechtes im Qorān durch Robert Roberts[1]) hätte zu derartigen Resultaten führen können. Doch gebrach es dem Verfasser an Wissen wie Befähigung. — Arent Jan Wensinck[2]) liefert höchst wertvolle Beiträge zur Topographie des alten Jathrib (1. Kap.) und der Gemeindeordnung von Medina, deren Spuren er nicht nur in der Sīra, wo schon L. Caetani[3]) vorgearbeitet hatte, sondern auch in den Hadithsammlungen (Buḫārī, Muslim, Tirmiḏī, Nasāī, Abū Dā'ūd, Dārimī) mit Glück verfolgt (2. Kap.). Die beiden folgenden Kapitel erörtern den Einfluß des Judentums auf den islamischen Kultus und unterziehen die Berichte über die Judenpolitik Muhammeds nach der Schlacht bei Bedr einer tief einschneidenden und fruchtbaren Kritik. — Rudolf Leszynsky in seiner Geschichte der Juden in Arabien[4]) geht auf die originalen Quellen zurück, die er reichlich zitiert. Trotzdem ist der Charakter der Darstellung mehr populär. Sein Hauptaugenmerk ist darauf gerichtet, die ungünstigen Urteile, die über das arabische Judentum in den Quellen wie bei den abendländischen Bearbeitern anzutreffen sind, auf ihre Berechtigung zu prüfen. Dabei überschreitet er jedoch die Grenzen der geschichtlichen Objektivität und wird zu einem leidenschaftlichen Lobredner seiner Glaubensgenossen, so daß die meisten seiner Ehrenrettungen verfehlt sind. Dahin gehört vor allem der Versuch, im Gegensatz zu Sprenger und namentlich Wellhausen, bei der Entstehung des Islams die erste Stelle wieder dem Judentum zuzuweisen (S. 36—46), was dem Verfasser um so leichter fiel, als er eine bodenlose Unkenntnis der Geschichte des Christentums besitzt. Unter den vielen anderen Streichen, die ihm seine einseitige Parteilichkeit gespielt hat, sei nur noch der erwähnt, daß er

[1]) Leipziger Semitistische Studien, herausgegeben von Aug. Fischer und Heinr. Zimmern II 6 (1908).

[2]) Mohammed en de Joden te Medina, XII, 174 S. Dissertation, Leiden 1908.

[3]) Annali dell' Islam I 376f.

[4]) Die Juden in Arabien zur Zeit Mohammeds, II, 116 S. Berlin 1910.

ein in der Synagoge in Altkairo gefundenes Schriftstück, das den Juden von Chaibar und Maqnā beispiellose Privilegien zubilligt, für glaubhaft hält, obwohl seine Unechtheit mit Händen zu greifen ist (S. 104 ff.). — Henri Lammens S. J., Professor an dem päpstlichen Biblischen Institut in Rom, verdanken wir mehrere Arbeiten, die sich alle durch glänzenden Scharfsinn und fabelhafte Quellenkenntnis auszeichnen, aber nicht frei sind von übertriebener Skepsis auf der einen, Inkonsequenzen und religiöser Befangenheit auf der anderen Seite. Der aufrichtige Glaube Muhammeds an seine göttliche Sendung, den Lammens für psychologisch unmöglich erklärt[1]), ist die unbedingte Voraussetzung seines nachhaltigen Erfolges und kann durch die mancherlei moralischen Entgleisungen, denen er erlag, nicht erschüttert werden. In der umfangreichen Monographie über Fāṭima und die anderen Töchter Muhammeds[2]) versteht es Lammens meisterhaft, die erfreulichen und sympathischen Züge der behandelten Personen als tendenziöse Schönfärberei hinzustellen, während er alles Häßliche und Ungünstige unbesehen aus den Quellen übernimmt, so daß von Fāṭima und Ali wahre Karikaturen entstehen. Muhammed selbst wird uns mit besonderem Vergnügen als prunkvoller orientalischer Fürst, starker Esser und Kindernarr vorgeführt. Das ist natürlich ebenso übertrieben, wie die Traditionen, welche die Ärmlichkeit des Prophetenhaushaltes hervorheben. Wie diese Proben zeigen, müssen die genannten Werke von Lammens mit Vorsicht benützt werden, aber auch, wo sie den Widerspruch herausfordern, sind sie Fundgruben von Wissen und Anregung. Einwandfreier sind die Ergebnisse des 1. Bandes seines noch nicht vollendeten Werkes über die natürlichen und kulturellen Voraussetzungen des Islams[3]), da es sich hier nicht

[1]) Mahomet fut-il sincère in Recherches de Science religieuse Nr. 1. 2, Paris 1911.

[2]) Fāṭima et les filles de Mahomet, notes critiques pour l'étude de la Sīra, VIII, 170 S. Rom 1912.

[3]) Le berceau de l'Islam, l'Arabie occidentale à la veille de l'hégire, Vol. I Le climat — les Bédouins, XXIII, 368 S. Rom 1914.

um Personen, sondern um Sachen und Einrichtungen handelt. Hier zeigt sich auch die Gabe des Verfassers, aus tausenden von Notizen ein farbenreiches und anschauliches Mosaik zu gestalten, in besonders glänzendem Lichte. — Eduard Meyer[1]) zieht beachtenswerte und lehrreiche Parallelen zwischen dem Auftreten Muhammeds und des Gründers der Mormonensekte, Joseph Smith, und erfaßt mit seiner überlegenen historischen Einsicht manches oft zutreffender als die Zünftigen. Doch geht er zu weit, wenn er an der Hand der Smithschen Visionen vermeint, mehr Licht in den Sinn und Verlauf der ältesten Offenbarungen Muhammeds zu bringen. Die Aussagen des Qorāns sind nicht eindeutig, und die muslimische Tradition, die allein auf der Auslegung derselben beruht, hat keinen selbständigen Wert. Wenn der Verfasser mit Aug. Müller den „Garten des Aufenthaltes“ (Sure 53, 15) für eine Örtlichkeit bei Mekka hält, so spricht dagegen nicht nur der arabische Wortlaut von Sure 79, 35, sondern auch das vollkommene Fehlen einer mekkanischen Lokaltradition. In dem Eintreten für die angebliche Bedeutung „lesen“ des arabischen *qara'a* hat er sich etwas zu sehr vorgewagt, denn trotz Wellhausen ist „rezitieren“ die einzig richtige Übersetzung. Die andere mögliche „vorlesen“ geht im allgemeinen schon zu weit, da zwar die himmlischen Tafeln immer im Hintergrunde der Offenbarungen Muhammeds stehen, aber im Qorān niemals ausdrücklich gesagt wird, daß er selbst die Schrift dieser Tafeln entziffert habe. Ebensowenig deutlich ist, aus welcher Vorlage denn der Prophet in Sure 96, 1, dem Ausgangspunkt der ganzen Streitfrage, rezitieren oder vorlesen soll, ob aus den himmlischen Tafeln selbst oder aus seinen eigenen Niederschriften. Im letzteren Falle, wofür Vers 4 zu sprechen scheint, wäre es ganz ausgeschlossen, die Sure in die erste Zeit zu setzen, geschweige denn, sie für die älteste Offenbarung zu halten.

---

[1]) Ursprung und Geschichte der Mormonen, mit Exkursen über die Anfänge des Islams und des Christentums, VI, 300 S. Halle 1912, besonders S. 67—83.

Der Schwede Tor Andrae[1]) verfolgt die Anschauungen von der Person Muhammeds in Lehre und Glauben seiner Gemeinde bis zu ihren letzten, in Prophetenkultus ausmündenden Ausläufern. Dem Verfasser gebührt von vornherein das Verdienst, ein Thema behandelt zu haben, das bisher nur hier und da in Aufsätzen und Büchern zufällig gestreift worden ist, und das anderseits eine große Belesenheit in der arabischen Literatur vieler Jahrhunderte voraussetzt. Ich muß mich hier darauf beschränken, diejenigen Abschnitte hervorzuheben, die in engerer Beziehung zur Prophetenbiographie stehen. Dazu gehört von der eigentlichen Abhandlung nur die Hälfte des ersten Kapitels (S. 26—63), welche die legendarischen Züge der ältesten Biographien und Traditionssammlungen (Kindheit, Nachtreise nach Jerusalem, Himmelfahrt, Entrückung am Ende der irdischen Laufbahn) zusammenstellt, ihren Ursprüngen nachgeht und sie vom Standpunkte der Religionsgeschichte und vergleichenden Märchenkunde aus beleuchtet. Die gedankenreiche Einleitung (S. 1—25) gibt einen Überblick über die Schwankungen und Widersprüche im religiösen Selbstbewußtsein Muhammeds. Zunächst werden die Schwierigkeiten aufgedeckt, in die derselbe durch die doppelte Überzeugung, der gottgesandte Verkündiger des nahen Weltgerichtes und der Vermittler des himmlischen Buches zu sein, verwickelt wurde, indem der Wortlaut der zwar nur allmählich und stückweise herabkommenden, aber doch sofort schriftlich fixierten Offenbarung die Freiheit seiner prophetischen Inspiration auf Schritt und Tritt einengte. Ebenso gelungen ist der Nachweis, daß sich in der medinischen Periode nicht ein Bruch Muhammeds mit seiner religiösen Vergangenheit vollzog, sondern eine wirklich religiöse Weiterentwickelung seines prophetischen Bewußtseins, und zwar durch die kriegerischen Erfolge, vor allem die Schlacht von Bedr, in deren siegreichem Ausgang er deutlich den Segen

---

[1]) Tor Andrae, Die person Muhammeds in lehre und glauben seiner gemeinde (= Archives d'études orientales, vol. 16). VI, 401 S. Stockholm 1918.

Gottes erkannte (Sure 8). Auch die übrigens schon in Mekka einsetzende Tätigkeit Muhammeds als Schriftsteller, sowie die für die medinische Zeit charakteristische als Gesetzgeber werden durch eine sehr ansprechende psychologische Analyse zu seinem Offenbarungsbewußtsein in Beziehung gesetzt. Wir müssen uns vorstellen, daß die Inspiration, die anfangs ohne bewußten Anschluß im Seelenleben des Propheten als überpersönliche Einwirkung isoliert hervortrat, allmählich auch mit dem normalen Bewußtsein Verbindungen hergestellt hat, die sie zuletzt in gewissem Maße unter psychische Kontrolle gerückt haben (S. 19). In dieser kurzen Einleitung steckt soviel historischer Sinn und so feines religions-psychologisches Empfinden, daß es schade wäre, wenn die Skizze nicht zu einer erschöpfenden Abhandlung erweitert würde.

D. Die Qorānauslegung.

Qorānkommentare im eigentlichen Sinne sind bisher von Abendländern nicht geschrieben worden. Die exegetischen Resultate dieser Gelehrten sind teils in den Prophetenbiographien niedergelegt, teils in Einzeluntersuchungen verschiedenster Art, schließlich noch in den Qorānübersetzungen, die in der Regel mit gelegentlichen, mehr oder weniger zahlreichen Anmerkungen versehen sind. Unter den angesehensten Werken dieser Gattung ist das älteste die Refutatio Alcorani des italienischen Ordensmannes Lodovico Marracci[1]), dessen Leistung um so höher anzuschlagen ist, als er sich seine arabischen Sprachkenntnisse ausschließlich durch Selbstunterricht angeeignet hat. Der erste Teil, Prodromus genannt, enthält eine Biographie Muhammeds, eine Einleitung in den Qorān und in viele Kapitel zerfallende Refutationes. Der zweite Teil gibt den arabischen Text des Qorāns, eine lateinische Übersetzung und zu jeder Sure getrennt Notae und Refutationes. Hieran reiht sich würdig die englische Qorānübersetzung George Sales[2]), die mit einer umfangreichen

---

[1]) Patavii 1698.

[2]) London 1734 und seither bis in die Neuzeit hinein in zahllosen Neudrucken der verschiedensten Formate und Ausstattungen verbreitet.

Einleitung in acht Kapiteln und zahlreichen Anmerkungen nach den besten damals zugänglichen arabischen Quellen ausgestattet ist. Der wissenschaftliche Fortschritt über Marracci hinaus ist vor allem daran zu erkennen, daß die Refutationes fehlen und daß Einleitung wie Anmerkungen auf ausgedehnteres historisches Wissen und unbefangeneres Urteil gegründet sind. Diese beiden Werke sind die Fundgruben, aus denen die Späteren einen großen Teil ihrer Weisheit holten und noch holen. Das Buch Sales erlebt, wie gesagt, in England bis in die Neuzeit hinein zahllose neue Auflagen und Ausgaben. Ins Deutsche wurde es schon früh übersetzt, 1746 durch Th. Arnold, und regte die Entstehung ähnlicher Werke an, von denen der Qorān des hallischen Professors S. F. G. Wahl[1]) wohl die verdienstlichste Leistung ist. In den späteren deutschen Arbeiten erlitt die Abhängigkeit von Sale keine Einbuße, aber die Erklärungen wurden immer kärglicher und die Einleitungen fielen ganz weg. Die in Deutschland zuletzt wohl am meisten verbreitete Übersetzung, die zuerst 1840 erschienene L. Ullmanns[2]), kann kein anderes Verdienst beanspruchen, als daß sie in den Anmerkungen das kurz zuvor herausgekommene Buch Abr. Geigers[3]) über die Entlehnungen des Qorāns aus dem Judentum verwertete. Die fehlende Einleitung ließ die Verlagshandlung einige Jahre später von dem damals sachkundigsten Mann, dem schon oben erwähnten Gust. Weil[4]) schreiben, der für diesen Zweck nur das letzte Kapitel seiner Biographie Muhammeds umzuarbeiten brauchte. Das nachgelassene

---

[1]) Der Koran, oder das Gesetz der Moslemen durch Muhammed, den Sohn Abdallahs. Auf den Grund der vormaligen Verdeutschung F. E. Boysen's von neuem aus dem Arabischen übersetzt, durchaus mit erläuternden Anmerkungen, mit einer historischen Einleitung, auch einem vollständigen Register versehen, XCVI, 783 S. Halle 1828.

[2]) Der Koran. Aus dem Arabischen wortgetreu neu übersetzt, und mit erläuternden Anmerkungen versehen. Crefeld 1840. 9. (stereot.) Aufl. 550 S. Bielefeld u. Leipzig 1897. [3]) S. oben S. 208, Anm. 3.

[4]) Historisch-kritische Einleitung in den Koran. 12°. XXI, 121 S. Bielefeld 1844. 2. Aufl. VIII, 135 S. 1878; s. schon oben S. 212.

Werk des Orientalisten und Dichters Friedrich Rückert[1]) ist eine durchaus selbständige und geschmackvolle Leistung, doch waren seine wissenschaftlichen Grundlagen, soweit sie der Herausgeber Aug. Müller nicht erneuert hatte, einigermaßen veraltet, indem sie etwa dem Stand der Forschung in den ersten Jahrzehnten des vorigen Jahrhunderts entsprechen. Seine philologische Auffassung der Texte steht gerade an schwierigen Stellen noch zu sehr unter dem Bann der Tradition, ein grundlegender Fehler, an dem auch alle späteren Übersetzungen bis zum heutigen Tage leiden. Dazu ist längst nicht der ganze Umfang des Qorāns behandelt. Von dem Stil des Originals wird insofern ein falscher Eindruck erweckt, als die langatmigen und schwerfälligen Satzperioden der späteren Suren eine Gliederung erfahren, die dem Original fremd ist[2]). Trotz der großen Fortschritte, welche die Erforschung des Qorāns seit Sale gemacht hat, gibt es bis zum heutigen Tage weder eine diesem Stande der Wissenschaft entsprechende Übersetzung noch Auslegung. Denn die besten Sachkenner pflegten sich seither dieser Aufgabe zu entziehen, sei es, daß sie das Leichtverständliche nicht reizte, oder daß ihnen das Schwierige unüberwindlich erschien, wenn sie nicht schon durch die schauerliche Öde weiter Strecken des heiligen Buches von vornherein abgeschreckt wurden.

---

[1]) Der Koran. Im Auszuge übersetzt von Friedrich Rückert, herausgegeben von August Müller, XII, 550 S. Frankfurt a. M. 1888.

[2]) Ich befinde mich hier im vollsten Gegensatze zu Aug. Müller, der die Übersetzungsweise Rückerts in der Einleitung S. 16 mit folgenden Worten preist: „In jedem Falle ist die rhythmische Prosa, in welcher die Übersetzung durchgängig abgefaßt ist, ein genialer Griff der Dichters. Die Rede erhält dadurch jenen gehobenen Ton, welchem das Original seine Gliederung verdankt, und vermag weit mehr als eine reine Prosaübersetzung dem Eindruck nahe zu kommen, welchen der Koran bei dem feierlichen Vortrage des religiösen Gebrauches hervorrufen muß.“ Dieses Urteil kann höchstens für die Übersetzung der älteren Suren gelten, die schon im Originale kurze Verse und mehr poetischen Schwung haben. Bekanntlich war Rückert auch sonst als Übersetzer nicht immer glücklich. So hat er z. B. zwar Metrum und Reim der Gedichte der Hamasa getreulich nachgeahmt, dagegen die poetische Kraft der Originale vollständig zerstört.

Nachträge und Berichtigungen.

Es kann sich hier natürlich nur um Nachträge und Berichtigungen handeln, die sicher den Absichten Schwallys entsprechen dürften, in erster Linie um solche, die er aller Wahrscheinlichkeit nach selbst noch angebracht haben würde, wäre es ihm vergönnt gewesen, an seinem Manuskripte den letzten Federstrich zu tun und es dann auch noch selbst durch die Presse zu führen, daneben um einige, die er, auf einen Hinweis von fremder Seite hin, wohl ohne weiteres als berechtigt anerkannt haben würde. Zusätze und Verbesserungen dieser Art, die nur geringe Änderungen des Satzes nötig machten, habe ich, im Einverständnis mit dem Herrn Herausgeber, gleich stillschweigend auf die Korrekturbogen eingetragen.

A. Fischer.

S. 18, Anm. 2. Itqān 143, 12 ist عمر وأنا أشهد für عمرو أنا أشهد zu lesen.

S. 101. Kazem-Beg hat offenbar die Sure aufgefunden. Er hat sie zunächst Garcin de Tassy zur Veröffentlichung überlassen, dann aber selbst noch einmal genauer herausgegeben.

S. 129, unten. Das Werk des Ibn Isḥāq heißt nicht „zuweilen“, sondern gewöhnlich „Buch der Maghāzī“. „Sīra“ schlechthin heißt es meines Wissens nur Jāqūt, Iršād VI, 399, 4. (Dagegen ist der Auszug des Ibn Hišām daraus regelmäßig so betitelt.) Vgl. M. Hartmanns Notiz „Die angebliche *sīra* des Ibn Isḥāq“, in seiner Veröffentlichung „Der islamische Orient“ I, S. 32—34, ferner Ibn Sa‘d in Ibn Hišām II, S. VII, unten; Ibn Qutaiba, Handbuch 247, M.; Jāqūt, Iršād VI, 399, 10. 16. 400, 9.

401, 5; Ibn al-Aṯīr, Chronicon V, 454; Ibn Ḫallikān, ed. Būl. 1299, I, 612, 15; Abulfidā', Annales II, 26; Ibn Saijid an-nās, Ibn Hišām II, S. XIX, 16; Sujūṭī, Ṭabaqāt al-ḥuffāẓ Kl. V, 12; Abu 'l-Maḥāsin, ed. Juynboll, I, 388, 4; Ḥāggī Ḫalīfa V, 646 u. a.

Ebenda, Anm. 2. Die Titelform كتاب المغازى والسير findet sich nicht nur an der von Schwally angegebenen Stelle, sondern auch Ibn Ḫallikān I, 611, 1. Z. 365, 13; Abulfidā', Annales II, 150; Ḏahabī, Taḏkirat al-ḥuffāẓ I, 156, 1 und Ḫulāṣa 326, 2 v. u. (vgl. auch علم المغازى والسير Ḥāggī Ḫalīfa V, 646). Jāqūt, Iršād 401, 9 steht dafür كتاب السير والمغازى. السير allein erscheint Ḥāggī Ḫalīfa III, 629. 634. Fihrist 92, 1. Z. hat كتاب السيرة والمبتدأ والمغازى (Ibn Hišām II, S. X führt die Prophetenbiographie des Ibn Saijid an-nās den Titel كتاب عيون الاثر فى المغازى والشمايل والسير). Darnach steht die Richtigkeit von السير fest. Dieses ist aber nicht, wie Schwally will, als *as-sair* zu denken, sondern als *as-sijar* (= „die Lebensumstände", „die Biographie"; s. Brünnow-Fischer, Chrestomathie, Glossar u. d. W., die vorhandenen Übersetzungen zu den angeführten Stellen und M. Hartmann a. a. O.).

S. 135, 5ff. (s. auch S. 211, 19). Über die Briefe Muhammeds hat zuletzt Jakob Sperber gehandelt, in „Die Schreiben Muḥammads an die Stämme Arabiens" (Sonderabdr. aus den Mittlgg. d. Sem. f. Orient. Sprachen z. Berlin, Jahrg. XIX, Abt. II; Inaug.-Diss.). Berlin 1916. 95 S.

S. 138, unten. Zu den ersten 144 Seiten von Balāḏurī's Werke gibt es jetzt eine deutsche Übersetzung: El-Belâḏorî's „kitâb futûḥ el-buldân" (Buch der Eroberung der Länder) . . . ins Deutsche übersetzt von O. Rescher. Liefrg. 1. Leipzig 1917. IV, 148 S.

S. 149, Anm. 2. In Paris erscheint folgende — berechtigten Ansprüchen freilich nicht genügende — Übersetzung des Traditionenwerkes Buḫārī's: El-Bokhâri. Les traditions islamiques, traduites de l'arabe avec notes et index par O. Houdas [et W. Marçais]. T. I—III. (Publications de l'École des langues orient. vivantes. IVe série, t. III—V.) Paris 1903—08. XXV, 682, 649, 700 S.

Ebenda, letzter Satz. An derartigen Registern arbeitet seit einigen Jahren in Verbindung mit andern A. J. Wensinck; s. Zeitschr. d. Deutsch. Morgenl. Gesellsch. Bd. LXX, 570. Bd. LXXII, 347.

S. 152, 3. Zu Miškāt al-Maṣābīḥ beachte: Mishcàt-ul-Maśábíh, or a Collection of the most authentic Traditions, regarding the actions and sayings of Muhammed; exhibiting the origin of the manners and customs, the civil, religious and military policy of the Muslemàns. Translated . . . by A. N. Matthews. Vol. I. II. Calcutta 1809—10. Groß-4°. IX, VI, 665, VI, 817 S.

S. 152, Mitte. Einer Bleistiftnotiz Schwallys in seinem Manuskript zufolge wollte er sich hier noch über das von ihm des öfteren angeführte Sunan-Werk äußern: ʻAlā'addīn ʻAlī al-Muttaqī al-Hindī († 975/1567), Kanz al-ʻummāl fī sunan al-aqwāl wa-l-afʻāl (abgeschlossen 957/1550). Teil I—VIII. Ḥaiderābād 1312—14. Fol.; zusammen 2707 S. Diesem Werke liegen folgende drei Traditionensammlungen Sujūṭī's zugrunde: 1. Ǵamʻ al-ǵawāmiʻ (oder al-Ǵāmiʻ al-kabīr), ein Werk, das nach der Absicht seines Verfassers womöglich sämtliche Hadithe umfassen sollte und in einem ersten Teile, alphabetisch nach ihren Anfängen aufgereiht, die Aussprüche aqwāl) des Propheten, und in einem zweiten, im wesentlichen alphabetisch nach den Namen ihrer ältesten Gewährsmänner geordnet, die Traditionen über Handlungen (afʻāl) Muhammeds vorführt (vgl. darüber Ḥāǵǵī Ḫalīfa II, 614 und Ahlwardt Verzeichn. d. arab. Hss. d. königl. Bibliothek z. Berlin II, S. 155); 2. al-Ǵāmiʻ aṣ-ṣaġīr, ein Auszug aus dem ersten Teile von Nr. 1 (ist mehrfach in Ägypten gedruckt worden, z. T. mit dem Kommentare des ʻAzīzī oder dem des Munāwī); und 3. Zawāid (oder Zijādat, auch Ḏail) al-Ǵāmiʻ aṣ-ṣaġīr. Muttaqī gibt im Kanz al-ʻummāl alle in diesen drei Sammlungen vereinigten Hadithe wieder, aber — zur bequemeren Benutzung durch die Rechtsgelehrten — in systematischer, den herrschenden juristischen Kategorien angepaßter Gliederung (wobei er indessen die Trennung zwischen den aqwāl und den af'āl beibehält und bei den aqwāl auch die aus dem Ǧāmi' aṣ-ṣa'īr oder den Zawāid stammenden von den übrigen scheidet).

S. 186, 4—5. Muḥjiddīn Abū 'Abdallāh erscheint 18mal bei Ḥāggī Ḫalīfa (s. Register, Nr. 6403), ferner Lubb al-Lubāb 218, wo Sujūṭī angibt, daß die richtige Aussprache seiner Nisba „Kāfijagī" ist.

S. 189. Neben Ḥassān b. Ṯābit verdient noch ein zweiter alter medinischer Dichter Erwähnung, Qais b. al-Ḫaṭīm, dessen — für die Erkenntnis der medinischen Verhältnisse unmittelbar vor dem Islam recht wichtigen — Diwan Thaddäus Kowalski mit einer deutschen Übersetzung (Leipzig 1914) veröffentlicht hat.

S. 190, Anm. 1. Zum Diwan des Ka'b b. Zuhair vgl. Zeitschr. d. Deutsch. Morgenl. Gesellsch. Bd. XXXI, 710ff. Bd. LXV, 241 u. a.

S. 198, 11 v. u. Eine Darstellung der abendländischen Würdigung des Propheten, wie Schwally sie hier wünscht, liegt vor bei Hans Haas, Das Bild Muhammeds im Wandel der Zeiten (Sonderabdr. aus der Zeitschr. f. Missionskunde u. Religionswiss., Jahrg. XXXI). Berlin 1916. 80 S. (s. auch Ernest Renan, Études d'histoire religieuse, 2. Aufl., Paris 1857, S. 222ff.).

S. 202, Anm. 2. William Muir, The Life of Mahomet from original sources, 2. Aufl. London 1876, 3. Aufl. ebenda 1894, und William Muir, The Life of Moḥammad from original sources. A new and revised edition by T. H. Weir, Edinburgh 1912, CXIX, 556 S., bilden einen einbändigen Auszug aus des Verfassers großem Werke.

S. 208, 21. Die „Hauptzüge" einer Biographie Muhammeds enthalten die Seiten 1—325 des III. Bandes von Caetani's „Studi di storia orientale" (Milano 1914. IX, 431 S.). Als Inhalt dieses Bandes wird auf dem Titel angegeben: „La biografia di Maometto profeta ed uomo di stato. — Il principio del califfato. — La conquista d'Arabia".

S. 209, Anm. 1. Eine Überarbeitung und Erweiterung des hier genannten Buches hat Hirschfeld unter dem Titel „Beiträge zur Erklärung des Korân“, Leipzig 1886, IV, 100 S., erscheinen lassen.

S. 217, 16. Absichtlich hat Schwally hier wohl, als sehr mittelmäßig, unerwähnt gelassen: E. M. Wherry, A comprehensive Commentary on the Qurán: comprising Sale's Translation and Preliminary Discourse, with additional notes and emendations. Together with a complete index . . . Vol. I—IV. (Trübner's Oriental Series.) London 1882—86, VIII, 391, 407, 414, 340 S.; neue Aufl., gleichfalls in 4 Bdn., London 1896.

S. 218f. Auf dem verloren gegangenen Blatte des Manuskripts Schwallys (s. Vorwort S. IV) dürften noch folgende drei Qorānübersetzungen gestanden haben: Le Koran, traduction nouvelle faite sur le texte arabe par Kasimirski. (In G. Pauthier's Panthéon Littéraire.) Paris 1840. 18°. X, 576 S.; in der Folge immer wieder, z. T. in verbesserter Gestalt, neu aufgelegt. — The Koran: translated from the Arabic, the Suras arranged in chronological order; with notes and index. By J. M. Rodwell, London 1861; neue Aufl. u. d. T.: El-Kor'ân . . ., London 1876. XXVIII, 562 S. — The Qur'ân, translated by E. H. Palmer. Vol. I. II. (The Sacred Books of the East . . . edited by F. Max Müller. Vol. VI. IX.) Oxford 1880. CXVIII, 268, X, 362 S.

1812387R00126

Printed in Germany
by Amazon Distribution
GmbH, Leipzig